KB002977

세계화의 문제점 100가지

세계화의 문제점 100가지

마르크 몽투세 외 지음 · 박수현 옮김

모티브 BOOK

이 책은

이 책은 세계화에 관련된 논점과 근본적인 지식을 명확하고 구조적인 방식으로 소개하는 것이 목적이다.『세계화의 문제점 100가지』는 제목 그대로 100개의 강의로 구성되어 있으며, 각 강의는 따로따로 공부할 수 있도록 해당 주제를 간결하면서도 체계 있게 다루고 있다.

이 책은 세계화와 관련하여 역사적, 실제적, 분석적 측면을 전부 다루고 있다. 경제학과 관련된 시험을 준비하는 학생, 각종 공무원 시험 준비생, 시사 문제에 관심이 많은 독자나 세계화에 대한 상식을 발전시키고 분석하기를 원하는 독자들을 대상으로 하는 책이다.

독자들은 100개 강의 외에도 책 말미에 인명 및 지명 색인, 약어 색인, 용어 색인을 보고 책에 대한 이해를 더욱 높일 수 있을 것이다.

차례

이 책은 _5

국제 무역 흐름의 추이 : 19세기~현재

1. 1939년까지의 국제 무역 _14
2. 1945년 이후 국제 무역의 변화 _18
3. 1945년까지의 이민자 이동 추이 _22
4. 1945년 이후 이민자 이동 _27
5. 1945년까지의 상품 교역 _32
6. 1945년 이후 상품 교역 _36
7. 서비스 교역 _40
8. 1945년까지의 자본 이동 _44
9. 1945년 이후 해외 직접 투자 _48
10. 유동 자본과 포트폴리오 투자 _51

제2장 무역 자유화와 제도화 : 19세기~현재

11. 무역 정책 _56
12. 보호 무역주의의 방식 _60
13. 19세기의 자유 무역과 보호 무역주의 _64
14. 무역 정책(1900~1939) _68
15. 1940년대 말 이후 무역 정책 _72
16. 1945년 이후 국제 무역의 제도화 _76
17. 세계 무역 기구 _80
18. 특혜 무역 협정 _84
19. 1980년대 이후 서비스 무역 자유화 _88
20. 유럽 연합에서 서비스의 자유로운 이동 _92

제3장 세계화, 경제 성장, 경제 발전

21. 국제 무역과 경제 성장 _98
22. 국제 무역과 경제 위기 _102
23. 자본 이동과 경제 성장 _106
24. 세계화와 선진국의 발전 _110
25. 세계화와 개발도상국의 발전 _114
26. 세계화된 경제에서 국가의 역할 _118
27. 세계화와 경기 조정 정책 _122
28. 국제 경제 정책 조정 _126
29. 전략적 무역 정책 _130
30. 구조 조정 정책 _134

제4장 새로운 경제 주체 : 다국적 기업과 지역 경제 블록

31. 다국적 기업 : 19세기~현재 _140
32. 다국적 기업의 전략 _144
33. 교역의 초국적화 _148
34. 생산 기지 이전이 본국에 미치는 영향 _152
35. 생산 기지 이전이 투자 유치국에 미치는 효과 _156
36. 무역의 지역화 _160
37. 무역의 지역화와 세계화 _164
38. 유럽 통합(1950~1970) _168
39. 1980년대 이후 유럽 통합 _172
40. 유럽 연합의 과제들: 확대와 심화 _176

제5장 국제 노동 분업과 전문화

41. 1945년까지의 국제 노동 분업 _182
42. 새로운 국제 노동 분업 _185
43. 전문화와 경제 성장 _189
44. 전문화와 국가 경쟁력 _193
45. 세계화 속의 중국과 인도 _197
46. 세계화 속의 아시아 신흥 공업국 _201
47. 세계화 속의 멕시코와 브라질 _205
48. 세계화 속의 아프리카 _209
49. 세계화 속의 러시아 _214
50. 개발도상국의 교역 조건 변화 _218

제6장 세계화의 지정학적, 사회적, 문화적 영향

51. 식민지화와 탈식민지화 _224
52. 남-북 관계 : 1950~1970 _228
53. 1980년대 이후 남-북 관계 _233
54. 세계화 속의 슈퍼파워 : 미국 _237
55. 세계화에서 미국-유럽 연합-일본, 삼각 축의 역할 _241
56. 세계화와 빈곤 _245
57. 소득 불평등에 대한 세계화의 영향 _249
58. 세계화와 고용 _253
59. 세계화 속의 문화적 획일성과 다양성 _257
60. 민족주의에 대한 세계화의 영향 _261

지경학地經學적 과제들

61. 세계화와 도시 _266
62. 기업의 지역 전략 _270
63. 에너지 문제 _274
64. 식량 문제 _278
65. 보건 문제 _282
66. 지속 가능한 발전 문제 _286
67. 수자원 문제 _290
68. 사회 규준 및 환경 규준의 정의 _294
69. 세계 인구 문제 _298
70. 단일 형태의 자본주의를 향해 _302

제8장 국제 통화 제도와 금융 글로벌화

71. 국제 수지 _308
72. 금 본위제에서 브레턴우즈 체제까지 _312
73. 1970년대 이후 국제 통화 제도 _316
74. 유럽 통화 협력 _320
75. 환율의 결정 요소 _324
76. 세계 경제의 유로와 달러 _328
77. 금융 글로벌화 _332
78. 1970년대 이후 금융 위기 _336
79. 국제 통화 기금과 세계은행 _340
80. 1970년대 이후 개도국의 대외 채무와 외채 관리 _344

세계화, 조절, 시민권

81. 세계 시민권을 향해 _350
82. 반세계화 운동의 역사 _354
83. 오늘날의 대안 세계화 운동 _358
84. 비정부 기구의 대두 _362
85. 세계화와 민주주의 _366
86. 세계화와 국가 간 분쟁 _370
87. 새로운 세계 거버넌스 _374
88. 개발 원조 _378
89. 국제법 질서를 향해 _382
90. 국제 공공재 _385

제10장 국제 무역 이론

91. 조화, 갈등, 협력 _390
92. 중상주의 _394
93. 보호 무역주의의 변화 _398
94. 애덤 스미스의 국제 무역 이론 _402
95. 리카도의 국제 무역 이론 _406
96. 요소 분석과 신요소 분석 _410
97. 새로운 경제 주체의 등장과 국제 무역 _414
98. 종속 이론 _418
99. 비교 우위 이론 비판과 수익 체증의 법칙 _422
100. 새로운 국제 무역 이론 _425

역자 후기 _428
찾아보기 _431

제1장

국제 무역 흐름의 추이

19세기~현재

1강 1939년까지의 국제 무역

국제 무역은 중세 시대 말부터 시작됐으나 본격적인 성장세를 기록한 것은 19세기 초부터이다. 특히 국제 무역에서 서유럽 국가들이 차지하는 위치는 절대적이다.

1. 1914년까지의 국제 무역

A. 국제 무역량의 증가

중세 시대 말부터 18세기까지 아메리카 대륙의 발견, 인도 항로 개척으로 국제 무역의 지형도가 확대되었다. 새로운 국제 무역 지형도의 중심부에 위치한 서유럽은 자국이 지배하는 국가나 식민지에서 열대 상품과 몇몇 수공업 생산물을 수입하고 자국의 수공업 생산물이나 공산품을 수출했다. 서유럽의 무역 정책은 중상주의에 기초하고 있었다(제92강 참고). 즉, 보호 무역주의가 적용되는 대외 무역은 군주의 부의 원천이라는 것이다.

18세기 말부터 세계 무역은 비약적인 발전을 경험한다. 1800년에서 1913년 사이 국제 무역의 규모가 50배나 증가한 것이다. 게다가 보호 무역주의가 적용된 1840년대 이전과 1870년대 이후의 기간에도 무역량은 감소하지 않았으며, 심지어 20세기 초 더욱 확대되었다.

각 국가의 수출률, 즉 국내 총생산GDP에서 수출이 차지하는 비율이 장기에 걸쳐 증가하였는데, 소국의 수출률이 선진국의 수출률보다 높았다. 경제사가 폴 베어록Paul Bairoch(1930~99)은 1913년 영국의 수출률은 18%, 프랑스와 독일의 수출률은 15%였던 반면에, 일본은 12%, 미국과 러시아는 6%에 불과했다고 평가한다.

B. 국제 무역의 구조

1913년까지 국제 무역 상품의 3분의 1은 제조업 상품이었으며, 약 3분의 2가 1차 생산물이었다. 그리고 1차 생산물의 80%를 농산물과 식료품이 차지하였으며, 나머지 20%가 광산물과 에너지 자원의 몫이었다.

20세기 초 북유럽과 서유럽의 산업 국가에서 세계 제조업 상품의 4분의 3과 1차 생산물의 3분의 1을 생산했다. 비록 19세기에 비해 그 비중이 줄었다고는 하나 유럽은 1913년 세계 무역의 60%를 차지하였고, 유럽 대륙 산업 국가 무역의 80%는 같은 유럽 국가 간 무역이었다. 영국이 세계 무역에서 차지하는 비중은 1850년 25%에서 1913년 15%로 줄었으나, 영국 무역의 약 45%는 유럽 대륙과 미국과의 무역이었으며, 미국도 대외 무역의 중심축은 서유럽과의 무역이었다. 독일과의 무역이 대외 무역의 큰 비중을 차지했던 러시아도 마찬가지였으며, 일본의 경우 무역량의 약 50%가 아시아에 집중되었고, 나머지는 유럽과 미국이었다.

국제 무역, 좀 더 일반적으로 말해 세계 경제의 헤게모니는 영국이 쥐고 있었다. 1840년부터 영국은 지속적으로 자유 무역 정책을 추진하였다. 그 결과 무역 수지는 적자였으나, 영국이 해상 무역과 해외 투자로 벌어들이는 소득은 무역 수지 적자를 상쇄하고도 남았다. 그때부터 영국은 수입을 늘리고 해외 투자를 확대할 수 있었으며, 이를 통해 세계 경제의 성장을 추동했던 것이다.

2. 1914년에서 1939년까지의 국제 무역

A. 국제 무역의 불규칙 성장

1914년에서 1921년 사이 주춤했던 국제 무역은 다시금 성장세를 회복하여 1929년까지 성장을 계속했다. 1914년부터 1929년까지의 기간에 상품 및 서비스의 국제 무역은 20~25%의 증가세를 보였다.

이 기간에 미국이 세계 경제를 지배하는 강대국으로 부상하였으나 강대국으로서의 책임은 다하지 않았다. 즉, 미국은 자국의 정책이 세계의 나머지 국가들에 미치는 영향을 전혀 고려하지 않았다. 이를테면 1922년과 1930년에 미국은 관세를 인상했는데, 이로 인해 미국의 무역 상대국들은 판로가 축소되면서 미국의 채무국으로 전락했다.

1930년대의 위기는 보호 무역주의 정책의 강화와 통화 무질서의 확대라는 결과를 낳았다. 1929년에서 1932년 사이 국제 무역량은 25%나 축소되었고, 일본을 제외한 각 국가의 수출률도 감소하였다. 1933년부터 경기가 회복되면서 국제 무역도 다시 성장세로 돌아섰으나 1929년의 수준에는 미치지 못했다. 제2차 세계 대전 발발 직전 국제 무역량은 1913년에 비해 단지 5% 증가했을 뿐이었다.

B. 국제 무역의 구조

전간기 국제 상품 무역에서 1차 생산물이 차지하는 비율은 60~65%로 여전히 압도적이었으며 그 대부분이 농산물과 식료품이었다. 반면에 제조업 상품은 국제 무역의 35~40%만을 차지할 뿐이었다.

국제 무역의 4분의 3은 세계 무역의 50%를 차지하고 있는 유럽과 북미에 집중되어 있었다. 유럽은 1차 생산물을 수입하고 제조업 상품을 수출했으며, 미국도 막대한 1차 생산물을 수입하고 제조업 상품을 수출했다. 미국의 전체 수출에서 제조업 상품의 수출 비율은 40%에 달한다. 마찬가지로 일본도 주로 1차 생산물을 수입했으며 수출은 호황을 누렸다. 마지막으로 구소련의 경우, 수입에서 1차 생산물과 제조업 상품이 차지하는 비율은 거의 같았으며, 주요 수출 품목은 1차 생산물이었다.

1930년대, 국제 무역은 통화 블록과 경제 블록이 형성되면서 분할되기 시작했고, 본국과 식민지 간의 무역이 더욱더 큰 비중을 차지했다. 예로 영국은 1931년 스털링 블록을 공식화했으며, 1932년 영국과 스털링 블록 국가 간의 연결을 더욱 강화하였다.

▶제2차 세계 대전 발발 시까지 국제 무역은 불규칙적으로 증가하였다. 1930년대 경제 위기가 세계 무역에 미친 부정적 영향은 제2차 세계 대전 종전 이후에야 비로소 사라졌고 1950년부터 국제 무역은 강력한 성장세를 보이기 시작했다(제2강 참조).

2강 1945년 이후 국제 무역의 변화

제2차 세계 대전 종전 이후 국제 무역은 비약적으로 성장하였다. 비록 그 구조는 변했으나 여전히 선진국들이 국제 무역에서 지배적 위치를 차지하고 있었다.

1. 국제 무역의 괄목할 만한 성장

A. 재화와 서비스의 국제 무역량이 25배 가까이 증가했다

1973년까지 재화와 서비스의 국제 무역량이 여섯 배로 증가했으며, 연평균 무역 성장률은 8%에 달했다. 국제 무역이 가장 뚜렷한 성장세를 기록한 기간은 1960년대였다. 따라서 세계 무역의 성장은 1930년대 무역량 감소의 단순 상쇄를 넘어 진행됐다고 할 수 있다.

1960년대 이후 30년간 국제 무역은 불규칙한 성장세를 보였고 연평균 성장률은 4~5% 수준으로 하락했는데, 이는 세계 경제의 성장률 하락과 상관관계가 있다.

B. 국제 무역의 발전은 수많은 국가의 무역 개방이라는 결과를 낳았다

1940년대 말부터 세계 국민 총생산GNP이 일곱 배 이상 증가하였으며, 그 결과 세계 GNP나 GDP에서 수출이 차지하는 비율인 세계 수출률도 증가했다. 1940년대 말 10%에도 못 미치던 수출률은 현재

30%를 넘어섰다.

각국의 수출률 변화는 세계 수출률 변화를 뒷받침한다. 예로 1950년 프랑스의 재화 및 서비스 수출은 프랑스 GNP의 10%에도 미치지 못했지만 오늘날 27%를 초과한다. 독일의 수출률은 현재 약 35%이지만 1950년에는 6%에 불과했으며 현재 30%의 수출률을 기록하고 있는 영국도 1950년에는 10%에 불과했을 뿐이다. 마지막으로 미국과 일본의 수출률은 현재 약 10%에 달하지만 1950년에는 2~3%를 기록했다. 이들 두 국가의 재화 및 서비스 수출률은 물론 증가했지만 유럽 국가들과 비교했을 때 여전히 매우 낮은 수준이라고 할 수 있다.

경제 성장과 무역 성장은 상호 의존적이다. 사실 수출은 총수요의 구성 요소이며 따라서 GNP 성장을 추동한다. GNP 성장은 원자재나 기계류 등의 수입 증가도 함축한다. 게다가 생산 증가는 생산 확대가 진행될수록 단위 비용이 감소하는 규모의 경제를 발생시키고, 규모의 경제는 국가 생산 시스템의 성과가 설비재 수입으로 개선될 수 있다는 점에서 더욱 수출을 촉진한다.

2. 국제 무역 구조의 변화

A. 국제 무역은 제조업 상품에 집중되어 있다

1940년대 말 이후, 제조업 상품이 국제 무역에서 차지하는 비중이 점점 커졌다. 현재 제조업 상품이 전체 상품 무역에서 차지하는 비율은 80%를 상회한다. 이와 더불어 1차 생산물의 비중은 상대적으로 감소해 오늘날 전체 상품 무역의 20%에도 미치지 못한다. 더욱이 1970년대 이후 서비스 무역이 세계 무역의 약 20%를 차지하고 있다.

선진국, 특히 경제 협력 개발 기구OECD 회원국에서 부문 내 무역의 비중이 증가하고 있다. 이들 국가 간 상호 무역은 주로 동일한 부문에 속하는 상품에 집중되어 있는데, 프랑스 자동차가 독일로 수출되고 독일 자동차가 프랑스에 수입되는 경우를 예로 들 수 있다. 각국의 발전 수준이 상승하면서 이 같은 유형의 무역이 점점 더 중요한 위치를 차지하고 있다. 반대로 북반구 국가들과 남반구 국가들의 이른바 남-북 무역은 여전히 본질적으로 부문 간 무역의 형태로 이루어지고 있다.

B. 국제 무역은 서유럽-북미-일본의 '삼각 축' 국가들을 중심으로 조직된다

2004년 서유럽은 세계 상품 및 서비스 무역의 43%를 차지했다. 북미는 세계 무역의 15%, 일본은 6%를 차지하고 있다. 이처럼 세계 무역의 약 60%가 '삼각 축'을 이루는 서유럽-북미-일본에 집중되어 있다. 이들의 무역은 우선 역내 무역이다. 예로 서유럽은 전체 무역량의 65%를 역내 무역, 즉 동일한 지역권의 무역 상대국 간의 무역에 의존하고 있다. 북미에서도 역내 무역이 증가하고 있긴 하지만 유럽보다는 역내 무역 의존도가 낮다.

1950년, 개발도상국들은 세계 무역의 30%를 차지하였다. 1970년, 이 비율이 20% 아래로 떨어졌다가 1980년대 초 1차 생산물 가격 상승의 영향으로 거의 30%까지 재상승했다. 1990년에는 다시 22%로 감소했으나, 이후 아시아 신흥 공업국의 경제 성장으로 증가세를 회복하여 2004년엔 30%를 넘어섰다. 개발도상국 대외 무역의 약 60%는 미국, 일본, 유럽 연합의 '삼각 축' 국가들에 집중되어 있으며, 나머지 40%는 역내 무역이 차지한다.

1990년대 초, 중부 및 동유럽 국가들과 러시아의 세계 무역에서 차지하는 비율이 1950년에서 1980년대 말까지의 10%에서 3%로 감소했다. 이 비율은 1990년대 말 이후 증가세를 회복해 현재 5% 수준을 유지하고 있다. 이들 중부·동유럽 국가들과 러시아 무역의 60~70%가 '삼각 축', 그중에서도 유럽 연합에 집중되어 있으며 20~25%는 역내 무역이 차지한다.

▶1945년 이후 국제 무역량은 괄목할 만한 성장을 기록했다. 선진국이 여전히 국제 무역에서 압도적인 위치를 차지하고 있으며, 이들은 단지 제조업 상품뿐만 아니라 서비스의 주요 수출국이다. 그러나 몇몇 개발도상국과 중부·동유럽 국가들은 놀라운 경제 성장을 보이고 있으며 세계 무역에 성공적으로 편입하고 있다.

3강 1945년까지의 이민자 이동 추이

19세기 교통 수단의 발달로 이민이 증가하기 시작했다. 이민을 추동하는 동기는 경제적, 사회적, 정치적 필요성에 기인한다. 이민이 중요한 현상이 되면서 세계 개방의 한 요소가 되었다.

1. 세계 각지에 퍼진 유럽 인들

A. 수백만 명의 유럽 이민자들

물론 19세기와 20세기 초 이민자들이 모두 유럽 출신은 아니다. 예를 들어 미국에는 중국 및 일본 이민자들이 많이 있었다. 그러나 다른 어떤 지역보다 유럽 인들이 이민이라는 모험을 가장 많이 선택했다. 실제로 1800년에서 1930년까지 4천만 명의 유럽 인이 고국을 떠나 타국에 정착했다. 이민의 주요 동기는 유럽 인구의 급격한 증가와 경제적 어려움 때문이었다. 특히 19세기 말 유럽을 덮친 대공황은 1881년에서 1900년까지 1,460만 명이라는 유럽 이민자를 양산했다.

어떤 이들은 러시아 공산당의 정권 장악, 이탈리아의 파시스트 득세, 독일의 나치 정권 수립, 에스파냐 프랑코주의자들의 탄압 등 정치적으로 위험한 상황을 피해 고국을 떠났다. 특히 두 번의 세계 대전은 엄청난 결과를 낳았다. 140만 명의 이슬람 인이 소아시아로 돌아왔으며, 제1차 세계 대전 종전 후 120만 명의 그리스 인이 터키를 떠났고, 1945년 중부 · 동유럽에서는 260만 명이 이동했다.

북유럽 인과 서유럽 인, 특히 영국인과 독일인이 19세기의 최초 이민자들이었다. 이후 1880~90년대에 남유럽 인, 슬라브 인, 중부 · 동유럽의 유대 인 이민 러시가 있었다. 영국 출신 이민자들은 대부분 미국에 정착했고, 캐나다나 오스트레일리아 같은 영연방 국가를 선택하기도 했다. 이탈리아 인이나 정치 망명자들은 정착지로 주로 유럽과 미국을 선택했고, 에스파냐 인과 포르투갈 인은 라틴 아메리카로 이민을 떠났다.

B. 프랑스 출신

프랑스는 특히 이민자들의 나라였다(알제리 식민지는 예외적인 경우다). 1851년 프랑스 인구의 1%를 차지하던 외국인의 수가 1886년 2.9%로 증가하였다. 이처럼 유럽에서는 매우 독특한 상황이 발생한 것은 프랑스의 낮은 인구 성장률에 기인한다. 프랑스는 산업이 본격적으로 발달하면서 노동력이 부족해졌다. 제1차 세계 대전 종전 후 전쟁으로 인한 인명 손실을 메우고 전쟁으로 폐허가 된 지역을 재건하기 위해서는 이민자들의 유입에 의존할 수밖에 없었다. 1919년에서 1931년까지 외국인은 3.7%에서 7.1%로 증가했다. 프랑스는 이제 미국에 이어 제2의 이민자 국가가 되었다. 주로 이탈리아, 벨기에, 에스파냐 등 프랑스 이웃 국가 국민들이 프랑스로 이주했으나 이후 폴란드 인을 중심으로 중부 유럽 인이 유입되기 시작했고 1920년대에는 아시아와 아프리카 인까지 이민자들의 출신지 스펙트럼이 확대되었다.

2. 이민의 쟁점들

A. 긍정적인 측면

이민자 급증은 이민자 출신국의 노동 시장 상황을 개선하였다. 반면에 이민자 유입국 입장에서 볼 때 이민자들은 경제에 활력을 주고 문화적 융합을 촉진하는 요소였다. 미국에서 이민자 유입은 19세기 전반에 종말을 고한 아프리카 흑인 노예무역의 뒤를 이은 셈이었다. 수백만 명의 이민자가 산업에 노동력을 제공했으며 서부 지역 개척에 공헌했고, 이른바 신흥 도시의 급성장에 기여했다. 미국보다는 그 정도가 낮지만 캐나다, 오스트레일리아, 뉴질랜드, 남아프리카 공화국, 브라질에서도 동일한 경향이 발견된다. 프랑스의 경우, 외국인은 건설이나 화물 운송 등 일이 힘들고 임금 수준이 열악한 부문에서 중요한 역할을 담당했다. 이들은 1920년대의 재건 과정에서 중요한 위치를 차지했다.

이민자들은 유입국 인구 증가 요인의 상당 부분을 제공한다. 일단 이민자 유입으로 그만큼 인구가 증가하며, 이민자들이 보통 젊은 나이에 오기 때문에 사망률이 낮고 출산율이 높아 인구 증가 요인이 된다. 해마다 조금씩 차이는 있지만 1880년에서 1910년까지 미국 인구 증가의 31%에서 43%는 이민자들의 유입에 기인했다. 프랑스에서는 1920년대 이민자 유입으로 전체 인구가 크게 증가했는데, 출생률보다 사망률이 높았던 해도 있었던 만큼 이민자가 프랑스 인구 증가에서 얼마나 중요한 역할을 했는지 알 수 있다. 이 시기에 이민은 더욱 조직화되었고 이민자 가족의 입국도 가능해졌다. 귀화는 우선 1889년 관련법 제정을 통해 장려되기 시작했고 1929년에는 과정이 더욱 쉬워졌다. 이민자와의 결혼, 이민자 자녀들에 대한 학교의 노력, 프랑스 국적 획득의 용이함은 이민자들의 프랑스 사회 동화를 촉진했다. 예외도 있었는데 폴란드 출신 이민자들은 프랑스 사회 동화를 거부했다.

B. 이민자 거부

이민자들은 기존 국민들의 일자리 '도둑'이며 임금 하락 요인을 제공하고 각종 범죄의 발생률을 높인다는 비난을 받았다. 따라서 경제적 또는 정치적 어려움이 생길 때마다 이민자들이 희생양이 되곤 한다. 때로는 이민자들에 대한 적대감이 1892년 프랑스 에그모르트 지방에서 벌어졌던 이탈리아 이민자와 프랑스 인 사이의 유혈 사태 같은 상황을 낳기도 한다. 미국에서 '인종 도가니'의 꿈은 영어나 독일어를 사용하는 신교도 출신 1세대 이민자들과 가톨릭교도 유대인, 이탈리아 인 또는 아시아 인이 대부분이었던 2세대 이민자들 간의 갈등에 부딪혀 좌절된 바 있다. 1891년 뉴올리언스에서 이탈리아 인들이 린치를 당한 것이다. 1894년에는 '이민 억제 연대'가 창설되었다. 이 단체는 반유대주의를 표방하고 외국인을 혐오하며 외국인을 무정부주의자나 혁명주의자와 동일시한다.

미국에서는 이 같은 적대감 때문에 제2차 세계 대전 발발 전부터 중국 이민자와 일본 이민자의 수가 급격하게 감소했다. 1921년과 1924년, 미국은 나라별로 이민자의 수를 제한하는 쿼터제를 도입했다. 더구나 1930년대 경제 위기로 이민자 유입은 더욱 위축되었다. 경제 위기로 인해 프랑스에서도 수많은 이민자가 떠나갔다. 실제로 1931년 270만 명에 달했던 외국인 수는 1936년 220만 명으로 줄었다. 프랑스 정부는 1932년 미국처럼 쿼터제를 도입했고 1938년 귀화법을 개정해 귀화 심사 기준을 강화했다. 에스파냐 공화주의자들은 수용소에 수용되었으며, 비시 정부하에서 상황은 점점 더 악화되었다. 1만 5천 명의 귀화 프랑스 인이 프랑스 국적을 박탈당했으며, 프랑스 국적이 없는 유대 인들이 박해의 첫 번째 희생자였다.

▶이민자 이동은 유럽의 힘과 취약성을 동시에 보여 주는 현상으로, 유럽 문화의 세계 전파에 기여하고 수많은 국가의 경제 성장에 공헌했다. 그러나 이민자 이동은 이민자 통합 과정의 한계를 보여 주기도 했다.

4강 1945년 이후 이민자 이동

국제 이민자 수는 너무도 많은 합법 · 불법 이민 때문에 측정 자체가 정확하지 않다. 그러나 국제 연합은 1960년 7천만 명에 달하던 이민자 수가 2004년 현재 약 2억 명으로 증가했다고 파악하고 있다. 이는 인종 혼합을 가져왔고 그로 인해 중대한 변화가 발생했다.

1. 1945년 이후 국제 이민이 증가했다

A. 다양한 원인

'영광의 30년' 동안 저개발 지역 사람들이 더 높은 임금을 받을 수 있는 일자리를 찾아 선진국으로 이민을 떠났다. 이들은 인력난을 겪고 있던 유럽과 미국의 산업에 숨통을 틔워 주었으며 주로 비숙련 노동을 담당했다. 이후에도 국제 이민은 계속 증가했으나, 이는 기존 이민자의 가족이 새로 유입되는 경우가 많았다. 또 의료 인력이나 정보 기술자들의 부족을 충당하는, 교육 수준이 높은 노동자들의 유입도 늘어났다. 더불어 삶의 조건이 개선되면서 퇴직자들이 고국을 떠나 외국에 정착하기 시작했다. 마지막으로 오스트레일리아나 이스라엘 같은 몇몇 국가는 이민을 통한 인구 증가 정책을 지속적으로 추진했다.

또한 정치적 위기나 전쟁으로 인해 여러 비극적 상황이 연출되면서 국제 이민이 증가했다. 1945년 이후 3천만 명 이상이 이주를 경험하였다. 유럽의 식민지였던 국가들이 속속 독립을 선언하면서 300만 명의 유럽 인이 옛 식민지를 떠나야 했으며, 칠레 인, 캄보디아 인, 쿠바 인 등 수백만 명이 독재를 피해 고국을 등져야 했다. 아프리카와 아시아에서 벌어진 크고 작은 전쟁 때문에 대대적인 탈출이 벌어지기도 했다.

B. 지구적인 현상

'영광의 30년' 동안 프랑스와 독일은 우선 남유럽 이민자들을 받아들였다. 이후 제3세계 출신 이민자들이 유입되었다. 특히 두 나라의 옛 식민지나 유럽의 영향이 강한 지역 출신, 즉 프랑스의 경우 모로코, 튀니지, 알제리 등 북아프리카 인들, 독일의 경우 터키 인들의 이주가 러시를 이루었다. 이 같은 흐름은 점차 세계 전역으로 확대되었다. 동유럽, 사하라 남부 아프리카, 아시아 출신 이민자들이 급증했고, 이탈리아와 에스파냐처럼 많은 이민자를 낳았던 국가들이 이제는 외국 이민자들을 수용하는 입장이 되었다. 1960년대 초 미국에서 전체 이민자 유입의 40%를 차지했던 유럽 인은 이제 멕시코 인, 남미인, 아시아 인들로 대체되었다.

아마도 선진국으로의 이민자 유입, 즉 남-북 이동이 가장 많겠지만, 남-남 이동도 1970~80년대 이후 상당히 증가했다. 남-남 이동은 보통 여러 국가 간 발전 수준의 차이로 결정되는 근거리 이민이다. 예로 모잠비크나 짐바브웨는 이런 식으로 남아프리카 공화국에 노동력을 공급했다. 게다가 신흥 공업국과 사우디아라비아 같은 산유국은 개발도상국 출신 노동자들을 고용하고 있다. 마지막으로 남반구 국가들은 대다수의 난민들(2004년 70%)을 받아들이고 있다.

2. 이민 : 수많은 문제를 내포한다

A. 이민의 장점과 한계

이민자의 출신국 입장에서, 수천 명이 외국으로 빠져나감으로써 노동 시장 포화 상태가 해소된다. 또한 국내에 남아 있는 가족에게는 해외에서 송금이 생기면서 삶의 조건이 개선되거나 경제 활동에 투자할 수 있는 여지가 생긴다. 사실 2004년 세계 이전 소득의 규모는 1,500억 달러에 달했다. 반면에, 외국으로 떠나는 사람들은 대부분 젊은 층으로 도전적이고 때로는 고급 인력인 경우도 있기 때문에 이민 배출국의 역동성을 해칠 수 있다. 이민자 유입국 입장에서, 이민자들은 저렴하고 유연한 노동력을 제공한다. 노동자 교육에 전혀 비용이 들지 않기 때문이다. 이들은 또한 새로운 인구의 유입과 높은 출산율로 해당 나라의 인구 성장에 기여한다. 이민자 유입이 없었다면 독일과 이탈리아는 수년 전부터 인구 감소를 겪었을 것이다. 1946년에서 1999년까지 1,870만 명의 인구 증가를 기록했던 프랑스에서 이민자 유입으로 인한 증가는 540만 명이었다.

그러나 해당 국가 국민이 이민자들을 바라보는 시선은 곱지 않다. 이는 문화적, 직업적 이유 때문이기도 하지만, 특히 실업률이 높은 기간에는 더욱 그렇다. 이민자들은 특정 지역과 환경이 좋지 않은 변두리 지역에 모여 살며, 심지어 해당 국가의 국적을 획득했다 할지라도 일반인에 비해 폭력과 해고의 위험에 더욱 노출되어 있다. 예로 프랑스에서 북아프리카 출신 젊은이들의 실업률은 매우 높다. 또한 1970년대 위기 이후 등장한 포퓔리슴 정치인들은 이민자들이 사회적 '불안정'과 '위험'의 요인이라고 주장한다.

B. 이민 규제의 어려움

프랑스에서 경제적 이민은 1974년 위기의 여파로 공식적으로 중단되었다. 이 시기 이후 여러 조치가 취해졌다. 신분 조사가 강화되었고, 여전히 가족 이민은 가능하긴 했지만 예전에 비해 더욱 어려워졌으며, 외국인과의 결혼에 대한 감시도 강화되었고, 망명권도 제한되었다. 유럽에서는 1995년 생겐Schengen 조약이 적용되면서 유럽 연합UN의 역외 국경선 통제가 강화되었다. 그럼에도 이민자들은 꾸준히 유입되었고, 이른바 '불법 체류자'들은 주기적으로 정식 체류증을 받을 수 있었다. 더구나 유럽 각국은 이민자에 대해 오랫동안 서로 다른 정책을 적용해 왔다. 유럽 연합은 2002년 유럽 이사회에서야 비로소 유럽 연합 차원에서 이민 억제 전략을 도입하기로 결정했다. 물론 방법은 각국의 재량에 달려 있다. 프랑스의 경우 현재 내무부에서 미국식으로 이민자 쿼터제를 실시하는 방안을 검토중이다.

한편, 노동력이 많이 필요한 미국은 공식적으로 이민자들을 많이 받아들이고 있다. 단, 쿼터제를 적용하여 상황을 통제하고 있다. 1990년대 이후 미국은 연간 70만 건의 거주 이민자를 처리하고 있으며, 특히 본국에 남아 있는 나머지 가족의 이민, 간부, 대학교수, 기업주들의 이민을 권장하고 있다. 또한 미국은 국경 통제를 강화하는 방법으로 불법 이민을 단속하고 있다. 특히 2001년 9 · 11 테러 이후 통제가 더욱 엄격해졌음은 물론이다. 그러나 유럽의 경우와 마찬가지로 미국에서도 이민 억제책이 불법 이민자 수백만 명의 유입을 막지는 못했다. 현재 미국에는 약 1천만 명에 달하는 불법 체류자들이 존재한다.

▶국제 이민은 세계화 진행의 한 단면이다. 이민은 문화적 융합을 촉진하고 국가 간 교류를 확대한다. 그러나 이민은 통제가 어렵기 때문에 제대로 관리되지 않으면 긴장과 불균형을 일으킬 수 있다.

5강 1945년까지의 상품 교역

1945년까지 상품 교역은 전통적인 국제 노동 분업, 즉 남반구 국가들은 기초 생산물 수출에 특화하고 북반구 국가들은 제조업 상품 수출에 특화하는 분업으로 설명된다는 것이 일반적이다. 그러나 현재의 상품 교역은 이미 그보다 더욱 복잡한 양상을 보이고 있다.

1. 상품 교역의 양상

A. 국제 상품 교역의 백 년 주기

국제 상품 교역을 어떻게 바라볼 것인가. 이 문제는 18세기 이후 논쟁의 대상이었다. 애덤 스미스Adam Smith 같은 고전파 경제학자들은 국제 무역을 개인의 교환 행위의 기저에 있는 '자연적인 성향'의 연장선상에서 파악했다. 그러나 이 같은 분석은 현실과 부합되지 않는 면이 많았다. 고전파 경제학자들에게 국제 무역은 너무 좁아진 국내 시장의 논리적 확장이었다. 그런데 1944년 칼 폴라니Karl Polanyi는 현실에서는 이와 완전히 반대되는 일이 발생했다고 밝히고 있다. 그 결과, 예전에는 서로 단절되어 있던 국내 시장을 국제 상품 교역이 압도하는 상황이 일어났다.

전통적으로 국제 무역의 중요한 형태들이 존재했다. 11세기부터 베네치아 같은 도시 국가들이 국제 무역의 주도권을 잡고 있었다. 특히 베네치아는 철, 목재, 노예를 수출하고 향신료나 비단을 수입함으로써 서양과 동양 사이에서 자국의 권력을 확대해 나갔다. 다음으로 12세기, 샹파뉴를 비롯한 여러 지역에서 대규모 시장이 열리기 시작했다. 시장에서는 주로 북유럽의 면직물이나 양모, 지중해 지방의 포도주나 동양의 향신료가 거래되었다. 18세기 말부터 유럽, 아프리카, 아메리카 사이에 삼각 무역이 발전하기 시작했다. 삼각 무역은 유럽, 특히 프랑스의 보호 무역주의적 장애물을 우회하기 위한 방법이었다. 유럽 인은 선박에 다양한 상품을 싣고 아프리카로 향한다. 그리고 아프리카 해안에서 상품과 노예를 교역한다. 이렇게 유럽의 노예 상인에게 팔린 노예들은 아메리카 식민지로 운송되었고, 지역 경작물, 특히 면을 대가로 거래되었다.

B. 국제 노동 분업

19세기 산업 혁명의 도래가 제조업 상품 교역이 비약적으로 발전하는 결과를 낳았다 해도 기초 생산물은 여전히 핵심 교역 품목의 지위를 유지하고 있었다. 실제로 1913년 1차 생산물은 전체 세계 수출의 64%를 차지하고 있었으며, 그중의 절반이 농산물이었다. 이처럼 제조업 상품은 세계 상품 교역의 3분의 1만을 차지했을 뿐이다.

국제 상품 교역의 지배권은 유럽이 쥐고 있었고, 그중에서도 영국을 필두로 산업 혁명을 겪은 국가들이 국제 무역을 지배했다. 19세기 말 가속화된 열강들의 식민지 쟁탈전도 경제적으로 지배적 위치를 점하고 있는 국가들의, 산업화에 필요한 1차 생산물의 생산 기지 확보 경쟁으로 분석될 수 있다. 특히 영국의 경우가 그러한데, 영국이 인도에 정치적 지배를 강화했던 이유는 자국의 섬유 제품 판로를 확보하고 산업화를 위한 기초 생산물을 자국에 유리한 조건으로 수입하기 위해서였다. 프랑스도 튀니지와 모로코를 연결하는 무역 지대를 구축함으로써 자국 상품을 판매하는 시장을 확보할 수 있었다.

2. 변화 단계

A. 19세기 국내 시장의 개방

국제 상품 교역의 발달은 우선 통합된 시장의 구축으로 가능해졌다. 예를 들어 1934년 독일 연방의 국가들이 관세 동맹Zollverein을 체결하였다. 관세 동맹의 회원국들은 관세 장벽을 제거함으로써 회원국 간 무역을 자유화하는 한편, 제3국가들에 대해서는 공동으로 대외 관세를 부과했다.

그러나 국내 시장의 통합에도 1840년대 전까지는 보호 무역주의가 국제 무역의 게임 규칙이었다. 국제 무역의 발전은 1846년 영국의 곡물법corn law 폐지와 동시에 현실화되었다. 영국이 곡물 수입에 대한 관세 장벽을 제거함으로써, 연 1.9%의 성장률을 보이던 유럽 수출이 1845년에서 1859년 사이 연 6.1%라는 높은 성장률을 기록하였다.

B. 교역에서 확장 국면과 후퇴 국면

영국의 발전은 국제 무역의 발전을 촉진했다. 국제 무역은 자유무역주의 시기와 이어지는 보호 무역주의 시기로 나누어 볼 수 있는데 경제사가 폴 베어록은 이를 4단계로 구분하고 있다. 첫 번째 단계는 1846년에서 1860년에 이르는 시기로 유럽이 영국 자유주의의 이론적 영향을 받았다. 1860년에서 1879년까지는 미국의 보호 무역주의 강화에도 유럽에서 영불 무역 협정으로 시작된 자유 무역주의의 막간극이 펼쳐진 시기이다. 신독일 관세 동맹이 체결된 1879년부터 프랑스에 멜린Méline 관세가 도입된 1892년까지는 유럽이 다시 보호 무역주의로 회귀한 시기이다. 마지막으로 1892년에서 1914년까지는 유럽 대륙에서는 보호 무역주의가, 영국에서는 자유 무역주의가 득세한 시기이다.

이 시기 국제 무역은 확장과 후퇴를 반복하는 불규칙한 변화를 보인다. 사실 1914년의 급격한 수출 하락 이후 상품 교역은 1920년까지 다시 증가했다. 전쟁 및 종전 후 재건 과정에서 물자가 많이 필요했기 때문이다. 이후 1920년의 위기로 교역이 다시 감소했다가 성장세를 회복했으나 1929년 대공황으로 국제 상품 교역은 25%나 감소할 정도로 큰 타격을 입었다. 그 결과, 1930년대 말 국제 무역량은 겨우 1913년 수준을 유지하였을 뿐이다.

▶상품 교역은 19세기부터 보호 무역주의의 쇠퇴로 발전하기 시작했다. 그러나 20세기 전반은 국제 무역의 확장과 후퇴 국면이 반복적으로 나타난 시기였다.

6강 1945년 이후 상품 교역

제2차 세계 대전을 기준으로 그 이전 시기는 보호 무역주의와 국제 상품 교역의 급격한 감소로 설명될 수 있는 반면, 그 이후 시기는 국제 무역의 규칙적이고도 견실한 성장으로 설명될 수 있다. 특히 이 시기 국제 무역 성장률은 세계 경제 성장률을 초과했다.

1. 세계 경제 성장률을 초과하는 무역 성장률

A. 상품 교역의 변화

1929년의 경제 위기에 큰 영향을 미친 보호 무역주의적 조치들은 세계 경기 악화의 주요 요인으로 간주되었다. 이에 1947년 23개국의 참여로 관세 및 무역에 관한 일반 협정GATT이 체결되었다. GATT는 자유화된 무역에서 다자주의의 지속적 추진을 목적으로 체결되었으며, 그 결과 국제 무역의 견실한 발전을 가져왔다. 무역 성장률이 경제 성장률을 뛰어넘었던 것이다. 실제로 1951년에서 2004년까지 상품 생산은 평균 3.9% 증가한 반면, 수출은 6.3% 증가했다.

이 같은 변화는 각국 경제의 대외 개방 수위가 점점 상승했다는 것을 의미한다. 동시에 세계 GDP에서 국제 상품 교역이 차지하는 비율이 1967년 9%에서 1985년 15%로 증가했다. 비록 1974년 제1차 오일 쇼크 이후 상품 교역 성장률이 1951~74년 8.2%에서 1975~2004년 4.7%로 하락하긴 했지만 이는 1951~74년 5.5%, 1975~

2004년 2.5%를 기록한 세계 상품 생산 증가율보다는 높은 수치이다. 따라서 1945년 이후 국제 상품 교역 성장은 세계 경제 성장을 추동하는 지속적인 요인이다.

B. 교역 구조의 변화

상품 교역은 제조업 상품, 채굴 산업 상품, 농산물이라는 세 가지 유형의 상품을 대상으로 한다. 물론 국제 무역 성장은 이들 상품에 모두 해당되지만, 그중에서도 제조업 상품 교역의 증가는 채굴 산업 상품과 농산물 교역의 증가를 압도한다. 사실 1950년대 초에서 2000년대 초 농산물 수출은 약 6배, 채굴 산업 상품 수출은 8배 증가한 반면, 제조업 상품 수출은 같은 기간 무려 38배나 증가했다. 20세기 초만 해도 국제 무역의 33%에 불과하던 제조업 상품 교역은 오늘날 80%를 차지하고 있다.

국제 무역에서 제조업 상품이 차지하는 비율의 증가는 19세기 초 산업 혁명을 겪었던 국가들과 전통적으로 농산물과 기초 생산물을 수출해 온 남반구 국가들에 기인한 바가 크다. 이들은 20세기 초 제조업 상품의 10%만을 수출했으나 이 비율은 오늘날 75%에 달한다. 그러나 개발도상국 제조업 상품 수출의 80%는 단지 10개국에 집중되어 있으며 나머지 국가는 주로 1차 생산물을 수출하고 있다.

2. 중요한 변화들

A. 새로운 무역 강국의 출현

각국의 국제 무역 위계질서에 큰 변화가 일어났다. 세계 수출의 12%를 차지하는 미국이 여전히 국제 무역을 지배하고 있지만 20세기 후반 제2차 세계 대전의 패전국들이 비약적 성장을 기록하며 새로운 강자로 떠올랐다. 일본과 중국은 전후 경제 개방을 통해 놀라운 경제 성장을 이룩했다. 반면에 영국과 프랑스가 국제 무역에서 차지하는 비중은 감소했다.

이와 더불어 남유럽 국가들, 멕시코, 브라질, 인도네시아, 한국, 말레이시아, 필리핀, 타이, 포르투갈, 이스라엘 등 새로운 무역 강국이 출현했다. '신흥 공업국'으로 불리는 이들이 세계 수출에서 차지하는 비율은 1970~80년대 9%에서 20세기 말 17%로 대폭 증가했다. 그러나 이들의 약진이 기존 선진국들의 후퇴를 가져오지는 않았다. 실제로 서유럽, 미국, 캐나다, 일본은 여전히 총수출의 70%를 차지하고 있다. 그러나 국제 무역에서 신흥 공업국을 제외한 국가들의 비중은 감소했으며, 세계 경제에서 이들이 차지하는 비중도 마찬가지로 감소했다.

B. 새로운 유형의 교역

1834년 독일 관세 동맹 체결 이후 시작된 지역별 교역 지대 구축이 1957년 로마 조약 체결로 1960년대 이후 더욱 가속화되었다. 이제 국제 무역에서 지역 내 교역은 매우 큰 비중을 차지한다. 예로 세계 무역의 3분의 1 이상은 유럽 내 무역이고 유럽 수출의 3분의 2는 역내 국가들을 대상으로 하며 선진국 수출의 절반은 같은 선진국들로 유입된다.

무역의 지역화는 상대적으로 발전 수준이 비슷한 국가들 간 무역 관계의 발전으로 설명된다. 이처럼 국제 무역에서 부문 내 교역, 즉 유사 상품 교역의 발전이 두드러진다. 이 같은 유형의 교역은 특히 자기들끼리 중간재나 최종 상품을 거래하는 다국적 기업의 발전으로 더욱 촉진되었다.

▶국제 상품 교역은 1945년 이후 빠르게 성장하여, 30년 전까지만 해도 세계 GDP의 12%에 불과하던 수출 비중은 20세기 초 4분의 1로 증가했다.

7강 서비스 교역

세계 경제에서 서비스 생산이 차지하는 비중은 국제 교역에서 서비스 교역의 비중과는 비교할 수 없다. 그러나 서비스 교역은 특히 정보 통신 기술의 발달과 서비스 교역 자유화 조치들로 인해 상당한 증가세를 보이고 있다.

1. 서비스 교역의 비중

A. 경상 계정에서 서비스 교역

상품 교역은 국가 간 물적 거래라는 점에서 무역 수지 계산이 상대적으로 용이한 반면, 서비스 교역은 경상 계정에서 '무형 무역 계정balance des invisibles'(한국에서는 서비스 계정)이라는 항목으로 분류된다. 전통적인 정의에 따르면 서비스의 특징은 생산과 소비가 동시에 이루어진다는 점이다. 게다가 바로 이런 이유 때문에 몇몇 서비스는 국가 간 교역이 불가능한 것으로 간주되었다. 그런데 오늘날 의료 서비스 같은 서비스도 정보 통신 기술의 발달로 원거리 소비가 가능해졌다.

오늘날 세계 무역 기구WTO는 서비스 교역에 관한 일반 협정GATS의 틀 내에서 서비스 교역을 기업에 제공되는 서비스와 전문 서비스, 통신 서비스, 건설 서비스와 관련 서비스, 유통 서비스, 교육 서비스, 에너지 관련 서비스, 환경 관련 서비스, 금융 서비스, 의료 서비스와 사회 복지 서비스, 관광 서비스, 교통 서비스, 물리적 사람의 이동 등 12개 범주로 분류하고 있다.

B. 서비스 교역의 변화

세계 GDP에서 서비스가 차지하는 비중에 비해 서비스 교역의 비중은 상대적으로 낮은 편이다. 사실 최선진국 GDP에서 서비스의 비중이 71%(미국은 75%), 중진국과 후진국의 경우 각각 55%와 47%를 차지하고 있는 반면 서비스 교역은 2004년 현재 전체 경상 거래의 19%에 해당할 뿐이며, 값어치로 환산해도 약 1조 8천억 달러에 불과하다.

그러나 서비스 교역은 매년 상당한 수준으로 증가하고 있다. 1980년 이후 상품 교역은 6.6%의 성장률을 기록하고 있는 반면 서비스 교역은 연 7.6%의 성장세를 기록하고 있다. 특히 1990년대 초 이후 정보 통신 기술이 발달하고 새로운 유형의 서비스가 경상 계정 통계에 포함됨에 따라 서비스 교역은 더욱 빠른 속도로 성장하기 시작했다.

2. 서비스 교역의 쟁점

A. 서비스 교역의 양상

서비스 교역은 보통 국민 경제에서 3차 산업의 비중과 국제 무역에서 해당 국가의 위치에 비례한다. 실제로 미국은 2000년대 초 제1의 서비스 수출국이며, 영국과 프랑스가 그 뒤를 잇고 있다. 또한 미국은 제1의 서비스 수입국이며, 독일, 일본, 영국, 프랑스가 미국의 뒤에 포진하고 있다. 이들 국가에서 서비스 부문이 전체 무역량의 약 20%를 차지하지만 미국이 의외로 약간 낮은 수치를 기록한다는 점은 생각해 볼 필요가 있다. 또한 그리스 등의 무역에서 서비스가 차지하는 비중이 40%를 넘는다는 점도 주목할 필요가 있다.

교통 서비스와 관광 서비스가 전체 서비스 교역의 절반 이상을 차지한다. 특히 프랑스의 경우 관광 서비스는 전체 서비스 교역의 절반 이상을 차지할 정도로 중요하다. 금융 서비스 교역도 최근 급성장을 나타내는 부문이다.

B. 서비스 교역에 대한 새로운 국제 게임 규칙을 향해

서비스 교역은 국제적 차원에서 중요한 쟁점을 구성한다. 사실 주요 선진국에서 3차 산업이 생산과 고용의 75%를 차지하고 있음에도 서비스 수출은 총수출의 20%에도 미치지 못하는 상황이다. 따라서 성장의 여지가 매우 크며, 실제로 새로운 교통 및 정보 통신 기술의 발달로 초기 서비스 교역의 발전을 가로막던 장애물들이 제거되면서 빠르게 증가하고 있다. 더욱이 국제 서비스 교역은 기업의 다국적화와 금융 서비스나 원거리 서비스 등의 생산 부문 아웃소싱에 기여하고 있다.

이 같은 이유들로 1994년 마라케시에서 개최된 WTO 총회에서 첫 번째 '서비스 교역에 관한 일반 협정'을 체결했다. 이후 서비스 부분에 자유 무역 규칙을 도입하기 위한 협상들이 진행되고 있다. 유럽 차원에서 서비스 교역은 오랫동안 별다른 관심의 대상이 아니었다. 그러나 오늘날 볼켄스텐Bolkenstein 지침을 통해 여러 중요한 논쟁의 대상이 되고 있다.

▶국제 무역에서 서비스 교역은 오래전부터 존재해 왔다. 서비스 부문이 각국 부가 가치 생산의 대부분을 차지하고 있지만 오늘날 국제 무역에서 서비스 부문의 비중은 5분의 1에도 미치지 못하는 실정이다. 따라서 향후 무역 자유화 흐름이 지속된다고 가정할 때 서비스 교역은 앞으로 더욱더 발전할 것이다.

8강 1945년까지의 자본 이동

자본 이동의 세계화는 어제오늘의 일이 아니다. 경제사적으로 볼 때, 아주 오래전부터 대규모의 자본 이동을 발견할 수 있다. 그렇지만 1945년 이전의 자본 이동은 완벽하게 안정적으로 작동해야 하는 국제 통화 제도 구축의 어려움에 기인한 불안정을 특징으로 한다.

1. 제1차 세계 대전까지의 자본 이동 증가

A. 금 본위제는 자본 이동을 촉진했다

19세기는 산업 혁명을 겪은 근대 경제에 적합한 통화 및 금융 제도가 구축된 시기였다. 이 시기에 각국에서 중앙은행이 잇따라 설립되면서 국가적인 은행 시스템이 조직되었다. 19세기 초는 화폐 발행을 경제 상황에 탄력적으로 적용하여 화폐 공급을 조절하자는 이른바 '은행학파banking school'와 화폐 발행을 금 보유고와 엄격하게 연동시켜야 한다고 주장한 '통화학파currency school' 간의, 화폐 제도에 대한 이론적 논쟁으로 점철되었다. 결국 1844년 영국에서 은행법Bank Charter Act이 통과되면서 통화 가치가 금의 무게로 결정되는 통화 제도가 구축되었다.

따라서 당시 경제 헤게모니를 장악하고 있던 영국의 영향 아래 국제 거래에서 금 본위제Gold Standard가 채택되었다. 그렇지만 실제 거래에서 국제 시장 참여자들은 금 운반의 비용과 위험을 감수하기보다는 화폐로 지불하는 것을 선호했다. 그렇다 해도 금 본위제에서 각국 화폐의 환율은 상대적으로 안정적인 수준을 유지했다.

B. 대규모 자본 이동

1870년에서 1914년 사이 선진국들은 자금 조달 능력이 상당한 수준에 이르렀고, 이로 인해 아메리카나 오스트레일리아처럼 성장 잠재력이 높은 국가들로 국제 자본 유입이 발생했다. 이같이 선진국에서 유출된 자본은 새로운 철로 건설이나 다른 사회 간접 자본 구축에 투자되었다. 또한 이 시기 경제 성장을 시작한 국가들에서 장기 국채가 엄청나게 발행되었다. 예로 러시아 정부의 국채를 들 수 있다.

영국의 순자본 유출은 19세기 말 GDP의 9%에 이르러 최대치를 기록했다. 이후 프랑스, 네덜란드, 독일도 영국과 비슷한 경험을 하게 된다. 그런데 이 같은 자본 유출은 당시 영국이 기록하던 막대한 무역 흑자에 기인한다. 영국 총투자의 절반은 영국 외부에서 실현되었다.

2. 제1차 세계 대전까지의 자본 이동 파괴

A. 불안정한 국제 통화 질서

제1차 세계 대전 초, 각국 화폐는 금 태환성을 상실한다. 제1차 세계 대전 말, 경제 상황은 악화 일로로 치달으며 엄청난 인플레이션이 발생했고 결국 금 대비 각 화폐의 가치가 폭락했다. 그런데 각국이 보유하고 있는 금은 양적으로도 충분하지 않았고 나라별로 매우 불균등하게 분포되어 있었다. 사실 1918년 세계 금 보유고의 3분의

1이 미국에 집중되어 있었다.

1922년 제네바 회담에서 새로운 국제 통화 제도가 결정되었다. 이른바 금 환 본위 제도Gold Exchange Standard가 채택되어 금의 역할이 재정립되었다. 새로운 국제 통화 제도에서 몇몇 기축 통화, 즉 1922년부터 달러화, 1925년 스털링화의 금 태환성만 인정되었다. 달러화와 스털링화가 아닌 그 밖의 화폐는 바로 기축 통화에 대한 태환성만이 인정되었다. 그런데 국제 조절 기관의 부재와 이 시기 통화 제도에 대한 미국의 불분명한 입장, 세계 1위의 경제 대국으로서 영국의 쇠퇴, 1929년 대공황으로 촉발된 재정상의 어려움 등의 요인이 맞물리면서 금 환 본위제가 점차 사라지게 되었다.

B. 국제 자본 이동의 후퇴

이 같은 불안정한 통화 및 금융 환경에서 자본 이동의 변화는 엄격한 통제라는 결과를 낳았는데, 이는 '통화 정책의 분열'이라고 명명될 수 있을 것이다. 1929년 대공황은 경제 정책의 운용에서 국가주의적 반응을 낳았다. 프랑스와 독일은 자국의 식민지로 눈을 돌렸고, 독일은 국내에 집중하면서 전쟁을 준비했다. 미국의 루스벨트 대통령은 뉴딜 정책을 시행했다. 이 같은 보호 무역주의적 정책 환경에서 통화적 관점뿐만 아니라 무역적 관점에서 국제 통화 제도의 재구축 시도는 실패로 돌아갔으며 국제 자본 이동은 위축되었다.

역설적으로, 이 시기에 외국 기업의 장기 투자를 위한 해외 직접 투자가 증가하였다. 특히 미국의 해외 직접 투자가 점차 증가하였다. 그렇지만 아직까진 서유럽, 특히 영국이 해외 직접 투자에서 핵심적인 위치를 차지하고 있었다.

▶자본 이동은 국제 통화 환경과 밀접하게 연결되어 있다. 국제 통화 질서가 안정성을 보이는 시기에는 자본 이동도 활발하지만 정치적, 경제적으로 불안정한 시기에는 자본 이동이 심각하게 위축되었다. 단, 전체적으로 높은 수준에서 유지된 해외 직접 투자는 예외적인 경우였다.

9강 1945년 이후 해외 직접 투자

해외 직접 투자FDI는 외국에 위치한 기업들에 대한 장기적인 이해관계를 나타내며, 자체의 논리를 따르고, 비록 그 역사는 오래되었지만 본격적인 발전은 1945년 이후에 이루어졌다. 해외 직접 투자는 자본주의 시스템의 논리적, 자연적 진화로 간주되며, 다국적 회사 구축을 통해 경제의 세계화에 기여한다.

1. 해외 직접 투자의 기원

A. FDI란 무엇인가?

해외 직접 투자는 특정 기업을 통제할 목적으로 해외 자산을 구매하는 것을 말한다. 해외 직접 투자는 투자 목적과 자본 참여 비율에서 포트폴리오 투자와 구분된다. 사실 포트폴리오 투자는 본질적으로 단기 금융 수익을 추구한다. 또한 국제 통화 기금IMF에 따르면 기업 자본의 최소 10%를 인수하는 투자는 모두 해외 직접 투자이다.

해외 직접 투자는 따라서 자본 요소의 국제화와 다국적 회사의 탄생에 기여한다. 해외 직접 투자는 다양한 형태를 가질 수 있다.

– 해외에 생산 단위나 지사를 세운다.

– 해외의 기존 기업에 자본으로 참여한다.

– 이미 해외 직접 투자의 대상인 기업들을 통해 얻은 수익을 재투자한다.

B. FDI : 오래전부터 있었다

해외 직접 투자의 증가는 금융 글로벌화의 한 측면이다. 그렇지만 해외 직접 투자라는 현상 자체는 매우 오랜 역사를 가지고 있다. 사실 해외 기업 자본 참여나 해외 진출을 목표로 하는 자본 흐름은 특히 피렌체 메디치 은행을 비롯한 몇몇 금융 가문이 도시 국가에서 번영하던 중세 시대에도 존재했다.

19세기, 생산 기술의 발달로 기업들의 몸집 부풀리기 시도가 급증했다. 전기 분야에서는 제너럴 일렉트릭과 웨스팅하우스 같은 다국적 그룹도 탄생하였다. 이 같은 움직임은 제1차 세계 대전 이후에도 계속되었으나 그 리듬은 다소 둔화되었다.

2. 1945년 이후 해외 직접 투자의 변화

A. 1973년 위기까지

해외 직접 투자는 1930년대 경제 위기로 정체되었다가 제2차 세계 대전 종전 이후 비약적으로 증가했다. 국제 무역처럼 해외 직접 투자도 세계 경제 성장률의 두 배인 연 8%를 초과하는 성장률을 기록했다.

해외 직접 투자의 주체국과 대상국에서도 상당한 변화가 일어났다.

1938년, 서유럽은 세계 FDI의 65.6%를 차지하였으나 1973년에는 이 수치가 3분의 1을 약간 넘는 수준으로 하락했다. 해외 직접 투자에서 유럽의 쇠퇴는 미국에 유리하게 작동하여 미국은 1973년 세계 FDI의 50%를 장악했다.

FDI 스톡은 제2차 세계 대전까지만 해도 총 FDI의 65.6%를 유치하고 있던 개발도상국에 집중되어 있었다. 그러나 서유럽과 다른 시장 경제 선진국들로 흐름이 재조정되었다. 사실 달러 강세에 힘입어 미국 회사들은 높은 수준의 구매력을 보유하게 되었고 유럽 공동 시장의 점진적 구축으로 파생된 역외 관세 장벽을 우회하기를 원했다. 따라서 미국의 다국적 회사들은 1950년대부터 유럽에 대규모 투자를 하기 시작했다. 제3세계 국가들은 경제적 저발전과 탈식민지화 시기에 심각한 정치적 불안정을 겪으면서 점차 FDI, 특히 미국 FDI로부터 소외되기 시작했다.

B. 1973년 이후

1973년 경제 위기 이후, 해외 직접 투자는 더욱 주기적인 변화를 겪고 있다. 1980년대 중반까지 성장이 둔화되었던 FDI는 1990년대 중반까지 다시 성장세를 회복하였고 1997년 아시아 금융 위기 때 또다시 위축되었다가 이후 다시 증가하였다.

세계 해외 직접 투자의 대부분이 여전히 시장 경제 선진국에 집중되어 있지만, 1990년대 초부터 특히 아시아의 신흥 공업국이 새로운 투자 대상국으로 부상하고 있다. 마찬가지로 해외 직접 투자에서 미국의 지배적 위치는 여전하지만 독일, 일본, 프랑스, 영국 등 새로운 투자국이 속속 등장하고 있다. 1990년대 중반 놀라운 성장을 기록했던 한국, 타이완, 말레이시아 등도 해외 직접 투자에 박차를 가하고 있다.

▶해외 직접 투자는 기업의 다국적화와 관련이 있으며 글로벌 경제 시장의 구축을 확대하는 경향이 있다. 이 같은 변화는 생산 과정의 국제 분업 구축으로 더욱 강화된다.

10강 유동 자본과 포트폴리오 투자

제2차 세계 대전 종전 이후 자본 이동의 양상이 근본적으로 변했다. 우선 영광의 30년 동안 규제의 대상이었던 새로운 금융 상품이 속속 등장했고, 자본 이동의 방식도 다양해졌다. 덕분에 포트폴리오 투자, 즉 단기 투자 목적의 금융 자산 인수가 급증했다. 그 결과, 1980년대 이후 소위 '유동 자본'이라고 불리는 금융 자산이 빠른 속도로 유통되며 새로운 경제적 위험들을 촉발시켰다.

1. 금융 글로벌화를 향해

A. 1970년대까지의 분할된 자본 시장

제2차 세계 대전 종전 후 각국의 정치 · 경제 지도자들은 이 시기 세계를 뒤흔들었던 금융 · 무역 불안정성에서 교훈을 얻었다. 1944년, 미국과 영국의 주도로 열린 브레턴우즈 회담의 목적은 통화 안정을 위한 틀을 마련하는 것이었다. 브레턴우즈 시스템은 새로운 통화 제도를 낳았는데, 바로 금-달러 본위제이다. 이제 달러만이 금 태환성이 인정된다. 즉 금 1온스의 가치가 35달러로 고정된 것이다. 그리고 달러를 제외한 다른 모든 화폐는 달러로 환율이 고정된다. 결국 브레턴우즈 시스템이라는 새로운 국제 통화 제도는 미국의 경제적 우위를 단적으로 보여 준다고 할 수 있다.

브레턴우즈 시스템은 기본적으로 고정 환율제를 택하고 있긴 하지만, 여기서는 조정 가능한 고정 환율이다. 덕분에 각 국가는 어느 정도 독자적인 통화 정책을 수행할 수 있었다. 물론 각국이 통화 정책의 독자성을 누릴 수 있는 전제 조건은 단기 자본 이동의 규제이다. 단기 자본 이동은 환시장에서 투기 흐름을 발생시켜 환율을 교란할 여지가 있기 때문이다. 1970년대까지 국제 자본 이동이 제한되었던 이유도 바로 여기에 있다. 따라서 각국 경제는 자금 조달을 위해 화폐 창조에 의존하게 된다. 부채 경제는 이렇게 탄생했다.

B. 금융 글로벌화와 자본 이동의 발달

1970년대 인플레이션을 겪으면서 서유럽 각국은 부채 경제에서 벗어나기 위해 경제의 자금 조달 논리에 변화를 주고자 했다. 이런 맥락에서 금융 순환에서 몇몇 중대한 변화가 일어났다. 이는 무엇보다 금융 시장의 발전과 관련이 있다. 특히 미국의 나스닥NASDAQ같이 하이테크 기업들을 위한 새로운 주식 시장이 창조되어 금융 시장 발전에 기여했다. 환시장에서는 1973년 브레턴우즈 국제 통화 제도 붕괴 이후 변동 환율제가 일반화되어 파생 상품 시장 출현에 일조했다. 파생 상품은 특히 위험 헤지hedge를 가능하게 했다.

이렇게 1980년대 이후 금융 글로벌화는 실제 현실이 되었다. 앙리 부르기냐는 저서 『국제 금융』(1995)에서, 금융 글로벌화는 금융 시장의 탈규제화, 탈분할화, 탈중개화 과정으로 설명된다고 분석한 바 있다. 사실 오늘날 우리는 금융 상품 세계 시장의 출현을 목도하고 있다. 물론 이 같은 상황은 신정보 통신 기술의 발달에 힘입은 바가 크고 자본 거래는 그 액수도 증가했지만 무엇보다 속도가 훨씬 빨라졌다.

2. 자본 거래의 변화

A. 자본 거래의 발달

금융 글로벌화는 원활한 통화 흐름과 효율성을 제고했다. 사실 기업들은 전 세계를 대상으로 자금을 조달할 수 있게 되었다. 선택의 폭이 훨씬 넓어진 것이다. 마찬가지로 유동성이 풍부해지면서 금리 하락 요인이 되었고, 생산적 투자를 촉진했다. 더구나 자유주의 시스템에서 자본 이동이 자유롭다는 사실은 화폐나 이자율에 기초한 새로운 유형의 투자 유인을 제공했다.

이 같은 변화의 결과는 무엇보다 자본 거래의 증가이다. 일일 자본 거래량은 상품 및 서비스의 일일 거래량을 훨씬 초과한다. 국제 자본 시장에서 하루에 거래되는 자본 총액은 1조 5천억 달러를 넘어섰다. 또한 1970년대 이후 각국의 주식 시장이 발달하면서 전체 시가 총액이 연 13%의 비율로 증가하고 있으며 신흥 공업국도 예외는 아니다. 이는 때로 금융 불안정과 위험을 촉발시켰다.

B. 새로운 경제 주체들

자본 거래의 발달이 가능할 수 있었던 것은 국제 금융 시장에서 새로운 경제 주체들이 출현했기 때문이다. 다국적 기업의 존재가 단기 수익성이 유일한 기준인 포트폴리오 투자의 형태를 취하는 교차 참여를 발전시킨 것처럼, 연금을 관리하는 연기금, 특히 미국과 영국의 연기금이 오늘날 자본 시장의 주요 자금 공급자이자 거래자로 부상하였다. 연기금뿐만 아니라 보험 회사 및 뮤추얼 펀드까지 아우르는 이 같은 기관 투자가들은 오늘날 국제 자본 시장과 환시장을 좌지우지하고 있다.

물론 자본 거래는 여전히 선진 공업국이 주도하고 있다. 그러나 신흥 공업국의 비중도, 자본을 투자하는 입장이든 유치하는 입장이든, 점점 커지고 있다. 1997년 아시아 시장을 덮친 환 투기는 이들 국가의 점점 커져 가는 중요성뿐만 아니라 신흥 공업국 시스템에 내재하는 취약성을 보여 주었다.

▶글로벌 금융 시장의 형성은 시장의 통합, 새로운 통화, 금융 상품의 출현, 신정보 통신 기술에 힘입어 전 세계적 차원에서 자본 이동의 발전을 가져왔다. 각국 경제는 예전보다 더욱 신속하게 대규모로 자금을 조달할 수 있게 되었지만 이 같은 투자에 수반되는 극도의 불안정성은 시스템을 위기 상황으로 몰고 갈 여지가 있다.

제2장

무역 자유화와 제도화

19세기~현재

11강 무역 정책

무역 정책을 정의하거나 집행하는 주체는 각 국가이다. 여기서 무역 정책이란 정책 당국이 대외 무역에 영향을 미치기 위해 수용하는 일련의 조치를 말한다. 무역 정책은 크게 보호 무역주의 정책과 자유 무역주의 정책으로 구분된다. 전자는 외국 상품의 국내 시장 접근을 제한하는 반면, 후자는 관세 장벽을 낮추는 정책이다.

1. 보호 무역주의 정책

A. 왜 보호 무역주의인가

보호 무역주의는 국내 기업과 국내 경제 활동을 외국과의 경쟁에서 보호해 준다. 그럼으로써 국제 수준에서 경쟁이 치열한 부문에 진출한 기업에 설비를 현대화할 수 있는 시간을 벌어 주는 것이다. 더구나 보호 무역주의를 통해, 경쟁력이 낮은 부문이나 국제 경쟁으로 위협받는 부문에서 발생할 수 있는 해고로 인한 사회적 비용을 줄이는 게 가능하다.

보호 무역주의는 새로운 부문 개발에 기여할 수 있다. 특히 새로운 부문이 국가의 성장 및 발전 동력이지만, 보호 조치가 없으면 세계 시장 경쟁에서 살아남을 수 없을 경우, 정책 당국은 보호 무역주의를 적용할 수 있다.

보호 무역주의는 수입을 억제하고 수출을 장려함으로써 상품 및 서비스 수지 적자를 줄이는 데 기여할 수 있다. 게다가 관세라는 국가 수입을 발생시킨다.

B. 보호 무역주의의 한계

보호 무역주의는 국제 공동체의 안녕과 번영을 저해할 수 있다. 사실 보호 무역주의를 채택한 국가들이 수입을 축소하면 다른 국가들의 수출이 감소하고 성장이 둔화된다. 그러면 다른 국가들의 수입이 위축되고, 이는 보호 무역주의를 채택한 국가들의 수출 감소를 가져오며 성장세에도 제동이 걸리게 된다. 더욱이 보호 무역주의로 피해를 본 국가들 역시 자국 시장 보호를 위해 보호 무역주의를 적용할 수 있다. 결국 일종의 무역 전쟁이 발발하는 것이다. 무역 전쟁은 1930년대에 그러했듯이(제14강 참고), 모든 국가를 패배자로 만들 뿐이다. 또한 무역 갈등이 악화될 경우 세계 평화를 위협할 수도 있다.

보호 무역주의는 해당 국가의 생활비 인상 요인을 제공하고 보호 대상 부문에서는 기업의 특별한 노력 없이도 엄청난 이윤을 낳기 때문에 기업주는 혁신에 대한 유인이 약할 수밖에 없다. 경제 활동은 점점 역동성을 상실하게 되고 근로자의 소득과 일자리가 줄어든다. 마지막으로 관세 장벽 우회를 위한 위조 및 밀수가 늘어나 합법적 활동을 저해하고 국가의 세수를 줄일 위험이 있다.

2. 자유 무역주의 정책

A. 왜 자유 무역주의인가

자유 무역주의는 판로의 확대, 즉 수요의 증가를 가능하게 한다. 게다가 경쟁은 혁신과 노동력의 질적 향상을 위한 유인이 될 것이며, 각국은 19세기 리카도가 증명했던 것처럼(제95강 참고) 상대적으로 생산성이 높은 부문이나 비교 열위가 상대적으로 덜한 부문에 특화할 것이다. 따라서 국가의 생산 능력은 전체적으로 봤을 때 더욱 향상된다.

생산 시스템의 효율성은 제고되고, 소비자들이 소비할 수 있는 상품 및 서비스 생산이 증가할 것이며, 비용은 절감될 것이다. 소비자들은 좀 더 다양한 선택을 할 수 있게 된다. 이렇게 자유 무역은 세계 성장을 추동한다.

자유 무역은 각 국가들로 하여금 무역 관계를 맺게 하여 전쟁을 막는다고 주장하는 사람들도 있다. 결국 자유 무역이 국제 관계에 평화를 가져다주는 것이다.

B. 자유 무역의 한계

시장 개방으로 경쟁력에서 밀려난 기업들이 도산하면서 실업이 증가할 수 있다. 게다가 자유 무역으로 인한 경쟁 압력은 임금 감소, 해고, 작업 속도 증가, 환경에 대한 기업의 무관심이라는 역효과를 낳을 수 있다.

몇몇 국가는 자유 무역의 혜택을 누리지 못할 수도 있다. 수확 체감, 즉 생산 증가 시 단위 생산 비용이 증가하는 부문이나 수확 체증이 약한, 즉 단위 생산 비용의 감소 정도가 낮은 부문에 특화한 국가들은 대외 개방의 이점을 누릴 수 없다. 특히 기초 생산물 생산국과 수출국이 그러하다. 따라서 국가 간 불평등이 심화될 수 있다. 더구나 최빈국들은 인프라 시설 및 은행 시스템 미비에 국가 기관의 기능 저하까지 겹쳐 자유 무역의 긍정적인 효과를 온전히 누릴 수 없다.

자유 무역은 국가 간 긴장을 강화할 수 있다. 예를 들어 국내 기업의 경쟁력을 위해 저임금과 사회 복지 수준을 낮게 유지하는 나라도 있을 것이다. 그러면 다른 국가에서는 이 같은 정책이 일종의 '덤핑' 전략이라며(제12강 참고), 의심의 눈초리로 이들 국가를 바라볼 수 있다. 따라서 국제 관계가 악화될 수 있다.

▶각국의 무역 정책은 장점이 많지만 위험이 전혀 없는 것은 아니다. 결국 각국 정부는 정책 집행 시 실용주의적 모습을 보여야 한다.

12강 보호 무역주의의 방식

보호 무역주의 정책은 다양한 방식으로 적용될 수 있다. 국내 시장 보호는 관세 장벽이나 비관세 장벽을 통해 실행된다. 더구나 덤핑은 경쟁 규칙을 위반함으로써 수출을 장려하는 것이 목적이다.

1. 관세 장벽과 비관세 장벽

A. 관세 장벽을 통한 보호 무역주의의 방식

관세 보호 무역주의는 관세 장벽을 세워 수입에 영향을 미치는 것이 목적이다. 관세는 대부분 종가세로 수입 상품 가격의 퍼센트로 표현된다. 즉 수입 상품 단위 가격의 t%를 관세로 매기는 것이다. 관세가 종량세의 형태를 취할 수도 있다. 예로 '수입 상품 단위당 x 달러' 식으로 관세를 매긴다. 관세 할당을 적용할 경우, 관세 기준은 수입량이 일정 기준을 초과하느냐 그렇지 않느냐에 따라 달라진다.

국내 기업에 대한 보조금 지급도 보호 무역주의 정책에 속한다. 사실 보조금 덕분에 기업들은 생산 비용 수준에 비해 낮은 가격을 책정할 수 있으며, 국내 시장에서 가격 경쟁력을 유지할 수 있다. 이는 동종 수입 상품에 적용되는 관세 인상과 동일한 효과를 낳는다. 따라서 관세와 보조금은 국제 경쟁의 족쇄로 작용할 수 있다. 수출 보조금도 마찬가지다. 수출 보조금으로 기업들은 수출 상품의 가격을 낮출 수 있기 때문이다. 이는 해외 시장에서 자국 수출 상품에 대한 관세가 인하되는 것과 다를 바 없다.

B. 비관세 장벽을 통한 보호 무역주의 : 수량 제한

수입 제한은 다양한 방식으로 적용될 수 있다. 수입 쿼터제는 수입으로 충당되는 내수의 비율을 고정하는 것이다. 쿼터는 상품별로, 국가별로 결정된다. 수입 할당은 특정 상품에 대해 국가별 혹은 국가군별로 정해진 기간 동안 국내 시장에 수입될 수 있는 최대 수량을 할당하는 것이다. 자발적 수출 제한은 국가별 협정을 통해 결정된다. 즉 수출국이 어떤 국가에 대한 수출 물량을 일정 수준으로 한정하고 그 이상은 초과하지 않겠다고 약속하는 것이다. 이를 통해 해당 국가는 일종의 수입 제한 효과를 누릴 수 있다. 이런 유형의 협정은 특히 1970~80년대 비약적으로 증가했다.

그 밖에, 비록 공식적으로는 국내 시장 보호가 아닌 다른 목적을 표방하지만 결국 비관세 장벽을 통한 보호 무역주의 정책과 일맥상통한다고 볼 수 있는 조치들이 있다. 각국이 결정한 기술, 위생, 사회, 환경 규준들이 그러하다. 동일한 규준이 국내 상품에도 똑같이 적용되지 않는 한, 이들은 사실상 일종의 비관세 장벽이다. 반대로 국내 상품들도 똑같은 규준을 준수할 경우, 비록 수입이 줄어든다 해도, 이는 진정한 의미에서 보호 무역주의 정책이 아니다. 그러나 이 경우, 세계 무역 기구(제17강 참고)는 이론의 여지가 없는 확실한 보고서를 통해 그 같은 규준들이 국내 상품에도 동일하게 적용된다는 사실을 증명할 것을 요구하며, 이를 이행치 못하면 해당 국가들은 보호 무역주의 적용으로 제소될 수 있다.

2. 덤핑 적용

A. 수출 장려를 위한 덤핑

덤핑이란 상품의 판매 가격이 생산비보다 낮게 책정된 경우를 말한다. 또한 WTO는 기업이 국내 시장 혹은 다른 국가의 동종 상품 시장 가격보다 낮은 가격으로 수출하는 경우도 덤핑으로 간주한다.

덤핑은 그 자체로만 보면 무역 정책이 아니다. 상품 판매 가격 결정 문제는 기업의 전략이지 정책 당국이 결정할 사항이 아니기 때문이다. 그러나 수출 보조금 지급으로 기업들은 판매 가격을 낮출 수 있고 따라서 덤핑 전략을 적용할 수 있다. 게다가 덤핑에 맞서기 위해 정책 당국이 적용하는 보복 조치들은 보호 무역주의 정책의 요소를 구성한다(제11강 참고).

1995년 이후, WTO는 각국이 덤핑 문제에 맞서 개입할 수 있는 규칙 정립을 위한 반덩핌 협정을 감독하고 있다. 즉 덤핑이 일종의 불공정 경쟁의 형태가 되어 피해 국가에 고용 불안 등 해로운 결과를 낳을 경우, 피해국은 관세 인상 등을 통해 덤핑에 대응할 수 있다.

B. 덤핑의 형태

정책 당국의 개입은, 그것이 기업들의 행위와 맞물리든 그렇지 않든 간에, 덤핑과 동일한 효과를 낳을 수 있다. 예로 생산 시스템 경쟁력 유지를 위해 정책 당국은 임금과 사회 보장 수준을 다른 국가들에 비해 매우 낮은 수준으로 유지하려고 노력할 수 있다. 이 같은 정책도 어쨌든 '덤핑'이다. 기업들은 비정상적으로 낮은 가격으로 상품을 수출할 수 있기 때문이다. 이 같은 경우는 '사회적 덤핑'이라고 명명할 수 있을 것이다.

마찬가지로 정책 당국이 타국의 조세 규칙에 비해 자국 기업에 매우 유리한 조세 정책을 적용할 때 이를 '조세 덤핑'이라고 부를 수 있다. 조세 덤핑으로 해당 국가의 기업들은 확실한 경쟁력 우위를 누릴 수 있기 때문이다.

환시장에서 어떤 국가의 화폐가 약세일 경우, 해당 국가의 기업들은 보조금 지급과 동일한 가격 경쟁력을 확보하게 된다. 게다가 이 같은 통화 가치 하락은 수입 가격 인상을 낳고, 수입 가격 인상은 관세 장벽과 마찬가지로 수입을 억제하는 요인으로 작용한다. 따라서 정책 당국이 평가 절하를 단행할 경우, 해당 국가는 '위장된 보호무역주의' 정책, 다른 말로는 '통화 덤핑'을 적용한다고 제소될 수 있다.

▶보호 무역주의 정책은 다양한 방식으로 적용된다. 그런데 이 중 몇몇 방식은 정부와 기업을 둘러싸고 있는 불확실성 때문에 구분이 모호할 수 있다. 따라서 각국의 국내 시장 보호 정도를 정확하게 측정하는 것은 쉬운 일이 아니다.

13강 19세기의 자유 무역과 보호 무역주의

19세기 초 보호 무역주의 정책은 본질적으로 관세 장벽을 통한 정책이 우세했다. 1840년대부터 영국의 영향으로 자유 무역 시기가 도래했다. 그러나 자유 무역주의는 1870년대부터 다시 쇠퇴하기 시작한다.

1. 1870년대까지 : 보호 무역주의에서 자유 무역으로

A. 1840년대 이전 : 보호 무역주의 우세

영국 경제는 18세기 말에 본격적으로 성장하기 시작하였다. 영국 산업은 17세기 초부터 관세 장벽 덕분에 대외 경쟁에 노출되지 않았다. 19세기 전반기, 프랑스의 산업 발전 역시 관세 장벽을 발판으로 진행되었다. 1834년 프로이센 주도로 독일 연방의 국가들이 관세 동맹Zollverein을 체결했다. 이로써 역내 국가 간 무역이 자유화된 것과 동시에 역외 제3국가들에 대해서는 공동의 관세, 즉 프로이센의 관세가 적용되었다. 미국에서도 관세 장벽은 외국 기업과의 경쟁에서 국가 산업을 보호하는 역할을 담당했다.

러시아는 1850년대까지 동유럽에서 자국 산업을 보호했다. 그러나 러시아의 산업화는 인프라 시설 미비, 중공업 분야 혁신 실패, 봉건제적 사회 구조 등 수많은 핸디캡으로 그 진전이 느렸고, 본격적인 경제 성장은 19세기 말에 이르러서야 시작되었다. 일본의 경우,

국가 지도자들은 쇄국 정책을 고수했으나, 이는 산업 발전이 아니라 국가 독립을 유지하기 위함이었다.

B. 1840년대부터 미국을 제외한 기타 국가에서 자유 무역주의 부상

영국은 1840년대 자유 무역으로 무역 정책을 선회했다. 특히 리처드 콥덴 주도로 1836년 창설된 자유 무역 압력 단체인 반곡물법 리그의 압력으로 로버트 필 당시 영국 수상은 1842년 설비재 수입 관세를 인하하고 18세기 이후 설비재 분야에 적용되어 왔던 수출 금지 조처를 해제했다. 그리고 1846년, 영국 농업을 보호했던 곡물법이 폐지되었다.

1860년 프랑스와 영국은 자유 무역 협정을 체결했다. 관세는 인하되었고 최혜국 대우 조항이 명시되었다. 즉 양국은 상대국에 대해 최저 수준의 관세를 매기기로 약속한 것이다. 러시아는 1857년 무역을 자유화했고, 1862년 프로이센은 독일 관세 동맹을 대표해 프랑스와 자유 무역 협정을 체결했다.

극동 지역의 경우, 일본은 미국, 영국, 프랑스, 러시아와의 여러 조약 때문에 관세 장벽을 낮출 수밖에 없었다. 그런데 이 조약들은 호혜성이 결여된 불평등 조약이었다. 따라서 1870년대부터 시작된 일본의 경제 성장은 국내 시장 보호에 기반을 둔 것이 아니었다. 그러나 일본 정부는 공기업을 설립하고 투자에 대한 자금을 지원하는 등 일본의 산업화에 크게 기여했다.

2. 1870년대 이후 : 자유 무역에 대한 문제 제기

A. 자유 무역주의의 수용은 무엇보다 전략적 고려의 결과였다

영국의 경우, 자유 무역은 영국의 세계 지배를 강화하기 위한 수단이었다. 사실 영국의 기술적 우위는 영국이 타국에 대해 경쟁력 우위를 점할 수 있었던 중요한 이유였다. 러시아에서는 1830년대 관세 장벽을 이용한 첫 번째 경제 성장 시도가 실패로 돌아갔다. 이에 러시아의 알렉산드르 2세는 1857년 자유 무역 정책을 선택할 수밖에 없었다. 한편, 프랑스의 나폴레옹 3세는 1860년의 영불 자유무역 협정을 프랑스가 영국을 따라잡을 수 있는 수단으로, 따라서 유럽 대륙에서 프랑스의 지배를 확고히 할 수 있는 수단으로 간주했다.

독일 연방 국가들의 자유 무역주의적 신념은 국가적 이해관계의 고려에 기초한다. 독일 관세 동맹은 공동 역외 관세를 책정함으로써 역내 국가들을 보호했으며, 역외 제3국가들과의 자유 무역 협정은 프로이센의 이해관계에 부응할 경우에만 체결되었다. 일본의 경우, 국내 시장이 외세의 압력으로 개방되었다는 사실만으로도 정부 지도자들이 자유 무역주의적 신념의 발로로 시장을 개방한 것이 아니라는 점을 보여 주기에 충분하다.

또한 자유 무역의 장점은 식민지와는 하등의 상관이 없었다. 본국과의 교역은 본국의 통제하에서, 오직 본국의 이해관계에 복무했다. 따라서 우선 교역 지대가 형성되었고, 원칙적으로 제3국가와의 모든 무역 관계가 금지되었다.

B. 1870년대 말 보호 무역주의의 회귀

1877년, 러시아, 오스트리아, 에스파냐는 보호 무역주의를 적용하기로 결정한다. 이후 1878년 이탈리아, 1879년 독일이 보호 무역주의로 회귀한다. 특히 독일의 비스마르크 수상은 보호 무역주의를 주장하는 농본 보수주의자들과의 연합이라는 정치적 이유로 관세 장벽을 재구축했다. 이는 또한 세계 경제 성장이 둔화되는 시기, 독일 기업을 경쟁에서 보호하기 위한 조치였다.

그렇게 많은 국가가 차례로 보호 무역주의로 돌아섰다. 예로, 프랑스는 1881년 자국 산업을 보호했고, 1892년 멜린 관세가 농업 보호를 목적으로 탄생하였다. 미국은 남북 전쟁(1861~65년)이 북부의 승리로 끝난 후 또다시 관세 인상을 단행했다. 이후 1890년 매킨리McKinly 관세, 1897년 딩글리Dingley 관세가 도입되면서 미국의 보호 무역주의 기조는 더욱 강화되었다. 1891년 러시아는 멘드레이프Mendreleiev 관세를 통해 국내 경제 보호를 강화하였다. 그리고 19세기 말 일본 역시 다른 국가들과 동일한 길을 걸었다.

▶따라서 1840~70년대를 제외하면, 보호 무역주의가 19세기의 지배적 무역 사조였다. 단지 영국만이 1840년 이후 자유 무역주의 정책을 견지했을 뿐이다.

14강 무역 정책(1900~1939)

1900년에서 1940년까지의 무역 정책은 1870년대 이후 세계 경제를 규정했던 보호 무역주의의 흐름 속에서 해석된다. 그렇다 해도 1930년대 무역 정책은 확실히 강화되었다.

1. 1920년대까지의 무역 정책

A. 1914년까지 보호 무역주의가 일반적 경향이었다

영국은 20세기 초, 조지프 체임벌린Joseph Chamberlain이 주도한 보호 무역주의 압력 단체의 활동에도 자유 무역주의를 견지했다. 반대로 다른 국가들은 대부분 보호 무역주의 정책 기조를 유지했다. 미국의 관세는 여전히 매우 높은 수준이었다. 그러나 1913년 다소 인하되었다. 프랑스에서는 1892년의 멜린 관세(제13강 참고)가 유지되다가 1910년 인상되었다. 독일은 1902년 관세 인상을 단행했고, 일본도 1910년대 동일한 경로를 밟았다.

보호 무역주의에도 국제 무역은 다시 성장세를 회복하였고(제1강 참고), 대부분의 국가에서 GDP 중 수출이 차지하는 비율인 수출률이 증가했다. 여러 요인이 이 같은 변화를 추동했다. 미국과 러시아를 제외하면 대부분의 국가에서 관세 장벽이 합리적인 수준에서 유지되었고, 또 그마저도 국제 운송 비용 감소로 완화되었으며, 본국과 식민지 간의 교역이 증가했다. 게다가 자유 무역주의를 견지하던 영국이 1913년 세계 무역의 15%를 차지하면서 수입과 수출의 흐름을 주도했다. 마지막으로 19세기 말 이후 세계 경제가 성장세를 회복하였는데, 보호 무역주의 정책이 기여한 바도 컸다. 즉 보호 무역주의 정책으로 보호 대상이 되었던 몇몇 산업 부문이 비약적 성장을 달성하면서 경제 성장을 추동한 것이다. 따라서 1차 생산물과 설비재 수입이 증가했고, 해외 판로가 개척되었다.

B. 1914년에서 1920년대 말, 보호 무역주의는 여전히 대세였다

1915년 영국에서는 특히 사치품에 대한 관세가 인상되었다. 이어서 몇몇 상품은 수입이 금지될 정도로 보호 무역주의가 강화되었다. 프랑스도 마찬가지였으며, 독일은 필수품 수출을 금지했다. 또한 영국과 프랑스의 봉쇄령으로 독일은 필수품을 수입할 수도 없었다. 미국에서는 관세가 단계적으로 인상되었고, 일본은 1911년 도입된 보호 무역주의적 기조를 견지했으며, 러시아는 1917년 혁명 이후 세계 시장에서 고립된 상태였다.

1920년대, 국제 무역을 가로막은 족쇄들이 여전히 유지되었다. 일본은 반덤핑 조치를 도입함으로써 보호 무역주의적 정책을 더욱 강화했고, 러시아는 자급자족 경제 구축에 역점을 두었으며, 프랑스는 1920년대 관세 장벽을 강화했다. 1922년 포드니 맥 컴버Fordeny-Mac Cumber 관세 도입으로 미국의 관세가 인상되었으며, 독일도 1924년 관세를 인상했다. 마지막으로 공식적인 자유 무역 국가인 영국에서는 매케나Mac Kenna 관세가 연장되었고, 국방을 위한 전략 산업은 관세 장벽의 보호를 받았다.

2. 1930년대 보호 무역주의의 강화

A. 보호 무역주의는 위기의 심화를 가져왔다

1929년 대공황 이후 보호 무역주의가 강화되었다. 1930년, 미국은 홀리 스무트 관세를 도입해 관세 인상을 단행했다. 다른 국가들도 국내 시장 보호 수위를 높였다. 1931~32년부터 영국도 이 같은 보호 무역주의 흐름에서 예외가 아니었다. 더구나 관세 장벽을 통한 보호 무역주의 정책뿐만 아니라 수입 할당, 양자 간 청산 협정 같은 비관세 정책이 병행되었고, 덤핑(제11강 참고)이 더욱 자주 발생했다.

게다가 평가 절하와 통화 가치 하락은 관세와 동일한 효과를 낳아 수입 상품의 가격이 상승했다. 수출 측면으로 보자면, 이는 보조금 지급과 마찬가지 효과를 낳았다. 수출이 증가한 것이다. 예로, 1931년 9월 영국 정부가 파운드화의 금 태환을 중지하자, 환시장에서 파운드화의 가치는 석 달 만에 30%나 하락했다.

1934년부터 경제의 회복세가 두드러지기 시작했다. 따라서 보호 무역주의 정책이 완화되었다. 미국은 양자 간 관세 양보에 관한 법을 제정했고, 프랑스는 1936년 수입 할당제를 완화했다. 반대로 경제 성장이 1938년 다시 둔화되자 보호 무역주의적 조치들이 강화되었다.

B. 1930년대 보호 무역주의의 결과

1929년에서 1932년 사이 국제 무역 거래량은 25% 감소했다. 물론 이 같은 국제 무역 후퇴에는 보호 무역주의의 강화가 역할을 한 것은 분명하지만, 폴 베어록이 강조했듯이, 보호 무역주의 자체는 위기와 무역 쇠퇴의 원인이 아니었다. 사실 경제 활동이 후퇴할 때 수입, 즉 공급 국가의 수출이 줄어들고 경제 불황이 더욱 악화되는 것이다.

보호 무역주의와 통화 및 경제 불안정은 세계 경제의 분할이라는 결과를 낳았다. 미국, 영국, 프랑스, 일본, 독일 등 세계 주요 국가를 중심으로 지역 블록이 구축되었고, 이는 동일 지역 또는 블록 내의 국가 간 무역에는 기여했으나 역외 제3국가들에 피해를 주었다. 예로 1932년 오타와 회담에서 영국과 영연방Commonwealth 국가들은 제3국가들에 적용되는 것보다 더욱 유리한 관세 정책을 도입하기로 결정했다. 그런데 역내 무역 관계에도 자유 무역주의보다는 보호 무역주의적 규칙이 적용되는 경우가 더 많았다. 따라서 이 같은 세계 경제 구조는 세계 무역의 비약적 발전에 적합한 구조가 아니었다.

▶1914년에서 제2차 세계 대전 발발까지의 무역 정책은 보호 무역주의 정책이었다. 그렇지만 1920년대까지 세계 무역은 성장했다. 반대로 1930년대 보호 무역주의는 위기의 악화와 국제 무역의 후퇴를 야기했다.

15강 1940년대 말 이후 무역 정책

제2차 세계 대전 종전까지 세계 무역의 대세는 보호 무역주의였으며 자유 무역은 예외였다. 1940년대 말 이후 국제 무역 자유화가 새로운 경향으로 떠올랐다. 그렇지만 보호 무역주의적 조치들이 사라진 것은 아니었다.

1. 1940년대 말 이후 자유 무역의 발전

A. 선진국에서 자유 무역의 확대

영광의 30년 동안 선진국에서 평균 관세가 감소하였고 비관세 장벽도 조금씩 제거되기 시작했다. 1970년대부터 자유 무역의 진전이 때로는 주춤하기도 했지만 중단된 적은 없었다. 실제로 선진국은 보호 무역주의적 조치를 강화하기도 했는데, 바로 경제 성장 둔화와 신흥 공업국의 부상으로 세계 시장에서 경쟁이 격화됐기 때문이다.

사실 1970년대 이후 보호 무역주의 장벽은 대부분 수입 할당, 기술 및 환경 규준 같은 비관세 장벽이었다. 비관세 장벽의 건재는 관세 장벽이 제거되어 가는 흐름에서조차 일종의 신보호 무역주의의 존재를 보여 주었다. 그러나 비관세 장벽의 사용이 1947년 이후 시작된 다자간 협상으로 제한되었다(제16강 참고). 역으로 수출 보조금은 유럽 연합의 공동 농업 정책이 보여 주는 것처럼 여전히 적용되었고, 평가 절하는 수출을 촉진하고 수입을 억제했다.

B. 1970~80년대 이후 자유 무역의 일반화

1970~80년대까지 브라질, 아르헨티나, 인도, 알제리, 중국을 비롯한 개발도상국들은 보호 무역주의적 국내 시장 중심, 자력 발전 전략을 적용함으로써 무엇보다 국내 시장 발전에 역점을 두었다. 반면에 한국, 타이완 등의 개발도상국은 유치 산업 보호에 기초한 산업화 정책을 추진하면서도 세계 무역에 참여했다. 그런데 1980년대 국내 시장 중심 발전 전략은 한계에 부딪혔고, 국제기구의 압력으로 개발도상국들이 자유 무역을 수용하고 세계 무역에 더욱 참여할 수밖에 없었다.

1990년대까지 동유럽과 구소련의 사회주의 국가들은 자유 무역을 거부했다. 그러나 자본주의로의 이행이 시작된 이후 이들 국가는 자유 무역을 받아들였지만, 생산 시스템의 낮은 경쟁력 때문에 엄청난 무역 적자가 발생했다. 그러자 정책 당국은 세이프가드 조항을 도입하고 일시적인 관세 인상을 단행해야 했다. 그렇지만 이런 상황에서도 동유럽과 구소련은 대외 개방 정책을 추진해 나갔다.

2. 자유 무역 확대 방식

A. 자유 무역 확대는 각국의 '계몽 중상주의' 결과였다

미국의 경제학자 폴 크루그먼Paul Krugman에 따르면 '계몽 중상주의'란 1947년 이후 국제 무역 자유화를 목표로 한 다자간 협상들이(제16강 참고) 경향적으로 자유 무역을 진전시키는 타협을 낳았다는 사실을 표현한다. 즉 각국은 상호 양보하여 관세 장벽을 낮추면서도, 완전하고 갑작스러운 대외 무역 개방을 피하기 위해 자국의 이해관계를 지켰다.

'계몽 중상주의'는 자유 무역 규칙에 대한 몇 가지 왜곡을 보여 준다. 예로, 1993년까지 서비스 무역 자유화는 다자간 협상에서 제외되었으며(제16강과 제17강 참고), 농산물은 1980년대 말까지 협상의 대상이 아니었다. 게다가 각국이 어떤 국가에 무역 혜택을 제공했다면, 동일한 혜택을 다른 국가들에도 제공해야 한다는 최혜국 대우 조항이 무역 자유화의 근간이었다. 그런데 최혜국 대우 조항은 의무 사항이 아니었다. 이를테면 선진국은 개도국을 위한 특별 협정을 통해 개도국의 수출에 장애가 되는 관세 장벽을 낮추었지만, 이 같은 혜택이 다른 국가들에는 제공되지 않았다(제18강 참고).

B. 1990년대 이후 '울트라 중상주의'와 '울트라 자유주의'가 공존했다

1990년대 이후에도 관세는 계속 하락했으며, 수입에 대한 수량 제한도 점차 사라졌다. 각국은 자국의 이해관계, 또는 환경 보호, 위생 안전, 사회 복지 분야에서 국민의 요구를 고려할 경우, 관세 장벽 제거를 원하지 않을 수 있다. 그러나 이제 원하지 않더라도 관세 장벽을 낮추어야 했다.

사실 일종의 '울트라 중상주의'(일관적인 수출 증진 정책)는 1990년대 초까지 대세였던 '계몽 중상주의'를 대체했다. 동시에 수입에 대한 장애로 작동하던 모든 관세 장벽이 소비자들을 위한다는 명목으로 전통적인 자유 무역주의 테제에 맞게 제거되어야 했다. 결국 일종의 '울트라 자유주의'의 부상이었다.

이 같은 '울트라 중상주의'와 '울트라 자유주의' 간의 역설적인 수렴은 국민의 요구와 다양한 국가적 이해관계를 무시했고, 결국 자유 무역에 대한 비판을 야기했다. 울트라 자유주의에 대한 반동으로 오히려 보호 무역주의가 강화될 수도 있을 것이다. 보호 무역주의는 몇 년 전부터 국제 무역의 자유화를 주도하던 교조주의에서 새로운 근거를 찾을 것이다.

▶1940년대 말 이후 자유 무역의 진전은 다자간 협상들의 결과였다. 다자간 협상을 통해 각국은 다양한 이해관계를 어느 정도의 양보를 통해 관철시킬 수 있었다. 그렇다면 국제 무역 자유화의 심화는 과연 이 같은 논리에 계속 머무를 것인가?

16강 1945년 이후 국제 무역의 제도화

1945년 이후 국제 무역과 자유 무역주의는 관세 장벽 제거와 다자주의를 위한 여러 협정과 조약이 체결되면서 더욱 발전할 수 있었다.

1. 1947년 이후 국제 무역 게임 룰이 된 GATT

A. GATT와 자유 무역의 발전

제2차 세계 대전 이후 지속적 성장의 기반을 마련하기 위해 국제 회의가 수차례 열렸다. 이런 맥락에서 1947년 국제 무역의 80% 이상을 차지하는 23개국이 제네바에 모여 관세 및 무역에 관한 일반 협정GATT을 체결하였다. GATT가 추구하는 국제 무역 자유화는 최혜국 대우 조항에 기반을 두고 있었다(제15강 참고). 덤핑 판매와 수출 지원은 금지되었고 관세 인상도 GATT에 명시된 몇몇 경우를 제외하면 기본적으로 금지되었다. 그러나 1994년까지 농산물과 서비스 분야는 GATT에서 제외되었다.

최혜국 대우 조항은 특히 선진국과 개도국 간의 무역에서 적용 의무 조항이 아니었다(제15강과 제18강 참고). 또한 특정 국가들이 무역 지대를 구축할 경우, 역외 제3국가들에 적용되는 것보다 역내 무역에 더 유리한 관세가 적용됐다(제36강 참고). GATT는 그러나 회원국의 덤핑 행위에 대응하거나 일시적으로 심각한 국제 수지 적자를 겪고 있다면 임시로 보호 무역주의적 조치를 취할 수 있도록 허가하고 있다. 더구나 1974년 이후 다자간 섬유 협정MFA이 수차례에 걸쳐 연장되면서 선진국들은 개도국에서 섬유 상품 수입을 할당할 수 있었다. 이는 선진국 생산 시스템 구조 조정을 위한 시간을 버는 것이 목적이었다. 이후 섬유 협정은 1995년에서 2005년 사이에 폐지되었다.

B. 다자주의와 국제 무역 자유화

GATT 회원국들은 대외 무역 자유화 협상에서 다자주의를 채택하기로 결의했다. 각국의 상충되는 이해관계를 조정하기 위해 1947년부터 1994년 사이에 8차에 걸친 다자간 무역 협상(라운드)이 마련되었고, 1995년 이후 WTO 각료 회의가 여섯 차례 개최되었다. 협상을 통해 각국은 상호 양보에 동의했고 보호주의적 장벽을 낮추기로 합의했다. 그러면서도 특정 분야의 관세 장벽을 유지하기 위해 자국의 이해관계를 관철시켰다. 따라서 GATT는 일종의 '계몽 중상주의'(제15강 참고)를 표방한다고 할 수 있다. 즉 자유 무역 규칙을 적용하면서도 몇 가지 예외를 두는 것이다. 그러나 1990년대 이후 자유주의적 색채가 더욱 강해졌다.

1994년 4월, 마라케시 각료 회의에서는 1986년 시작된 우루과이 라운드가 공식적으로 종결되었고, GATT는 또다시 수정되었다. 이 회의에서 세계 무역 기구가 출범했다. WTO의 회원국은 2006년 1월 현재 149개국에 달한다. WTO는 우루과이 라운드에서 결정된 새로운 협정의 적용을 감독한다(제17강 참고). WTO의 회원국들은 앞으로 관세를 더욱 줄이고, 수입 수량 제한 조치를 점차 폐지하기로 결의했다. 농산물과 서비스도 국제 무역 자유화의 대상이 되었다.

2. 무역 지대 구축을 위한 조약들

A. 개별 협정들과 자유 무역의 발전

여러 국가에서 무역 지대를 구축했다. 그러나 무역 지대가 구축되더라도 역외 국가들에 대한 보호 무역주의적 장벽의 강화로 귀결되어서는 안 되며, 회원국들은 관세 장벽을 지속적으로 낮추어야 했다(제36강 참고). 그래야 자유 무역이 더욱 진전되기 때문이다. 사실 GATT가 지역 무역 블록 창설을 허가하는 경우도 바로 이 같은 조건이 충족되는 경우다.

자유 무역 협정FTA은 국가 간, 국가와 무역 지대 간, 또는 각 무역 지대 간 무역 관계를 구조화한다. FTA는 국제 무역을 더욱 촉진했다. 예컨대 1996년 아르헨티나, 브라질, 파라과이, 우루과이, 베네수엘라를 회원국으로 하는 메르코수르MERCOSUR(남미 남부 공동 시장)는 칠레 및 볼리비아와 무역 자유화를 목표로 제휴 협정을 체결했다. 메르코수르는 2003년에는 페루와, 2004년에는 베네수엘라, 콜롬비아, 에콰도르와 동일한 협정을 체결했다. 더욱이 1995년 이후 메르코수르와 유럽 연합 간 무역 자유화가 진행되면서 두 블록 간의 협력도 더욱 강화되었다. 2003년 이후 유럽 연합은 멕시코와 체결한 자유 무역 협정을 적용하고 있다. 멕시코는 수년 안에 메르코수르와 제휴 협정을 체결할 것이다.

B. 자유 무역을 완화하는 협정들

30여 년 전부터 무역 지대가 속속 탄생하고 있다. 무역 지대는 보호 무역주의와 일반화된 자유 무역의 중간 단계라고 할 수 있다(제36강과 제37강 참고). 경제 협력 개발 기구OECD에 따르면, 이 같은 무역 지대는 일종의 '자유 무역 시험대'이다. 즉 자유 무역 시험대를 통해 기업 도산, 실업, 임금 하락 등 자유 무역의 부작용을 제한하여, 자유 무역 반대론자들의 격렬한 반대에 여지를 주지 않는 것이다.

몇몇 협정은 국가 간 무역에 대해 일시적인 제한 조항을 두고 있다. 예로 1991년 유럽 연합은 유럽에 수입되는 일본 자동차에 대한 수입 할당을 적용했다. 그리고 수입 할당 해제는 2000년 초로 계획되었다. 유럽은 일본이 수입 할당 결정을 받아들이도록 설득하면서, 수입 할당 조치를 취하지 않는다면 그보다 더 강력한 보호 무역주의적 조치를 취해야 한다고 주장했다.

▶국제 무역의 비약적 발전은 적절한 제도적 틀을 필요로 한다. 사실 시장 경제는 국가적 차원이든 국제적 차원이든 간에 적절한 규제가 없다면 제대로 작동할 수 없다.

17강 세계 무역 기구

1940년대 말부터 1990년대 초까지 세계 무역 시스템을 감독하는 특별한 국제기구가 존재하지 않았다. 그러나 1994년 마라케시 회의에서 세계 무역 기구가 출범했다.

1. 1994년 4월 세계 무역 기구 창설

A. 국제 무역을 관리할 국제기구의 필요성

각 국가 간 다자간 무역 협상의 결과 1947년부터 1994년까지 세계 무역이 급성장하고 자유 무역이 확대되었다(제16강 참고). 그러나 GATT 회원국이 1947년 23개국에서 1993년 123개국으로 늘어나고, 신보호 무역주의가 대두하면서 국가 간 무역 분쟁 해결은 더욱 복잡해졌다. 게다가 적절한 법적 기관의 부재로 인해 GATT 규칙을 위반한 회원국에 항상 제재 조치가 적용되는 것은 아니었다.

1970년대 전 세계적으로 경제 성장이 둔화되고, 미국, 프랑스, 영국 같은 국가들은 무역 적자가 누적되는 반면, 일본, 독일 등의 국가들은 지속적으로 흑자를 기록하는 상황에서 국가 간 긴장 관계가 형성되었고, 무역 협상은 점점 더 난항에 부딪히게 되었다. 몇몇 개도국이 주장한 농산물 무역 자유화와 주요 선진국이 주장한 서비스 무역 자유화 역시 이 같은 긴장 관계를 더욱 악화시켰다. 1986년에서

1993년까지 진행된 우루과이 라운드는 바로 이 같은 맥락에서 이해되어야 한다. 더구나 당시 협상 공식 종료를 몇 주 앞둔 시점에도 과연 우루과이 라운드가 기한 안에 끝날 것인지 여부는 불투명했다.

B. 1995년 세계 무역 기구 출범

1994년 4월, 마라케시 회의는 우루과이 라운드 종결을 공식 선언했다. 그 결과 각국의 GATT 준수 여부를 감독할 세계 무역 기구가 출범했다. 이후 적어도 2년에 한 번씩, 현재까지 총 여섯 차례 열린 WTO 각료 회의에서 논의 주제는 자유 무역 확대였다. 각료 회의에서 결정 사항이 도출되면 이를 적용하는 역할은 WTO 이사회가 담당한다. 이사회는 각 회원국의 대표로 구성되어 있으며, 이들이 또한 분쟁 해결 기구를 구성한다. WTO 분쟁 해결 기구는 회원국 간 무역 분쟁 발생 시 그에 대한 판결을 내리는 법적 기구이다.

우루과이 라운드 종결 결과 등장한 새로운 GATT는 국제 무역 자유화의 심화를 준비하고, 농산물까지도 무역 자유화의 대상으로 포함했다. 더욱이 서비스 교역에 관한 일반 협정GATS이 추가되어 서비스 교역 자유화가 가능해졌다(제19강 참고). 또한 무역 관련 지적 재산권에 관한 협정TRIPS은 더 효과적인 지적 재산권 보호를 목표로 하였다.

2001년 도하 WTO 각료 회의에서 회원국들은 '발전'이 향후 회원국 간 논의의 핵심이 될 것임을 천명했다. 이 같은 전망에서 WTO는 개도국, 그중에서도 최빈국들이 국제 무역의 과실을 누릴 수 있도록 힘써야 한다. 예로 최빈국 수출 촉진을 위해 선진국이 상호성 요구 없이 관세 장벽을 낮추는 것과 같은 최빈국 특별 대우를 장려하는 것이다(제18강 참고).

2. WTO의 성과

A. WTO는 일정 수준의 성공을 거두었다

WTO는 세계 경제에서 중심적 위치를 차지하고 있는 기구이다. 회원국도 1995년 출범 당시 113개국에서 2006년 149개국으로 증가했다. 이들 149개국의 무역량은 세계 무역의 95% 이상을 차지하고 있다. 농산물이 협상 대상으로 포함되면서 WTO의 자유 무역주의적 기조가 다시 한번 확인되었다. 자유화 협정이 금융 서비스, 통신 서비스 같은 새로운 분야에까지 확대되었다. 국가 간 무역 분쟁은 WTO 분쟁 해결 기구가 관리한다. 최빈국의 특수성이 인정되었고 이들을 위한 각종 특별 혜택이 규정되었다.

1999년 시애틀 각료 회의 이후 WTO는 비정부 기구들과 협력 관계를 맺음으로써 WTO의 행동이 야기하는 긴장을 완화하고 특정 국가, 특히 세계화의 부정적 영향을 최빈국에 대해 고려하고자 노력하고 있다. WTO와 시민 단체들 간의 대화는 잠재적으로 국민 복지, 특히 최빈국 국민들의 복지를 좀 더 고려하는 무역 자유화라는 결과를 낳을 수도 있을 것이다.

B. WTO는 회원국 간 긴장으로 약화되었다

WTO 각료 회의 시, 다자간 협상은 대부분의 경우 회원국 간 합의 도출을 목표로 한다. 그러므로 시애틀 각료 회의 이후 우리가 목도하는 것처럼, 만약 합의를 거부하는 국가들이 있다면 협상이 지지부진해질 가능성이 점점 커진다. 따라서 원칙적으로는 회원국들이 한 장의 투표권을 행사하는 다수결 투표가 도입될 수 있다. 그러나 이 같은 절차가 회원국 간 적대감을 부추길 수 있다는 우려 때문에 다수결 투표는 지양된다.

WTO는 국가 간 기구로서, WTO 내에서 회원국 간 역학 관계는 매우 중요한 역할을 한다. 선진국은 다른 국가들에 확실한 지배력을 행사하며, 선진국 중 몇몇 국가, 특히 미국은 다른 국가들과 양자 협정을 계속 체결함으로써 다자주의의 규칙들을 피해 가고 있다.

게다가 개도국들은 점점 강하게 자국의 요구를 주장한다. 그중에서도 최빈국들은 세계 경제에서 자국이 주변화되고 있다고 지적한다. 따라서 몇몇 개도국은 국내 경제의 과도한 개방을 반대하고 자국에 부여된 관세 혜택이 사라질까 봐 노심초사한다. 또 몇몇 국가는 선진국의 농업 자유화, 좀 더 일반적으로 선진국의 관세 장벽 제거를 주장하고 있다.

▶WTO는 무역의 비약적 발전에 적합한 제도적 틀이다. 그러나 오늘날 WTO가 직면해 있는 어려움들을 고려할 때 WTO 개혁이 필요하다는 생각이다.

18강 특혜 무역 협정

개도국 대상 특혜 무역 협정 덕분에 개도국의 수출 상품에는 타국에 적용되는 것보다 더 유리한 관세 시스템이 적용되었다. 이 같은 협정의 효과는 오늘날 논의의 주제가 되고 있다.

1. 개도국을 위한 무역 협정

A. 상호성이 필요 없는 특혜 협정

몇몇 특혜 협정은 개도국들에 해당된다. 1968년 유엔 무역 개발 회의UNCTAD에서 도입된 일반 특혜 제도는 GATT 회원국 승인 과정을 거쳐 1971년부터 적용되기 시작했다. 이에 따라 선진국 또는 선진국 그룹은 제조업 상품이나 반제품, 특정 농산물을 개도국에서 수입할 경우, 이들 수입품에 대한 관세를 인하할 수 있었다. 이 경우 최혜국 대우 조항은 준수할 필요가 없다. 즉 선진국은 무역 관계를 맺고 있는 다른 선진국들에 동일한 혜택을 제공할 필요가 없다는 말이다. 또한 이는 상호성이 요구되지 않는다. 다시 말해 특혜 수혜자인 개도국은 특혜 제공자인 선진국에 동일한 혜택을 제공할 필요가 없다.

또 다른 특혜 협정들은 특정 개도국에만 해당된다. 예로 미국이 2000년 통과된 아프리카 성장 및 기회에 관한 법AGOA을 통해 사하라 사막 이남 40여 개국에 제공하는 혜택들이다. 이 협정들은 수혜국이 최빈국일 경우를 제외하면 GATT 회원국의 승인 대상이 아니며, 협정 체결국 간 관세 혜택의 상호성을 보장하는 자유 무역 협정으로 변화될 가능성이 있다.

B. 상호성이 보장되는 특혜 협정

선진국과 개도국 간 무역 협정에 적용되는 상호성 원칙은 개도국이 누리는 특혜 제도의 혜택을 선진국도 누릴 수 있게 하는 것이다. 예로 1995년 유럽-지중해 파트너십 도입 이후 모로코, 튀니지 등 마그레브 지역 국가들과 유럽 연합 간 특혜 협정을 들 수 있다. 이는 또한 지역 경제 블록 구축시, 특히 미국, 캐나다, 멕시코 간 북미 자유 무역 협정NAFTA처럼 경제 블록에 선진국과 개도국이 모두 포함되어 있을 경우 적용되는 논리이기도 하다.

상호성이 보장되는 몇몇 특혜 협정은 개도국들에만 해당된다. 1980년대 말 이후, 개도국 간 무역 촉진을 위해 유엔 무역 개발 회의 주도로 무역 특혜 제도가 도입되었다. 원한다면 개도국들은 상호 간에 관세 혜택을 제공할 수 있다. 그러나 이 같은 상호성은 최빈국에는 요구되지 않는다. 2005년 개최된 유엔 무역 개발 회의에서는 40여 개 개도국의 찬성으로 이 같은 유형의 협정 부활을 결의하였다.

2. 특혜 무역 협정의 한계와 기대되는 효과

A. 긍정적 효과

선진국이 개도국에 부여하는 특별 대우는 개도국의 국제 무역 편입을 장려하고, 개도국의 성장과 발전을 촉진하는 역할을 해야 한다. 그럼으로써 개도국의 수입은 증가할 것이고 세계 경제는 성장할 것이다. 또한 특혜 협정이 개도국 간 무역을 장려한다면, 이로 인해 무역 발전이 추동하는 성장의 동학은 더욱 강력해질 것이다.

특혜 협정은 빈국의 이해관계도 고려하는 새로운 국제 경제 질서(제52강과 제53강 참고) 구축에 적합한 도구이다. 또한 자유 무역의 점진적인 진전을 조장하고, 국제 무역 자유화가 최빈국들에 미치는 부정적 효과를 줄일 수 있다. 마지막으로, 선진국 시장에 대한 접근이 용이해져 선진국과 개도국 간의 무역 마찰이 완화될 것이며, 결국 어떤 의미에서는 세계 평화에 기여하게 될 것이다.

B. 부정적 효과

선진국이 제공하는 특별 대우는 개발 원조 축소의 유인을 제공한다. 개발 원조 축소로 개도국의 경제 상황이 불안정해질 수 있으며 단기 자원이 고갈될 수 있다. 게다가 특별 대우 때문에 개도국들은 더욱더 1차 생산물이나 일상 소비재 생산과 수출을 특화하려 할 것이다. 문제는 이 상품들의 세계 수요가 충분히 견실하지 않다는 점이다.

국제 무역 자유화는 전 세계적으로 관세 장벽의 후퇴로 나타난다. 개도국들이 누리는 특혜 이익은 사실상 감소했으며, 따라서 시장 개방, 특히 선진국 시장 개방이 가져오는 긍정적 효과도 제한적이다. 더구나 국제 무역 자유화는 또 다른 국가들에 새로운 기회를 열어주기 때문에 이들의 수출이 개도국의 수출을 대체할 수 있다.

또한 특혜 협정은 협정 체결국 간 무역 증가를 낳는 반면, 협정 체결국이 아닌 제3국가들과의 무역 감소를 초래할 수 있다. 따라서 이들의 성장이 둔해지고 수입도 줄어들 것이다. 이 경우, 이들 국가에 상품을 수출하는 개도국들의 경제 활동 자체가 둔화될 수 있다.

▶개도국을 위한 특혜 무역 협정은 개도국의 성장과 발전을 촉진할 수 있다. 그러나 역효과도 무시할 수 없기 때문에 특혜 협정 적용 시 신중한 태도를 취해야 한다.

19강 1980년대 이후 서비스 무역 자유화

1980년대 이후, 서비스 국제 무역 자유화는 자유 무역 촉진을 위한 다자간 협정의 틀 내에서 진행되고 있지만 그 성과는 기대에 못 미치고 있다.

1. 서비스의 자유로운 유통과 서비스 교역에 관한 일반 협정

A. 서비스 무역 자유화의 영역

우루과이 라운드가 진행되는 동안, 서비스 무역 자유화는 자유 무역 촉진을 위한 협상의 대상이었다. 1994년 4월 우루과이 라운드 공식 종결을 선언한 마라케시 회의는(제15강과 제16강 참고) 서비스 교역에 관한 일반 협정GATS을 발표했다. GATS에 따르면, 최혜국 대우 조항과 국내 서비스 제공자의 서비스 공급이 외국 서비스 제공자와 비교했을 때 어떤 특혜의 대상도 되어서는 안 된다는 비차별 원칙이 서비스 교역에도 적용된다.

GATS는 서비스 무역을 다음의 네 가지 방식으로 규정하고 있다.

– 국제 전화 서비스처럼 어느 국가에서 다른 국가를 대상으로 서비스를 제공할 경우

– 관광 서비스처럼 타국 국민이 어떤 국가의 영토에서 서비스를

소비할 경우

– 외국 은행 국내 지점 이용처럼 타국의 생산 단위가 국내에 진출해 제공하는 서비스를 그 국가의 국민이 소비할 경우

– 외국 컨설턴트 초빙처럼 타국 사람이 어떤 국가의 영토에서 제공하는 서비스를 그 국가의 국민이 소비할 경우

B. GATS는 서비스 자유화에 한계를 부여한다

GATS는 공권력 행사와 관련 있는 공공 서비스는 협상 대상에서 제외하고 있다. 이 같은 공공 서비스는 상업적으로 제공되는 서비스가 아니며, 다른 서비스 제공자와 경쟁 관계에 있지 않다고 간주되기 때문이다. 게다가 유럽 연합, 특히 프랑스의 압력으로 문화적 예외 원칙이 도입되었고, 덕분에 드라마, 가요, 영화 등 시청각 방송 분야에 보호 조치를 취할 수 있었다. 또한 GATS는 각국이 국가적 목표에 맞게 서비스 분야를 규제할 권리가 있다는 것을 인정하고 있다.

공공 서비스에 대한 정의는 국가 간 무역 분쟁의 원인이 될 수 있다. 특히 국가가 상업적 성격의 서비스를 제공할 경우나 국가 제공 서비스 분야에 다수의 공급자들이 경쟁할 경우가 그러하다. WTO 분쟁 해결 기구(제17강 참고)는 아직 이 주제에 대한 판례를 확립한 바 없다. 더욱이 문화적 예외는 일시적 조항에 불과하며, 미국은 공공 서비스 부문 자유화 협상의 필요성을 계속해서 주장하고 있다. 그리고 서비스 분야에 대한 국가적 규제가 일종의 위장된 보호 무역주의여서는 안 되며, 위에서 언급한 비차별 원칙과 일관성이 있어야 한다. 이 부분에서도 분쟁 해결 기구의 판례를 기다려야 할 것이다.

2. 서비스 무역 자유화의 첫 번째 결과들

A. WTO 회원국의 의무와 요구

WTO 회원국은 2002년까지 1단계 협상에서 먼저 무역 상대국들에 서비스 무역 자유화 요구를 표명한 이후, 2003년까지 2단계 협상을 통해 자국이 어떤 서비스를 대상으로, 어떤 방식의 서비스 무역에 한해, 어느 정도까지—즉 완전한 자유화냐 부분적인 자유화냐—자유화할 것인지 명시함으로써 자국의 책임을 정의했다. 현재 이를 기초로 국가 간 협상이 진행되는 것이다. 그런데 선진국은 개도국, 특히 최빈국들이 서비스 무역 자유화의 혜택을 누릴 수 있도록 특별한 관심을 기울여야 한다.

각국은 자유화 조치 적용 후 빠르면 3년 후에 자유화 대상 서비스 리스트를 수정할 수 있다. 그러나 만약 협정 체결국이 그로 인해 피해를 본다면, 해당 국가와 보상 문제를 협상해야 한다. 협상이 결렬될 경우, WTO 분쟁 해결 기구가 최종적으로 문제를 해결한다.

B. 서비스 무역 자유화의 결과는 아직 제한적이다

정보 통신 분야에서는 각국이 자국의 요구와 책임을 정의하였고, 1997년 통신 서비스 상품의 국제 무역 자유화에 대한 협정이 체결되어, 1998년 효력이 발생했다. 1998년 자유화가 결정되어 1999년부터 자유화 조치가 적용되고 있는 금융 서비스 분야도 마찬가지다. 해상 운송 분야의 경우 자유화 협상이 시작되었지만 지금까지 어떤 결과도 낳지 못했다.

WTO에 따르면, 각국의 자유화 요구와 책임에 기초한 논의 과정은 매우 느리게 진전되고 있다. 더구나 아프리카와 아랍 국가들은 논의에서 소외되어 있다. 게다가 대안 세계화 운동의 영향으로 서비스 자유화에 맞선 시민들의 반대가 더욱 증폭되고 있다(제82강과 제83강 참고). 서비스 무역 자유화는 국가 공공 서비스의 근간과 사회 시스템을 뒤흔드는 요소일 뿐만 아니라 서비스 분야 경쟁력이 낮은 개도국들의 빈곤화를 부추기는 원천으로 인식되고 있다.

▶1995년 이후 서비스 무역 자유화는 GATS가 정의하는 제도적 틀 내에서 진행되어 왔다. 이 과정은 아직 역사도 짧고 진행도 매우 느리다. 또한 서비스 무역 자유화 협상은 WTO 각료 회의 시 때로 격렬한 논쟁을 불러일으키는 요인이기도 하다.

20강 유럽 연합에서 서비스의 자유로운 이동

유럽 연합 회원국 간 서비스 무역 자유화는 유럽 단일 시장 완성에 기여한다. 그런데 이 과정은 희망과 우려를 동시에 안겨 주고 있다.

1. 서비스 무역 자유화

A. 유럽 통합 심화를 위한 과정

서비스는 유럽 연합 GDP의 3분의 2, 고용의 약 70%를 차지하지만, 회원국 간 무역에서는 단지 20~25%를 차지할 뿐이다. 이 같은 맥락에서 볼 때, 이미 1957년 유럽 경제 공동체EEC를 출범시킨 로마 조약은 유럽 연합 내 서비스의 자유로운 유통을 장려하고 있다. 즉 서비스의 자유로운 유통은 상품, 자본, 사람의 자유로운 이동과 더불어 유럽 통합 과정을 더욱 심화하는 요소이다.

특히 1980~90년대에 다수의 서비스 무역 자유화 조치가 도입되었으나, 유럽 연합 내 서비스 무역은 각 회원국이 구축해 놓은 장애물들에 직면해 있다. 예로, 국내 시장에 대한 외국 서비스 제공자 수의 제한, 때로 독점적 지위를 누리는 국내 서비스 제공자들에 대한 특별 대우, 국가 기술 규준 강제, 서비스 수입에 대한 과세 등을 들 수 있다.

B. 서비스 무역 자유화는 2000년대 들어서 더욱 강화되었다

서비스의 자유로운 유통은 지난 2000년, '2010년까지 세계에서 가장 경쟁력 있는 지식 기반 경제' 구축을 목적으로 유럽 이사회가 발표한 리스본 전략에 각인되어 있다. 단일 시장, 특히 서비스 단일 시장의 완성은 이 같은 목적에 기여할 것이며, 이는 서비스 분야 기업 활동 촉진에 적합한 틀을 제공함으로써 가능할 것이다. 바로 이런 전망 속에서 우편 서비스, 가스 및 전기 보급 서비스, 철도 교통 및 항공 서비스의 자유화가 진전되어야 하며, 유럽 금융 서비스 시장이 완성되어야 할 것이다.

게다가 유럽 연합은 GATS가 명시한 규칙들을 준수해야 한다(제19강 참고). 바로 이 때문에 지난 2003년 유럽 집행 위원회는 유럽 연합의 무역 상대국들에 WTO 틀 내에서 시작될 협상의 기초가 되는 자유화 대상 서비스 목록을 제시했던 것이다. 예로 집행 위원회는 외국 금융 기관과 정보 서비스 제공 기업들에 유럽 시장을 완전히 개방하기로 결정했다.

2. 서비스 무역 자유화에 대한 논쟁

A. 서비스 무역 자유화의 결과

유럽 연합 내 서비스 무역 자유화는 회원국들이 국내 서비스 제공자 특별 대우에 대한 모든 종류의 규정을 제거하는 것이다. 또한 서비스 제공국 원칙이 적용되어야 한다. 즉, 유럽 연합 회원국이 다른 회원국에 거주하는 고객들을 대상으로 서비스를 제공할 경우, 서비스 제공자는 다른 회원국이 아니라 본국의 법 제도를 따라야 한다.

서비스 부문 역내 무역의 발전은 성장과 고용을 촉진해야 한다.

경쟁의 강화는 서비스 생산자들이 서비스의 품질을 개선하고 합리적인 선에서 가격을 유지하도록 강제한다. 그러나 서비스 제공국 원칙 적용으로, 서유럽 및 북유럽 국가들의 서비스 제공자들과 근로자들은 동유럽 및 남유럽 국가들의 비교적 낮은 임금과 수준이 낮은 사회 보호 시스템 때문에 어려움을 겪고 있다. 따라서 유럽 연합 회원국 간 과도한 격차를 줄이기 위해서는 서비스 생산 및 판매 조건의 사전적인 조정 과정을 거쳐야 할 것이다.

그러나 외국 서비스 제공자가 소유한 생산 단위에서 일하는 근로자들이 고객이 거주하는 국가에서 서비스를 생산할 경우에는 서비스 소비국 원칙을 적용하는 것이 고려되고 있다. 즉, 노동자들은 서비스가 제공되는 국가의 규칙을 따르는 것이다. 이는 또한 서비스 제공국 출신 파견 근로자들이 서비스를 생산하는 경우에도 적용된다. 하지만 국경에서 이루어지는 서비스 거래나, 근로자들의 파견이 단기간일 경우에는 서비스 제공국 원칙이 적용되어야 한다.

B. 공공 서비스

유럽 연합 조약은 공공 서비스가 아니라 공익 경제 서비스, 즉 서비스 생산자가 공기업이든 민간 기업이든 공익 준수를 위해 공권력이 강제하는 특정 의무 사항을 지켜야 하는 공공 상업 서비스를 대상으로 한다. 그런데 2000년과 2003년, 두 차례에 걸쳐 유럽 집행위원회는 공익 경제 서비스가 좀 더 광범위한 공익 서비스 분야에 속하며, 따라서 국가의 통치 기능에 해당하는 활동과 '비경제적' 활동도 포함한다고 밝혀 놓았다. 이 같은 활동은 서비스 무역 자유화의 대상이 아니다.

1993년부터 여러 공익 경제 서비스가 자유화 조치의 대상이 되었는데, 특히 철도 교통, 전화, 전기 및 가스 배급, 우편 서비스가 그러하다. 서비스 무역 자유화가 시행되면 비용 감축 및 가격 하락, 서비스의 품질 향상이 실현되어야 한다. 더욱이 공익 경제 서비스를 제공하는 기업들은 품질이 좋은 기본 서비스를 저렴한 가격에 모든 사용자에게 제공할 의무가 있다. 그러나 자유화 반대론자들은 수익성 및 경쟁력 요구가 결국 서비스의 품질 저하와 가격 상승을 낳을 것이라 우려하고 있다. 뿐만 아니라 비용 감축을 위해 이들 기업은 고용을 줄이고, 임금 인상 없이 노동 강도만 강화하는 정책을 채택할 수도 있다.

▶유럽 연합 내에서 서비스 무역 자유화에 대한 우려에도 불구하고 자유화 과정이 진전되고 있다. 이는 30여 년 전부터 강화되고 있는 경제 세계화 과정의 일부로 이해될 수 있다.

제3장

세계화, 경제 성장, 경제 발전

21강 국제 무역과 경제 성장

국제 무역 확대와 세계 경제 성장 간에는 양의 상관관계가 성립한다. 그렇지만 경제 성장의 추이에 비해 무역이 더욱 가파른 변화를 보이는 것으로 판단된다. 즉 언제나 세계 무역 성장률이 경제 성장률을 초과한다. 단, 세계 경제가 심각한 불황을 겪었던 1913년에서 1950년까지의 기간은 제외한다.

1. 수출과 수입은 성장의 요소이다

A. 대외 무역은 성장의 원천이다 : 수입 측면

소비재 수입으로 소비재 가격이 하락한다. 소비재 가격의 하락은 가계의 구매력 상승을 가져오고, 따라서 가계 소비가 증가한다. 이 같은 내수 증가는 국민 경제 성장은 물론 해당 국가와 무역 관계를 맺고 있는 다른 국가들의 경제 성장의 원천이다. 또한 수입을 통해 소비자들은 자국에서 생산되지 않는, 예로 커피 같은 상품을 구입할 수 있기 때문에 소비자 만족도가 향상된다. 또한 소비자의 제품 선택의 폭이 넓어진다는 장점이 있다.

생산재 수입으로 기업은 해당 재화의 수입 가격이 국내 시장 가격보다 낮을 경우 더 저렴한 가격에 생산재를 구입할 수 있다. 이를 통해 기업은 비용 절감을 꾀할 수 있으며 외국과의 기술 격차로 인해 국내에서 지원되지 않는 기술을 수입하여 제품 생산에 이용할 수도 있다. 결국 생산재 수입은 기업의 생산성 향상과 시장 개척에 유리하게 작용할 수 있다. 따라서 수입은 경제 성장의 요소이다.

B. 대외 무역은 성장의 원천이다 : 수출 측면

수출은 수요(총수요=소비+정부 지출+수출)의 구성 요소 중 하나이다. 가계 수요, 기업 수요, 정부 지출과 마찬가지로 수출은 생산된 재화의 판로를 구성한다.

투자와 마찬가지로 수출은 국민 경제에 승수 효과를 가진다. 수출의 승수 효과는 한계 소비 성향과 한계 수입 성향에 따라 달라진다. 실제로 수출 증가로 국민 경제가 성장하면 요소 소득이 증가하며, 이는 결국 소비와 생산의 증가로 이어진다. 더욱이 수출은 총수요를 구성하는 다른 요소들의 역효과가 없다는 장점이 있다. 즉 내수 진작을 위한 경기 확대 정책은 수입 확대와 인플레이션, 재정 적자라는 국민 경제의 불균형을 야기하는 결과를 낳을 수 있지만, 수출은 이 같은 결과를 낳지 않는다.

내수 시장은 보통 규모가 충분히 크지 않을 수 있다. 이 경우 수출은 시장의 규모를 키워 기업이 '규모의 경제'를 누릴 수 있게 도와준다.

2. 경쟁과 전문화는 성장의 요소이다

A. 국제 무역은 국민 경제에 활력소를 제공한다

경제 개방은 경제 성장을 촉진하는 중요한 요소이다. 자유 무역으로 인해 기업은 경쟁력 제고에 힘쓸 수밖에 없으며, 이는 결국 생산 과정 개선과 합리화로 이어진다. 이는 또한 기업이 혁신과 기술 진보에 매진하는 중요한 요소가 되는데, 혁신과 기술 진보는 조지프 슘페터Joseph Schumpeter가 주장한 것처럼 경제 성장을 추동하는 요소이다.

자급자족 경제를 추구하는 국가들은 현상 유지에만 힘쓰며 국가 경쟁력 제고는 등한시한다. 그러나 임금 인상, 노동 시간 단축, 투자 확대를 가능하게 해 주는 것은 생산성 이득뿐이다. 따라서 경제 성장과 발전을 위해 생산성 이득은 반드시 필요하다. 물론 경제 개방이 국민 경제의 성장을 추동하는 경우는 무역 파트너 당사자 간 경제 발전 수준이 비슷할 경우이다.

시장 개방으로 새로운 기업들이 시장에 진입할 수 있다. 시장에 새로운 기업들이 진출하면 경쟁이 심화될 것이고 가격과 생산량은 더욱 효율적인 수준에서 결정될 것이다. 시장이 경쟁 균형에 가까운 상태에서 균형 가격과 상품 수량이 결정되기 때문이다.

B. 국제 무역은 세계 생산의 최적화 요소인 전문화를 가능케 한다

자유 무역은 전문화, 즉 국제 노동 분업을 발생시킨다. 국가에서는 비교 열위 또는 절대 열위인 상품 생산을 포기하고 비교 우위 또는 절대 우위를 누릴 수 있는 상품 생산에 특화한다. 그 결과 국가 간 국제 노동 분업이 형성된다.

국제 노동 분업은 이론상 장점이 무궁무진하다. 각 국가는 특정 제품의 생산을 확대할 수 있고, 따라서 규모의 경제, 경험에서 오는 여러 이득을 누릴 수 있다. 게다가 국제 노동 분업으로 세계 생산은 최적화 상태에 도달할 수 있다. 각 재화가 그 재화를 생산하는 데 가장 유리한 국가에 의해 공급되기 때문이다. 따라서 이론상 국제 무역에 참여하는 국가는 모두 이득을 얻는다.

▶국제 무역은 경제 성장의 요소이며, 따라서 제로섬 게임이 아니다. 그러나 국제 무역이 전체적으로 세계 경제의 성장과 발전을 추동한다는 점은 모든 국가가 국제 무역으로 똑같은 이득을 얻는다는 것을 의미하지는 않는다. 국제 무역을 통해 여타 국가들보다 더 많은 이득을 볼 수도 있으며, 심지어 손해를 보는 국가도 있을 수 있다.

22강 국제 무역과 경제 위기

자유 무역의 근본적인 장점은 수입 및 수출의 확대에 있다. 그러나 위기의 시기에 수입은 때로 대량 해고를 초래할 수 있으며, 과도한 수출 의존은 생산 합리화를 위해 임금과 고용 분야의 희생을 요구할 수도 있다.

1. 모든 국가가 국제 무역에서 동일한 이익을 얻는 것은 아니다

A. 국제 무역의 이득은 불공정하게 배분될 수 있다

국제 무역은 '플러스섬' 게임이 될 수 있다. 따라서 전체적으로 세계 경제 성장을 추동할 수 있고, 어떤 국가들에는 불리하게 작용할 수도 있다.

이처럼 국제 전문화가 모든 국가에 동일한 방식으로 혜택을 주는 것은 아니다. 어떤 상품은 경제 전체에 연관 효과가 거의 없는 반면, 어떤 상품은 구조적 효과와 중간재 소비 촉진 효과를 통해 경제 전체에 상당한 연관 효과를 발휘하기도 한다.

B. 국제 무역은 국제 수지 제약을 낳을 수 있다

경쟁력이 낮은 국가는 고질적인 무역 적자로 어려움을 겪을 수 있다. 무역 적자는 국제 수지 악화, 통화 가치 하락, 자본 유출, 인플레이션 가속 등의 병폐를 낳는다. 이 경우, 보호 무역주의적 조치들이 국제 수지 건전화를 위한 가장 효과적인 수단으로 간주된다.

더구나 경제 개방은 경제 정책의 자율성을 저해한다. 특히 이 같은 국제 수지 제약은 경기 부양책의 상당한 부담으로 작용한다. 전통적인 경기 부양책은 금리 인하를 통해 수요 증진을 꾀하는 것이다. 그러나 금리 인하는 인플레이션을 조장하여 경쟁력 손실과 자본 유출을 발생시킬 것이다. 또한 수요 증가는 당연히 수입 증가를 유발한다. 국내에서 소비되는 모든 상품이 국산은 아니기 때문이다. 게다가 경기 부양책으로 실제 생산 수준이 증가한다면 역시 수입이 증가할 것이다. 생산량을 늘리려면 더 많은 원자재와 더 많은 중간재와 더 많은 설비재가 필요하며, 이들 재화 중 일부는 수입으로 충당되기 때문이다. 따라서 개방 경제에서 경기 부양책은 여러 불안정 유발 효과를 낳을 수 있다.

2. 국제 무역은 위기와 실업의 요인이 될 수 있다

A. 어떤 부문은 국제 무역으로 어려움에 처할 수 있다

산업이 경쟁력을 갖추려면 보통 어느 수준 이상으로 발전을 이루어야 한다. 그런데 국제 무역은 산업 발전을 저해할 수 있으며, 산업이 성장하고 경쟁력을 갖추는 것을 방해할 수 있다. 따라서 유치 산업을 대외 경쟁에서 보호해야 할 필요가 있을 수 있다.

선진국 산업 중 국제 무역으로 어려움을 겪고 있는 부문은 새로운 산업 분야가 아니라 국제 경쟁에 나서기에는 경쟁력이 떨어지는 오래된 산업들이다. 특히 자유 무역으로 어려움에 처한 부문은 일반적으로 노동 집약적 산업, 즉 자본에 비해 노동 의존도가 매우 높은 산업들이다. 자유 무역으로 인한 경제 구조 조정은 제철, 광산, 조선, 심지어 자동차 부문 등 선진국 산업 전반을 사라지게 할 수도 있다. 이 같은 구조 조정은 경제적으로나 사회적으로 엄청난 비용을 유발할 수 있다.

2차 산업이 국제 무역으로 어려움을 겪는 유일한 부문은 아니다. 농업이나 어업도 국제 무역 때문에 상당한 기능 저하를 겪고 있다. 해산물과 몇몇 농산물의 국제 가격은 너무 낮아 선진국 생산자들에게 적절한 수준의 소득을 보장해 주지 못한다. 따라서 정부는 엄청난 딜레마에 직면해 있는 것이다. 즉 경쟁력이 낮은 부문을 시장 원리에 맡겨 도태되도록 할 것인가, 아니면 그 부문을 위해 보호 무역주의적 조치를 취할 것인가.

B. 자유 무역은 위기 발생 시 성장을 억제하는 과정을 촉발할 수 있다

세계 경제의 성장세가 지속되는 동안에는 각국 수출이 증가해도 타국의 시장 점유율에 영향을 주지 않을 수 있다. 반대로 성장 둔화나 위기의 시기, 특정 국가의 수출 증가는 보통 타국의 수출 감소를 초래한다. 성장의 시기에 국제 무역은 플러스섬 게임이 되지만, 위기의 시기에는 제로섬 게임이 되는 것이다.

따라서 위기의 시기에는 국제 경쟁이 격화되고, 기업들은 시장 점유율을 유지하거나 늘리기 위해 경쟁력 제고에만 힘쓰게 된다. 이를 위해 기업들은 생산 비용을 최대한 감축하려는 경향이 있으며, 생산비 감축을 위해 임금 동결과 해고 등의 방법을 사용한다.

자유 무역과 대외 개방은 일종의 악순환을 초래할 수 있다. 시장 점유율 제고와 수출 촉진을 위해 기업들은 근로자를 해고하고 임금을 낮춘다. 이는 내수 감소로 이어진다. 이렇게 되면 국내 시장에서 판로를 상실한 기업들은 수출에만 매진할 수밖에 없고, 이는 또다시 임금과 비용 감소로 이어지는 것이다…….

수많은 국가에서 수출 증대를 통해 경기 침체를 극복하고자 한다. 그러나 이 전략은 경쟁을 격화시키고 사회적 약자의 상황을 악화시키기만 할 뿐이다. 결국 수출에 의존한 위기 타파 전략은 세계 수요 증가를 저해할 것이며 따라서 위기 극복의 근본적인 해결책이 될 수 없다.

▶성장의 시기, 자유 무역은 성장을 가속화하는 장치지만, 모든 국가가 자유 무역에서 동일한 결과를 누리는 것은 아니다. 위기의 시기, 국제 무역은 심지어 부작용을 낳을 수도 있다. 보호 무역주의적 경향이 보여 주는 것도 바로 이것이다.

23강 자본 이동과 경제 성장

자본 이동은 해외 직접 투자(예로 다국적 기업이 해외에 지사를 여는 경우), 포트폴리오 투자(예로 기존 외국 기업의 주식을 인수하는 경우), 은행 대출을 모두 포함한다. 장기 자본 이동은 특히 19세기 말부터 확대되었고 세계 경제 성장에 기여했다. 그런데 오늘날 자본 이동으로 경제가 불안해질 수 있다는 점이 문제가 되고 있다.

1. 자본 이동은 성장 동학을 창출한다

A. 자본 이동은 자본 수출국과 수입국 모두에 성장 요소가 된다

경제학자 알렉산더 거센크론Alexander Gerschenkron의 테제에 따르면, 후발 산업국은 자국에 부족한 성장 요소를 보충하기 위해 대체 전략을 적용해야 한다. 즉, 국내 저축이 충분하지 못할 때 외국 자본이 국내 저축을 대체하는 것이다. 결국 후발 산업국은 외국 자본 덕분에 선진국과의 기술 격차를 따라잡을 수 있게 된다.

자본의 국제 이동은 자본 수출국에도 유리하다. 우선 자본 수출로 이자 소득을 확보할 수 있고, 경우에 따라 19세기 영국의 예가 보여주듯이 무역 적자를 충당할 수도 있다. 게다가 자본 수입국의 생산 구조에 변화를 주어 저렴한 가격으로 자본 수입국에서 상품을 수입할 수도 있다. 또한 자본 수입국과 특별한 무역 관계를 맺음으로써 자본 수출국의 상품 수출이 촉진된다.

B. 자본 이동은 국제 경제 성장의 전파를 촉진한다

케언스나 와게만 같은 학자들은 성장 전파의 여러 단계를 묘사하고 있다. 즉, 자본 이동을 통해 성장이 어떻게 전 세계로 전파되는지 설명한다.

성장은 4단계에 걸쳐 전파된다. 먼저 '신채무국'이 존재한다. 신채무국은 아직 저발전 상태이고 무역 수지는 적자이다. 신채무국은 경제 성장을 위해 외국에서 자본을 수입한다. 이렇게 수입된 자본 덕분에 신채무국의 무역 수지는 흑자로 전환된다. 그렇다 해도 발전 수준이 어느 정도까지 도달하지 않는 한 신채무국은 계속 자본을 수입하고 이자를 지불할 것이다. 그리하여 '선진 채무국'의 단계로 돌아선다.

선진 채무국은 장기적으로 무역 흑자를 축적할 것이고, 자금 조달 능력을 갖추게 되어 이제 자국이 자본을 수출할 수 있게 된다. '신채권국'의 탄생이다. 그러나 과거 채무국 시절의 부채 때문에 채무 계정은 여전히 적자이다. 신채권국은 서서히 '선진 채권국'이 된다. 선진 채권국은 이자 소득으로 생활한다. 무역 수지는 일반적으로 적자이다. 이는 소득 수준이 높아져 상품 수입이 급증하기 때문이며, 굳이 수출 증진에 힘쓸 이유도 없기 때문이다.

2. 금융 글로벌화와 성장

A. 해외 직접 투자, 성장, 부채

자본 수입은 개도국이 저발전의 악순환에서 벗어날 수 있는 기회이다. 이상적으로 볼 때 자본 수입으로 투자, 생산, 수출이 촉진되며, 따라서 부채 상환에 필요한 외환이 유입된다. 30년 전부터 해외 직접 투자는 상품 수출보다 훨씬 빠르게 증가했다. 해외 직접 투자가 증가한 이유는 자본 시장 탈규제화 때문이다. 또한 공기업 민영화는 이 과정을 더욱 촉진하였다.

개도국에 대한 해외 직접 투자는 그것이 자본 부족을 충당할 경우 성장의 요소가 되지만 성장률이 기대치에 미치지 못하면 과다 부채의 상황을 낳을 수 있다. 특히 1980년대 채무 위기는 이를 잘 보여주는 예라고 할 수 있다.

해외 직접 투자는 대부분 선진국에 집중되어 있다. 해외 직접 투자의 10분의 9는 선진국이 담당하고 있으며, 또한 전체 투자의 3분의 2는 선진국으로 향한다. 개도국도 투자의 대상이긴 하지만, 개도국 중에서도 아시아의 일부 국가, 특히 중국에 투자가 집중되고 있다. 사실 해외 직접 투자는 기본적으로 이미 충분히 성장한, 따라서 투자지로서의 매력이 많은 국가들에 집중된다.

B. 자본 이동은 금융 불안정성을 초래한다

1990년대 금융 위기가 격화되었다. 가장 잘 알려진 것은 1997년 아시아 금융 위기지만, 라틴 아메리카의 국가들 역시 금융 위기를 겪었다.

국가의 재정 적자나 대외 무역 적자는 투자가들의 불신을 야기한다. 이들은 국내 경제 주체들이 부채를 상환할 수 없을 거라고 생각한다. 결과는 자본 유출이다. 자본 유출에 맞서 정부는 보통 달러 고정 환율제를 포기할 수밖에 없다. 즉, 외환 위기가 발생한다. 주식에 투자된 자본 유출은 주가 폭락을 야기하고, 이는 주식 위기로 이어진다. 은행은 일부 고객의 지불 불능 사태로 약화된다. 은행 위기가 초래된다. 이 같은 금융 위기는 은행 신용이 축소될 때 경제 위기로 변화되고, 실업 증가와 빈곤 확대가 일반화되면서 사회 위기로, 때로는 정권 전복 같은 정치적 위기로 변화된다.

금융 위기의 역설은 위기를 겪고 있는 국가들의 경제적 상황이 펀더멘털로 판단할 때 사실 매우 견실할 수도 있다는 점이다. 특히 1997년 아시아 국가들의 상황이 그러했다. 타이의 대외 무역 적자는 금융 위기를 촉발하였고, 이것이 신흥 공업국들이 경제 이륙 달성 후 경험한 최초의 경제적, 사회적 위기의 원인이었다.

▶자본 이동은 세계 저축을 국가별로 배분하는 역할을 수행하기 때문에 경제 성장의 요소이기도 하지만, 금융 불안정성과 부채의 원인이 될 수도 있다.

24강 세계화와 선진국의 발전

선진국의 발전은 국제 무역 플로를 낳고 이는 세계화 과정에 기여한다. 세계화는 또한 선진국 발전에 영향을 미친다.

1. 선진국 발전과 세계화

A. 세계 무역의 비약적 발전과 기업의 국제화

선진국의 발전은 생산 증가로 나타난다. 이제는 국내 시장뿐만 아니라 대외 시장에서도 판로를 확대해야 한다. 더욱이 국가 생산 시스템의 발전은 1차 생산물, 설비재 등의 투입 요소 수입을 의미한다. 따라서 2세기도 전부터 선진국 발전은 국제 무역 발전을 추동했다(제1강과 제2강 참고).

선진국의 발전은 노동 수요를 발생시킨다. 이때 노동 수요의 일부는 이민자들의 노동 공급으로 충당된다. 예로 19세기, 1920년대 초(제3강 참고), 1950년대 이후(제4강 참고)의 상황이 그러했다.

따라서 선진국 발전으로 인해 기업이 1차 생산물을 생산하고, 새로운 시장을 개척하고, 해외에서 더 저렴한 비용으로 생산하기 위해 투자를 국제화하는 것이다(제31강 참고).

B. 국제 금융 플로의 증가

18세기 말부터 19세기 전반기에 이르는 선진국 발전의 초기 단계를 제외하면, 기업의 자금 조달 요구는 점점 더 증가하고 있으며, 이윤 재투자만으로는 충분하지 않다. 게다가 선진국이 발전함에 따라 사회 간접 자본 투자, 좀 더 일반적으로 공공 지출이 점점 더 증가하고 있다. 도시화가 진행되고, 인구가 증가하고, 사회 복지 및 교육에 대한 요구가 커지면서 공적 개입의 규모도 점점 더 커졌다(바그너법). 따라서 정부는 부채에 의존할 수밖에 없게 된다.

자금 조달을 위해 기업과 공공 단체는 예전보다 더 국내 및 국제 금융 시장으로 눈을 돌릴 것이다. 이제 19세기에서 1914년까지 그랬던 것처럼, 선진국 발전은 국제 금융 플로의 확대를 촉진한다. 그리고 제1차 세계 대전 발발부터 1950년대까지의 일시적 후퇴 시기를 지나 국제 금융 플로는 계속 증가하고 있으며, 특히 1960년대 이후 비약적으로 증가하고 있다.

2. 세계화는 선진국 발전에 영향을 미친다

A. 세계화, 선진국 발전의 요소

세계화는 선진국 기업들에 수출 상품을 위한 새로운 판로를 제공한다. 또한 세계화로 세계 시장에서 공급자들의 경쟁이 격화되고, 따라서 투입 요소 수입 비용 절감이 가능하며, 기업 투자의 지리적 스펙트럼이 확대된다. 자금 조달 측면으로 볼 때, 기업은 더욱 확대된 자본 시장에서 간접 금융을 이용하든 신주 발행을 통한 직접 금융을 이용하든 좀 더 쉽게 자금을 조달할 수 있다. 마지막으로 국가 간 인구 이동으로 노동의 수요와 공급이 더욱 효과적으로 조정될 수 있다.

세계화로 선진국 산업 구조에 변화가 일어난다. 선진국은 전략적 무역 정책 등의(제29강 참고) 매우 강력한 개입주의적 정책을 통해 생산 시스템 특화에 변화를 꾀한다. 또한 세계화는 생산 시스템 발전의 근간이 되는 기술 진보 보급에 기여한다. 마지막으로 각국 정부는 도로, 철도 등의 사회 간접 자본의 효율성을 제고하고, 기업의 연구·개발 노력과 노동력의 질 향상을 지원함으로써 기업의 경쟁력을 강화한다.

세계화는 선진국 국민의 생활양식에 긍정적인 영향을 미친다. 첫째, 소비자들의 선택의 폭이 더욱 넓어지게 된다. 둘째, 세계화는 성장을 추동하여 국민의 생활수준이 향상된다. 셋째, 국가 간 노동 이동이 용이해짐에 따라 노동자들의 직업 이동성이 제고된다. 넷째, 세계화로 각 문화 간 접촉의 기회가 늘어나 획일화로 귀결되지 않는, 각 문화의 발전이 가능하다.

B. 세계화는 선진국에도 부정적 영향을 줄 수 있다

선진국의 국제 무역 편입과 자본 플로는 선진국의 경제 및 사회 정책에 제약으로 작용할 수 있다. 따라서 생산 시스템의 경쟁력이 낮을 경우 상품 및 서비스 수지 적자가 발생할 수 있고, 이는 대외 부채의 증가로 이어질 것이다. 따라서 수입을 제한하기 위해 어쩔 수 없이 고용을 희생시켜 경제 활동을 억제할 필요가 있을 것이다. 마찬가지로 자본의 대량 유출이 발생할 경우 금리를 인상해야 하며, 이는 성장을 저해하는 요소가 된다.

세계 경쟁의 압박은 노동 시장 유연성을 더욱 제고하는 방향으로 귀결될 것이다. 임금, 노동 시간, 일자리 수는 경제 활동에 따라 달라질 것이다. 근로자들은 고용 불안정 상황에 놓이게 된다. 이는 특히 생산비 절감을 위해 사회 보장 제도의 자금원인 각종 사회적 분담금이 감축될 수 있기 때문에 더욱 그러하다.

섬유, 일상 소비재 등의 노동 집약적 산업에 종사하는 국내 기업들은 보통 세계 경쟁에서 도태되기 마련이다. 그런데 이들의 활동에 경제 활동 대부분을 의존하는 지역은 심각한 경제적 후퇴를 겪을 수 있다. 실업의 만연, 빈곤, 가족 해체 등의 상황이 발생할 수 있다.

▶따라서 세계화는 선진국 발전의 원인인 동시에 결과이다. 그러나 선진국은 세계화로 인한 부정적 결과들을 고려해야 한다.

25강 세계화와 개발도상국의 발전

개발도상국들은 오랫동안 세계 경제 편입을 제한하는 발전 전략을 우선시해 왔다. 1980년대 이후 이 같은 발전 전략들은 변화했지만 그 결과는 논의의 여지가 있다.

1. 개도국 발전 전략에서 세계화 요소

A. 세계화에 대한 개도국들의 불신

1970년대까지 대부분의 개도국은 국내 시장 보호와 자본 이동 통제에 기초한 자력 발전 전략을 채택했다. 이 같은 전략은 선진국에 대한 개도국들의 종속에서 저발전의 원인을 찾는 종속 이론학자들이 주창하였다.

관세 장벽의 보호 아래 브라질, 인도 등의 개도국은 수입 대체 산업화 전략을 채택했다. 알제리나 중국 같은 몇몇 개도국은 중공업 발전에 특히 역점을 두고 산업 정책을 수행했다. 중공업은 대외 경쟁에서 보호되어 경제 전체에 강력한 전후방 연관 효과를 발휘했다. 두 유형의 전략은 강력한 국가 주도 경제 발전을 낳았다.

수출 장려 정책도 배제되지 않았다. 설비재와 식료품을 수입하기 위한 재원을 마련해야 했기 때문이다. 실제로 많은 개도국이 1차 생산물이나 일상 소비재 수출에 역점을 두었으며, 한편으로는 유치 산업 보호에 힘썼다. 게다가 대외 자본은 국가의 통제하에 개도국 발전에 기여할 수 있다. 선진국의 개발 원조나 다국적 기업의 투자 플로가 그러하다.

B. 1980년대 이후 자유주의적 선회

자력 발전 전략은 1960~70년대부터 여러 제약에 직면했다. 중공업의 연관 효과 약화, 고부가 가치 산업 중심으로 산업 구조를 변화시키지 못한 점, 교역 조건 악화(제50강 참고), 상품 및 서비스 수지의 고질적 적자와 1970년대 말 고달러 · 고금리로 인해 불어난 대외 부채(제80강 참고), 불평등의 심화로 인한 내수 침체, 국가 관료주의 등이 자력 발전 전략이 직면한 제약들이었다.

1980년대 초, 대외 부채가 엄청나게 불어나자 개도국들이 세계은행이나 국제 통화 기금 같은 국제기구와 선진국들에 특혜 금리 신규 대출과 기존 부채의 만기 연장, 나아가 부채 탕감을 요청했다. 그러나 이를 위해 개도국들은 경제를 자유화하고 요소 부존 상황에 맞게 생산을 특화하고, 보호 무역주의적 장벽을 낮추고, 다국적 기업의 투자를 수용함으로써 세계 경제에 더욱 편입되어야 했다.

2. 1980년대 이후 개도국에 대한 세계화의 영향

A. 개도국의 국제 무역 편입의 결과

세계 무역에서 개도국이 차지하는 비중은 1980년대 후퇴하였다가 1990년대 초부터 다시 증가하기 시작했다. 2004년 이 비율은 33%에 근접하고 있다. 대외 무역은 성장을 촉진할 수 있고(제21강 참고), 개도국의 사회 경제적 구조의 현대화에 기여할 수 있다. 그러나 개도국은 무역 자유화로 인한 조정 비용을 부담해야 한다. 즉 도산, 일부 노동자들의 소외, 관세 수입 감소로 인한 국가 세수의 손실, 소득 불평등의 심화 등은 대다수 개도국, 특히 최빈국들에는 너무도 과중한 부담이다.

게다가 대부분의 개도국은 1차 생산물을 수출한다. 1차 생산물은 전체적으로 그리고 장기적으로 볼 때 세계 수요 자체가 활발하지 않다. 결국 1차 생산물 수출국들은 교역 조건 악화, 즉 수입 상품 가격 대비 수출 상품 상대 가격의 하락으로 어려움을 겪을 것이다. 따라서 동일한 양의 상품을 수입하기 위해서는 더욱 많이 수출해야 한다(제50강 참고). 반제품이나 일상 소비재를 수출하는 개도국도 동일한 어려움에 직면할 수 있다.

B. 자본 플로 편입의 결과

개도국은 다국적 기업의 투자 대상국이다. 다국적 기업의 투자는 고용과 기술 이전을 제공하고 수출을 촉진한다. 그러나 이 같은 효과는 불확실하다. 다국적 기업의 투자로 창출된 고용은 개도국 근로자들에게는 부적합할 수 있으며, 기술 이전도 보장되지 않는다. 특히 기술 이전은 해당 국가의 능력과 금융 및 인적 자원의 능력을 필요로 하는데, 이 조건들이 언제나 충족되지는 않기 때문이다. 더욱이 다국적 기업의 진출은 수입 증가를 낳을 수 있고, 따라서 국내 생산자들의 도산을 초래할 수 있다. 또한 다국적 기업의 자본은 투자 유치국의 발전에는 별로 도움이 되지 않는 특화를 영속화할 수 있다.

포트폴리오 투자는 개도국의 자금 조달 요구에 부응하지만 개도국의 불안정한 상황의 원인이 되기도 한다. 예로 1997년 아시아 위기는 타이의 경제 성과에 실망한 외국 자본이 대거 빠져나가는 바람에 심각한 자본 유출이 발생했고, 이 때문에 위기가 시작되었다. 더욱이 개도국의 국제 금융 거래 편입은 결국 자금 조달을 위한 대외 부채를 의미한다. 그런데 개도국 외채는 1980년대 감당할 수 없는 지경에 이르렀고, 개도국들은 자국의 발전을 저해할 수 있는 경제 정책 및 사회 정책을 수용해야 했다(제30강과 제80강 참고).

▶개도국의 세계 경제 편입이 반드시 성장과 발전의 원천은 아니다. 따라서 개도국에 좀 더 혜택이 돌아갈 수 있는 새로운 국제 경제 질서가 구축되어야 한다(제52강과 제53강 참고).

26강 세계화된 경제에서 국가의 역할

경제의 세계화는 그것이 상품 및 서비스 무역의 관점에서든, 해외 직접 투자 같은 장기 자본 이동의 관점에서든, 포트폴리오 투자 같은 단기 자본 이동의 관점에서든, 경제 분야에서 국가의 위치와 역할에 대한 문제를 명시적으로 제기한다.

1. 경제 분야에서 국가의 역할은 더욱 제한되었다

A. 무역 상호 의존의 증가로 국가의 개입이 제한된다

국가 개입, 특히 영광의 30년 동안 적용되었던 국가 개입은 경기에 따라 경기 부양책과 긴축 재정 정책을 번갈아 사용하는, 즉 재정 정책을 통한 경제 운용에 기초한다. 이 같은 유형의 국가 개입은 케인스 거시 경제학의 영향으로 탄생했다. 케인스주의 거시 이론에 따르면, 투자 증진은 장기적으로 생산 증가를 가져오는 승수 효과를 초래하며, 이것이 바로 고용 촉진의 요소이다. 문제는 케인스 이론의 메커니즘이 폐쇄 경제에서만 적용된다는 사실에 있다. 사실 개방 경제에서 투자나 소비 진작과 연결된 소득 증가는 수입 증가를 야기하고, 따라서 소득 유출이 발생한다. 즉 경기 부양 정책의 효과는 개방 경제에서 훨씬 약하다. 또한 경기 부양책은 심지어 통화 가치 하락을 야기해 수입 상품 가격의 상승을 초래할 수 있다.

경제가 어느 정도 개방되어 있을 때, 국가의 경제 정책은 기업의 가격 경쟁력 유지를 고려해 적용되어야 한다. 경기 부양책이 인플레이션을 유발할 경우 경제의 가격 경쟁력을 저해할 수 있다. 마찬가지로 가계 소비와 생산적 투자의 증가는 구매력 상승 노력을 통해서만 가능할 것이다. 경기 부양책의 결과 인플레이션이 발생하고 수입이 증가한다.

B. 화폐 및 금융 분야 상호 의존은 정부의 경제 개입을 어렵게 한다

금융 글로벌화 현상은 특히 통화 당국의 통화 정책 수립에 강력한 제약으로 작용한다. 먼델–플레밍Mundell-Flemming 모델은 '양립 불가능의 삼각형'을 증명하고 있다. 즉 자유로운 자본 이동이 보장되는 상황에서 고정 환율제와 거시 경제 정책의 자율성을 모두 유지하는 것은 불가능하다.

사실 국가가 무역 적자를 해소하고자 할 때, 금리 인상을 통한 긴축 통화 정책을 실시함으로써 소비 억제를 꾀할 수 있다. 그런데 금융 글로벌화의 맥락에서 이 같은 금리 인상은 자본 유입을 초래할 것이며, 이는 환율에 대한 상승 압박으로 귀결될 것이다. 따라서 환율이 지속적으로 유지될 수 없다.

2. 국가 역할의 재조정

A. 국제적 틀은 더욱 합리적인 국가 개입을 가능하게 한다

1930년대 경제 위기가 보호 무역주의적 시도의 회귀와 금융 및 통화 질서의 분할을 특징으로 하는 반면, 각국 경제의 상호 의존성과 개방은 제2차 세계 대전 직전 폐쇄 정책의 함정을 피하기 위해 경제 정책 분야에서 일종의 방화벽으로 작동할 일반적 틀의 적용을 내포한다. 따라서 일국의 경기 부양책은 확실히 부정적 결과를 낳을 위험이 있다. 경기 부양책이 무역 적자의 악화로 귀결될 수 있기 때문이다.

유럽 통화 제도EMS 이후 단일 화폐 도입을 위해 유럽 연합 회원국들은 자국의 통화 정책 및 재정 정책을 조정했다. 재정 정책은 마스트리히트 조약의 수렴 기준을 준수해야 한다. 특히 공공 적자를 GDP의 3% 미만으로 유지해야 하며, 공공 부채를 GDP의 60% 미만으로 유지해야 한다는 의무 조항이 그러하다. 이것은 몇몇 국가의 이탈을 막기 위한 기준이었지만 실제로는 극히 일부만 준수되었고, 회원국들은 서슴지 않고 최대한 자율성을 발휘했다.

B. 국가의 전통적 기능이 재천명되었다

세계화에도 국가의 역할이 재천명되고 있다. 특히 전통적인 공권력으로서의 국가 기능이 그러하다. 사실 세계화는 특정 규범 일탈 행위와 법 위반 행위의 통제를 내포한다. 불법 상품이나 위험 상품 거래의 통제, 국제 금융 시장에 도입될 수 있는 배임죄 통제 등이 그것이다.

심지어 세계화는 경제 주체들이나 기업의 경쟁력 제고를 가능하게 하는 공공재 생산에 국가가 적극적으로 개입할 수 있는 여지를 준다는 주장도 있다. 교육, 직업 훈련, 도로 인프라 시설, 연구 개발 분야의 지출은 국제 수준에서 국가의 위치나 매력도를 제고하는 데 기여한다. 마찬가지로 각국은 빈곤과 사회적 소외를 해결하기 위해 공적 재분배 시스템을 적용할 의무가 있다.

▶세계화는 경제에서 국가의 역할을 뒤흔들고, 일방적인 경기 조정책의 유효성에 문제를 제기한다. 그러나 세계화는 국제 무역 편입에 유리한 조건의 생산적 차원이나 통치적 차원을 더욱 고려하도록 국가가 그 기능을 쇄신하는 데 기여한다.

27강 세계화와 경기 조정 정책

경기 조정 정책의 목적은 경제의 불균형을 해소함으로써 경제 영역의 자율적 기능의 결과를 수정하는 것이다. 세계화된 경제에서 경기 조정 정책의 효율성은 제한적이며, 나아가 비생산적이다. 따라서 국가의 개입 행위는 국제적 차원에서 조정되거나 더욱 구조적인 틀에서 진행될 수밖에 없다.

1. 개방 경제에서 경기 조정 정책의 효과

A. 재정 정책의 효과

케인스주의 재정 정책은 경제 정책 도구로서 국가 예산을 사용한다. 국가의 행위는 공공 지출이나 수입, 즉 세금과 사회 분담금을 대상으로 한다. 경제 활동에 영향을 주기 위해서이다. 국가가 공공 적자를 발생시키면, 새로운 지출은 가계와 기업의 추가적 소득으로 작용한다. 소득은 투자와 가계 소비를 촉진하고, 이것이 국가 생산 증대를 추동한다. 이렇게 탄생한 잉여는 소득을 창출하고, 이것이 다시 소비와 투자를 증대하는 것이다. 초기 예산 적자는 일련의 연쇄 반응, 즉 '승수 효과'를 낳는다. 반대로 국가는 재정 적자를 줄이거나, 나아가 흑자로 전환할 수도 있다. 긴축 재정 정책은 경제 활동의 둔화를 가져올 수 있다.

개방 경제에서 재정 정책의 효과는 제한적이다. 무엇보다 다음의 요소를 고려해야 한다.

– 소비와 투자의 증가는 상품 및 서비스 수입 증가를 초래하며, 이는 경상 수지 적자를 초래한다.

– 초과 지출은 국가의 자금 조달 필요를 창출한다. 이는 결국 자본 수요를 증가시키는 결과를 낳는데, 여기에는 외국 자본 수요도 포함된다. 따라서 금리가 오르게 된다.

B. 통화 정책의 효과

통화 정책은 또 다른 경기 정책 도구이다. 통화 당국은 통화량과 금리를 통해 경제 활동에 개입한다. 추가적인 화폐 창조나 금리 인하로 촉진되는 신용은 가계 소비와 기업 투자를 증진할 수 있다. 이것이 통화 확대 정책이다. 그러나 통화 확대 정책은 상품과 서비스 공급이 동일한 비율로 증가하지 않는다면 인플레이션을 유발할 수 있다. 반대로 통화량 수축은 경제 활동을 둔화시킨다. 이것이 긴축 통화 정책으로, 인플레이션 압력을 제한한다.

재정 정책과 마찬가지로 개방 경제에서 통화 정책 도구를 통한 경제 개입은 더욱 제한된 효과만을 가진다. 사실 먼델–플레밍 모델은 고정 환율제에서 통화 확대 정책은 금리 하락을 가져와 외환 유출을 초래할 수 있으며, 이는 통화량의 초기 수준으로의 복귀를 야기한다는 것을 보여 준다. 그러나 이 모델은 변동 환율제에서 정책의 효율성 제고와 환율에 대한 교정 효과도 보여 준다.

2. 경제 정책의 변화

A. 경기 정책 또는 구조 조정 정책

경기 정책은 그 이름이 가리키는 것처럼 단기에 작용하는 정책이며 어떤 시점에서 경제 상황에 영향을 미치는 것을 목표로 한다. 반대로 구조 조정 정책은 경제 조직 내의 근본적인 변화를 함축한다. 만약 국제 개방과 세계화가 경기 정책의 후퇴를 의미한다 해도 정부는 경제 구조 조정을 위해 노력할 수 있다. 그런데 구조 조정 정책조차도 국내 기업의 경쟁력 제고 지원과 더 큰 유연성 추구의 경우로 제한된다. 그러나 전략적 무역 정책(제29강) 같은 좀 더 개입주의적인 정책도 존재하며, 이들은 논쟁의 대상이 되고 있다.

경제 정책의 구조적 변화가 진행되고 있지만, 여전히 작동할 수 있는 경기 정책도 존재한다. 1970년대 이후 미국은 경제의 탈규제화 정책을 펴고 있지만, 미국 정부는 1990년대 초 적자의 누적에도 통화 확대 정책을 견지했다. 1993년 경기 침체 당시 프랑스 정부도 성장 촉진을 위해 확대 재정 정책을 구사했다. 그러면서도 인플레이션을 막기 위한 긴축 통화 정책 기조를 유지했으며 민영화 정책도 병행했다.

B. 국제 협력의 필요성

제2차 세계 대전 발발 직전 시기의 교훈은 여러 분야에서 경제 정책을 국제적으로 조정하는 기관이 필요하다는 것이었다. 바로 이 같은 맥락에서 1944년 브레턴우즈 회담 당시 국제 통화 기금, 1947년 관세 및 무역에 관한 일반 협정, 1960년 경제 협력 개발 기구가 창설되었다.

국제 협력은 또한 무역 지대의 발전이나 자유 무역의 발전 맥락에서도 실행된다. 더 낮은 관세 수준에서 상품의 자유로운 유통을 의미하는 무역 지대는 경기 정책에 대한 대외 제약을 강화했다. 구조 조정 정책이 탄생할 수 있었던 것도 바로 이 때문이다(제28강 참고).

▶세계화는 국가 간 상호 의존을 강화한다. 따라서 일방적으로 어느 한 국가가 결정하는 경기 조정 정책의 효과는 제한적일 수밖에 없다. 이 같은 상황의 해결 방법은 협력에서 찾을 수 있을 것이다. 물론 국제 협력 실현에는 많은 어려움이 따른다.

28강 국제 경제 정책 조정

1930년대 대공황 당시 자국 중심 정책의 결함에서 교훈을 얻은 각국은 제2차 세계 대전 종전 이후 국제적 수준에서 더욱 강력한 경제 정책 조정을 추구하고 있다. 물론 이는 경제 이론의 가르침에 부합하는 방법이다. 이를 위해 다양한 국제기구가 설립되었다. 특히 자유 무역 경제 지대 내에서 국가 간 정책 조정은 여러 가지 어려움에도 두드러지게 진전했다.

1. 국제 조정의 어려움

A. 경제 이론의 가르침

국가가 국제 조정을 수용할 때 몇 가지 특권을 포기하거나 경제의 특정 부분 약화를 감수해야 한다. 민주주의 사회에서 어려움은 몇몇 조치에 대한 여론의 압력에 기인한다. 그러나 경제 이론은 경제 협력의 필요성을 보여 준다. 자유 무역 이론은 이 점을 설명한다. 전통적인 신고전파 경제 이론은 비록 공동으로 특정 부문에 대한 관세를 인하하고, 상품의 자유로운 유통을 촉진할 경우 일국의 특정 산업이 어려운 상황에 처할 수는 있지만 공익, 즉 전체적인 잉여가 증가한다는 것을 보여 준다.

마찬가지로 국가 간 조정의 이익은 게임 이론, 특히 '죄수의 딜레마' 모델에서 분석되었다. 사실 개별적으로 국가가 협력의 이유를 느끼지 못하고 다른 국가의 행위를 전혀 알 수 없다는 사실은 최적 균형보다 못 한 균형 상태로 이끈다. 그러기 때문에 국제 경제는 국가적 쇄국을 극복하기 위해 국제 협력 기관을 구축한 것이다.

B. 국제기구의 역할

G8 회담은 최선진국 8개국으로 구성되며 8개국 간 경제 정책 조정과 협력을 목적으로 규칙적인 주기를 갖고 개최된다. 오늘날 미국, 일본, 독일, 영국, 프랑스, 이탈리아, 캐나다, 러시아가 G8을 구성한다. G8은 경제 협력 분야에서 1970년대 말 선진국 인플레이션 억제를 결의했다. 이 같은 결정은 엄격한 경제 정책의 적용을 낳았고, 대중적 인기를 얻진 못했으나 결국 인플레이션 악화를 막을 수 있었다.

1960년, 경제 협력 개발 기구OECD가 성장 촉진을 목적으로 회원국 간 협력을 강화하고자 설립되었다. 오늘날 OECD 회원국은 30개국에 달한다.

2. 유럽 연합 경제 정책 조정의 예

A. 유럽 통화 정책의 성공적 조정

1970년대 브레턴우즈 국제 통화 제도가 무너진 반면에, 유럽 국가들은 고정 환율제인 유럽 통화 제도를 도입함으로써 통화 안정 지대를 구축하고자 했다. 1992년 통화 수렴과 단일 화폐를 위한 마스트리히트 조약이 체결되면서 유럽 연합의 외환 정책 조정은 더욱 강화되었다. 마스트리히트 주요 기준 가운데 예산 적자를 GDP의 3%, 공공 부채를 GDP의 60% 미만으로 유지하는 기준이 특히 중요했다. 2002년 1월 1일 유로화 탄생은 통화 안정성을 위한 유럽 공동의 의지가 성공한 것이었다.

유럽 단일 화폐의 도입으로 각국 중앙은행은 중앙은행으로서의 기능을 유럽 중앙은행ECB에 위임했다. 유럽 중앙은행의 주요 역할은 유로화의 대내 및 대외적 가치를 유지하는 것이다. 즉 대내적으로는 인플레이션을 억제하여 화폐 가치 하락을 막고, 대외적으로는 유로화 환율을 방어하는 것이다. 그렇게 각국 정부와 독립적인 방식으로 통화 정책 전체를 관리하는 것이 바로 유럽 중앙은행이다.

B. 안정성 협약과 재정 정책의 기대에 못 미치는 결과

1997년 체결된 '안정성 및 성장 협약'은 마스트리히트 조약의 목표를 명확하게 규정한다. 유로 지역 국가들은 '중기적으로 균형에 가까운 또는 흑자상태로' 예산을 운용하고, 매년 재무 장관 회의에서 '안정성 프로그램'을 제시하기로 결의했다. 유로 지역 각국의 경제 정책 감사 절차도 도입되어, 재무 장관 회의는 '경제 정책 방향'을 근거로 권고 사항을 제시하거나, 심지어 마스트리히트 조약이나 안정성 협약을 준수하지 않은 국가에 '경고' 조치를 할 수 있게 되었다.

2000년대 유럽 경제의 경기를 고려할 때, 유로 지역 국가들이 안정성 협약의 기준을 완벽하게 준수하기는 어려웠다. 따라서 독일과 프랑스는 재정 적자와 공공 부채를 적절한 수준에서 유지할 수 없었다. 그리고 2005년, 안정성 협약이 개정되었다. 예외적인 경우 제약을 완화하고 각국에 운신의 폭을 좀 더 넓혀 주기 위해서였다. 그러나 더 강력한 유럽 건설의 주창자들은 유럽 차원에서 완벽하게 조정되는 경제 정책이 무엇보다 대규모의 단일 유럽 예산 운용에 기초해야 한다고 주장한다. 이는 유럽 예산의 각 지출이 국가 경제에 의미가 있어야 한다고 생각하기 때문이다.

▶제2차 세계 대전 종전 이후, 세계화된 경제에서 실질적인 경제 정책 조정을 위해 국제기관들이 설립되었다. 그러나 진정한 경제 통합은 아직 실현되지 않았다.

29강 전략적 무역 정책

19세기 이후 자유 무역이 지속적으로 발전한 반면에, 각국은 경제 개입을 포기하지 않았다. 이는 대외 경제 의존도를 줄이기 위해 필요한 활동을 육성하는 전략적 무역 정책의 도입과 관련해 특히 그러하다.

1. 전통적인 무역 이론에 대한 문제 제기

A. 전략적 무역 정책과 국제 무역 이론의 쇄신

애덤 스미스, 데이비드 리카도David Ricardo, 그리고 신고전파 경제학자들이 발전시킨 고전파 전통 무역 이론은 자유 무역의 이점을 제시해 준다. 그러나 고전파 이론은 완전 경쟁이라는 가정에서 출발한다는 문제가 있다. 폴 크루그먼은 '신국제 무역 이론'을 제시하면서 무역 이론에 수익 체증과 불완전 경쟁 가정을 도입했다. 이제 국제 전문화는 리카도 이론이나 헤크셰르 · 올린 · 새뮤얼슨HOS 이론이 주장하는 비교 우위가 아니라(제99강 참고), '역사적 우연성'의 개입으로 설명되고 있다.

폴 크루그먼의 분석에서, 국가는 자연스러운 역사적 흐름을 수정하기 위해 개입할 수 있다. 예로 정부는 전략 부문의 연구 개발을 촉진하기 위해, 또는 수익 체증 기업들과 경쟁할 수 있는 국내 대기업을 육성하기 위해 보조금을 지급할 수 있다. 관세 장벽을 강화할 수도 있을 것이다. 또한 브랜더 - 스펜서Brander & Spencer 이론에 따르면 정부는 국가 개입을 통해 국가적 경쟁 상황을 초래하고 독점을 조장하려 든다.

B. 실제 역사적인 선행성

18세기 말부터 산업 혁명을 경험한 영국과 프랑스 같은 국가들은 사실 진정한 의미에서 국가 개입주의를 경험하지 못했다. 그러나 후발 산업 국가의 경우는 다르다. 실제로 일본, 러시아, 그리고 정도는 덜하지만, 독일은 전략 산업 부문에서 국내 기업 육성을 목표로 국가가 개입했다.

1962년 거셴크론은 후발 산업국이 특정한 발전 과정을 따른다는 것을 보여 주면서, 그렇지만 모든 후발 산업국이 동일한 단계를 거치는 것은 아니라고 설명했다. 1868년부터 메이지 유신을 경험한 일본이 좋은 예이다. 일본 정부는 1872년부터 대기업을 육성했다. 그 결과 실크, 면, 모, 제지, 유리, 시멘트, 조선, 무기, 광산 등의 분야에서 대기업들이 탄생했다.

2. 전략적 무역 정책의 장점과 단점

A. 전략적 무역 정책의 적용

20세기 후반, 관세 장벽이 낮아지는 상황에서 다수의 국가들이 적극적인 산업 정책을 펼쳤다. 일본은 통상 산업성을 매개로 1950년대부터 전기, 자동차, 석유 화학 부문과 반도체 산업 육성에 힘썼다. 이를 위해 기업 간 합병을 허가하고 수입 상품에 무거운 관세를 매겼다. 프랑스는 1960년대부터 개입주의적 정책을 수립하고 몇몇 전략 부문에서 대기업을 육성했다. 미국에서도 정부는 농업을 포함한 경제의 전 분야에서 적극적인 육성 정책을 펼쳤는데, 이는 경쟁력을 제고하고 국제 경쟁에서 국내 산업을 보호하기 위해서였다.

전략적 무역 정책은 유럽에서도 발전했는데, 콩코르드 프로그램을 계승한 민간 항공 컨소시엄, 에어버스의 설립이 좋은 예이다. 최근 들어 프랑스는 산업 정책의 방향을 수정하여 지역 차원, 국가적 차원, 유럽적 차원, 세계적 차원에서 '경쟁력 허브'를 육성하기로 결정했다. 프랑스의 산업부가 주도하는 이 같은 조치로 64개의 경쟁력 허브가 선정됐고, 허브 육성에 특별 예산 15억 유로가 할당됐다. 이 정책은 2006년 봄 재개되었다.

B. 비판

전략적 무역 정책에 대한 비판은 우선 국가의 모든 개입이 최선의 상황에 해당한다는 것을 인정하기 어렵다는 것이다. 사실 전통적인 자유주의적 분석에 따르면, 국가 개입주의적 정책의 실행으로 투자를 위한 자금 조달의 필요성이 더욱 커질 것이고, 이는 결국 세금 인상으로 이어질 것이다. 그런데 자금 조달의 필요성이 커지면서 금리가 인상될 것이고, 따라서 전체적으로 초기 투자를 저해할 수 있다. 마찬가지로 전략적 무역 정책의 적용은 무역 보복을 야기할 수 있다. 즉 시장에 더 많은 보호 장치를 도입하는 것이다.

폴 크루그먼은 이렇게 새로운 국제 무역 이론을 제시했다. 새로운 국제 무역 이론은 국가의 개입을 어느 정도 정당화해 주는 시장 불완전성의 인정에 기초한다. 그런데 크루그먼은 그 불완전함을 고려할 때 자유 무역이 제1의 최적해는 될 수 없다는 것을 인정하였지만, 그래도 자유 무역을 옹호했다. 크루그먼에게 자유 무역은 최적

해는 아닐지라도 차선책은 될 수 있기 때문이다. 즉 시장의 불완전성을 고려할 때 결국 최선의 해결책은 자유 무역이라는 것이다.

▶폴 크루그먼은 새로운 국제 무역 이론을 제시함으로써 전략적 무역 정책의 대중화에 공헌했다. 그러나 이후 자유 무역의 약점을 지적하면서도 장점을 옹호하기 위해 더욱 비판적인 방식으로 개입했다.

30강 구조 조정 정책

구조 조정 정책은 1970년대부터 국제 통화 기금의 지도하에 도입되었다. 개발도상국에 재정 및 통화 정책상의 엄격성과 경제 자유화를 조건으로 금융 원조를 제공하는 구조 조정 정책은 적용 조건의 수정과 수많은 비판에도 여전히 적용되고 있다.

1. 구조 조정 정책의 성격과 기원

A. 출발점 : 개발도상국의 외채

구조 조정 정책은 개발도상국의 외채 확대에서 그 기원을 찾을 수 있다. 외채는 구조적으로 개도국의 경상 수지 적자 누적과 관련이 있다. 즉 경상 거래에서 상품 수입이나 외국 서비스 구매로 인한 자본 유출이 수출이나 서비스 판매로 인한 자본 유입을 초과하는 것이다. 국내 저축이 전체 지출을 충당하기에 충분치 않은 한, 자금 조달이 필요한 상황이 발생한다. 이 같은 상황을 해결하기 위해 대출을 받는 것이다.

해외 직접 투자, 포트폴리오 투자 또는 개발 원조는 채무에 포함되지 않는다. 반대로 은행 대출, 채권 투자, 심지어 개발 원조에 속하는 특별 금리 대출까지 개도국의 외채를 증가시킨다. 개도국의 부채는 1970년대 이후 빠르게 증가했다. 특히 각국 정부나 세계은행 같은 공적 대부자 외에도 민간 대부자들이 개도국 채무에 깊이 연관

되어 있다. 개도국의 부채는 오늘날 2조 달러를 넘어선다(제80강 참고).

B. 구조 조정 정책의 원칙

구조 조정 정책은 1970년대부터 적용되기 시작했다. 구조 조정 정책은 경기적 측면과 구조적 측면을 모두 포함한다. 경기적 측면에서 국제 통화 기금은 채무 변제 일정 조정을 조건으로 재정 적자와 경상 수지 적자를 줄이기 위한 긴축 재정 · 통화 정책을 요구했다. 이 것들은 정부 예산의 감소를 강제하는 정책으로 가계 및 기업의 수요를 제한하는 효과가 있으며, 이는 수입을 제한하고 따라서 적자가 줄어드는 것이다. 이 같은 수요 위축은 인플레이션에도 작용한다. 즉 인플레이션을 줄임으로써 어느 정도 환율 안정성을 확보하고 경제의 가격 경쟁력을 제고하는 것이다.

구조적 측면에서 구조 조정 정책은 경제 자유화를 목표로 하며 가격 자유화, 민영화, 공무원 감축, 국가 개입 축소, 자유 무역 촉진을 주장한다. 이 같은 변화는 경제의 자유주의적 시각을 반영하며 시장 경제의 도입을 통해 경제 균형의 회복을 추구하는 것이다. 구조 조정 정책의 목표는 경제의 유연성이다. 이를 통해 발전의 장애물들을 극복하고자 하는 것이다.

2. 구조 조정 정책의 장점과 단점

A. 구조 조정 정책의 장점

자유주의적 사고의 발로인 구조 조정 정책은 채무 변제 일정 조정의 조건으로 제시된다. 즉 대외 채무 변제 일정 조정의 혜택을 받는 국가는 경제 자유화에 필요한 개혁을 이행해야 한다. 구조 조정 정책의 목적은 국가가 고유한 문화적, 사회적 장애를 극복하고 경제 구조의 변화를 달성할 수 있도록 강제하는 것이다.

구조 조정 정책의 반대 급부로 개도국들은 채무 변제 일정 조정이라는 혜택을 누릴 수 있다. 즉 외채 상환 기일을 연장하면서도 연간 이자 부담을 제한할 수 있는 것이다. 따라서 채무 변제 일정 조정은 해당 국가에 이자 지불이 아니라 투자를 위해 국민 저축의 일부를 사용할 수 있도록 '숨 쉴 수 있는' 여지를 부여하는 것이다.

B. 구조 조정 정책에 대한 비판

구조 조정 정책은 수많은 비판의 대상이 되었다. 사실 구조 조정 정책을 적용한 국가의 긴축 정책으로 가계 수요와 생산적 투자가 위축될 수 있고 이는 경제 성장을 방해하는 추가적 요소로 작용할 수 있다. 결국 이로 인한 경제 성장 둔화는 빈곤과 사회적 소외의 악화를 낳을 것이다. 좀 더 구조적인 측면에서, 시장 경제 원칙의 적용은 해당 국가의 특수성이라는 장애에 부딪힐 수 있다.

1980년대 중반부터 새로운 방향이 제시되고 있고, 구조 조정 정책이 적용되는 조건도 변하고 있다. 1985년 당시 레이건 정부의 제임스 베이커 재무 장관이 제시한 베이커 플랜의 목적은 채무국에 '새로운 자금new money'을 제공하기 위해 특별 금리로 신규 대출을 제공하는 것이었다. 그러나 채무국이 점점 어려워지자, 새로운 신용 제공은 실제로 별 효과가 없었다. 1989년 브래디 플랜의 골자는 개도국들이 국제 통화 기금이나 세계은행에서 대출을 받아 민간 은행에서 자국의 채무에 해당하는 유가 증권을 매수함으로써 외채 문제를 해결할 수 있도록 도와주는 것이다. 브래디 플랜에 따르면, 외채 삭감 조치는 개도국의 경제를 부흥시켜 결국 나머지 부채의 상환을 보장하게 해 준다. 이 같은 조치들은 오늘날 구조 조정 정책을 조건으로 제공된다.

▶구조 조정 정책은 해당 국가의 경제 구조를 근본적으로 변화시키는 것이 목적이다. 개발 원조는 구조 조정 정책 도입을 조건으로 제공된다. 그러나 이 정책들은 대안 세계화 운동 진영에서 강력한 비판을 받았다. 대안 세계화 운동가들에 따르면 구조 조정 정책의 적용은 서구 자본주의 모델을 일반화하겠다는 의지를 나타내는 것과 다름없기 때문이다.

제4장

새로운 경제 주체

다국적 기업과 지역 경제 블록

31강 다국적 기업 : 19세기~현재

다국적 기업, 또는 유엔의 용어에 따라 초국적 기업은 일국에 본사를 두고, 모그룹이 구상한 전략에 따라 하나 혹은 복수의 외국에 여러 지사를 거느리고 있는 기업이다. 19세기 전반부터 기업의 다국적화가 점점 강화되었다.

1. 다국적 기업의 구분은 미묘하다

A. 모그룹과 지사

다국적 기업은 모그룹 즉 본사와 지사들로 구성된다. 모그룹은 각 지사의 주식을 다양한 비율로 보유할 수 있다. 경우에 따라 모그룹이 100% 주식을 보유하는 지사도 있다. 그러나 보통 모그룹의 주식 보유 비율은 이보다 낮다. 사실 소액 주주가 대부분이거나 모그룹이 주주 총회 시 비지배 주주들의 다수결 저지 비율에 해당하는 34%의 투표권을 보유하고 있을 경우, 기업 주식 중 일부만 소유하더라도 경영권 장악에는 별문제가 없다. 예로 르노는 닛산 자동차 주식 중 약 37%를 인수함으로써 닛산 자동차의 경영권을 장악했다.

또한 모그룹과 각 지사 간, 또는 지사 간 교차 참여는 그룹의 경영권 유지를 보장한다. 예로 모그룹 자본의 일부를 그룹 지사들이 보유할 수 있으며, 이를 통해 경쟁 그룹의 경영권 장악 시도를 막을 수 있는 것이다.

B. 다국적 그룹의 실제 구성은 그룹의 해외 지사들을 뛰어넘는다

다국적 기업의 하도급 업체들은 법적으로 독립적인 기업이지만 경제적으로는 다국적 기업에 의존한다. 몇몇 하도급 업체는 발주자인 다국적 기업이 중요하다고 판단되는 기능을 수행할 경우 다국적 기업과 특별한 관계를 맺는다. 다국적 기업은 자사가 선택한 공급 업체들과 지속적인 관계를 맺어 간다.

많은 경우, 하도급 업체 자체가 다국적 기업으로 다른 기업의 공급 업체가 되기도 한다. 또한 다국적 기업들은 연구 개발, 공통 부품 생산 등 몇몇 분야에서 서로 협력 관계를 맺고 있다.

다국적 그룹은 하도급 업체 및 다른 다국적 기업들과 관계를 맺음으로써 기업 네트워크를 구축한다. 네트워크의 효율성은 네트워크를 구성하는 기업 간 관계의 질에 기초한다. 그런데 기업이 다수의 네트워크에 속할 수 있기 때문에 여러 기업 네트워크가 서로 뒤얽히기도 한다.

2. 19세기 이후 기업의 다국적화

A. 19세기부터 1990년대까지 다국적 기업들

기업의 다국적화는 19세기 후반부터 뚜렷한 추세를 보인다. 특히 선진 산업국, 그중에서도 영국의 우위가 눈에 띈다. 1940년대까지 선진국 다국적 기업의 해외 활동은 대부분 오늘날의 개도국에 해당하는 국가에서 농업 자원 개발과 채집 산업에 관련된 일이었다. 선진국의 성장으로 1차 생산물 수요가 증가하면서 수요 충족을 위해 해외로 진출해야 했던 것이다. 물론 다국적 기업은 선진국에도 투자했다. 소비재와 설비재를 생산하기 위해서다. 다국적 기업은 이런 식으로 선진국의 관세 장벽을 우회했다(제13강과 제14강 참고).

1950년대부터 북아메리카의 다국적 기업이 영국 및 다른 선진국 기업을 대체했다. 다국적 기업의 투자는 주로 선진국에서 시장 점유율 제고를 목적으로 소비재나 생산재의 생산에 집중되었다. 1960~70년대부터 북미의 다국적 기업은 점차 독일, 프랑스, 일본 등의 다국적 기업과의 경쟁에 직면하게 되었다. 1980년대 이후 다국적 기업은 선진국 내 판로 개척뿐만 아니라 생산 비용 절감에 점점 관심을 갖게 되었다. 저임금 국가에 생산 단위를 설립하는 이유도 바로 여기에 있다(제35강 참고).

B. 2000년대 초 다국적 기업들

2000년대 초 다국적 기업들은 경제적 세계화의 강력한 요소를 구성한다. 다국적 그룹 내 상품 및 서비스의 국제 무역은 세계 무역의 35~40%를 차지한다. 다국적 기업의 해외 직접 투자의 65%는 선진국을 대상으로 하며, 35%는 개도국으로 유입된다. 은행, 보험, 무역, 정보 통신 등 서비스 부문에 해외 직접 투자의 3분의 2가 집중되고 있다. 또한 다국적 기업 투자의 약 90%는 선진국 기업의 투자이다. 1990년대부터 말레이시아, 중국, 한국, 싱가포르, 멕시코, 브라질, 인도, 타이완 등의 다국적 기업들도 점차 투자를 확대하고 있으나 아직 이들 기업이 세계 경제에서 차지하는 비중은 낮다.

기업 네트워크의 구축은 다국적 기업의 국가적 기초를 약화시키거나, 나아가 사라지게 하고 있다. 더구나 다국적 기업의 주주들은 대부분 이미 국제화되었다. 기업 네트워크는 사실 다양한 국적을 가진 기업들의 네트워크이며, 더구나 이 기업들은 역시 다수의 기업 네트워크에 참여하고 있을 수도 있다. 예로 에어 버스, 유로콥터 등을 아우르는 EADS 그룹은 네덜란드 법을 따르는 회사지만 주주들은 유럽의 여러 국적을 가진다. EADS 그룹은 여러 국적의 하도급 업체들에 주문을 내리며, 이 업체들은 그들대로 전 세계에 공급 업체들을 거느리고 있다. 따라서 다국적 기업인 EADS를 지휘하는 기업 네트워크의 실제 국적은 정의할 수 없다.

▶기업의 다국적화는 세계화의 결정 요소이다. 다국적 기업은 국가의 정치적 경계들을 넘나들고 있으며, 세계 경제에서 국가의 위치는 점점 논의의 대상이 되고 있다(제26강 참고).

32강 다국적 기업의 전략

다국적 기업의 성장은 다국적 기업이 구사하는 여러 가지 전략의 결과이기도 하다. 이 전략들로 글로벌 기업이 탄생하게 된 것이다.

1. 어떻게, 왜 외국에 진출하는가

A. 해외 진출의 방식

다국적 기업의 모그룹은 외국에 진출하기 위해 해당 국가에서 하나 또는 여러 개의 생산 단위를 소유할 수 있다. 생산 단위는 다국적 기업이 직접 세울 수도 있지만 국제 인수 합병 거래를 통해 기존의 생산 단위를 인수할 수도 있다. 20여 년 전부터 인수 합병은 수평적인 거래가 대부분이다. 즉 규모의 경제 실현과 세계 시장 지배 강화를 모색한다는 동일한 목표를 가진 기업들이 결합하는 것이다.

모그룹은 조인트 벤처나 공공 기업을 창립함으로써 외국 하도급 업체들과 계약을 맺는 것을 선호할 수 있다. 예로 2002년 푸조 그룹은 중국 기업인 동평 자동차와 제휴를 맺었다. 그런데 동평 자동차는 이미 1992년부터 시트로앵과 협력 관계를 맺고 있다. 모그룹은 비용, 지역 파트너의 신뢰성, 진출을 고려하는 국가들의 규제 시스템 등을 종합하여 방식을 선택한다. 예로 해당 국가의 법 체제로 볼 때 조인트 벤처가 유리하다면 조인트 벤처를 설립하여 해당 국가에 진출하는 것이다.

B. 다국적화의 전략

어떤 국가에 진출하겠다는 결정은 다국적 기업이 적용하는 여러 가지 전략에 기초한다. 그리고 전략들은 서로 결합될 수 있다. 첫째, 수급 전략 차원에서 가공 산업의 필요에 부응하기 위해 외국에서 1차 생산물을 생산한다. 둘째, 시장 전략 차원에서 판로를 확대하기 위해 소비재나 설비재를 해외에 수출하는 대신 현지에서 직접 생산한다. 셋째, 합리화 전략 차원에서 생산 비용을 줄이고 상품을 수출하기 위해 특히 저임금 국가에서 생산 활동을 한다.

다국적 기업은 또 다른 형태의 전략을 선택할 수도 있다. 즉 외국의 독립 기업들에 경영 노하우, 라이선스, 기술 지원 같은 무형 자산을 제공하는 것이다. 그 대가로 다국적 기업은 해당 기업 주식의 일부를 양도받거나, 나아가 이들 기업과 조인트 벤처를 설립할 수도 있다. 다국적 기업은 따라서 무형 자산을 제공받은 기업의 이익 일부와 무형 자산 제공에 대한 로열티를 받는다. 그런데 무형 자산 제공에 따른 대가는 사전에 결정되기 때문에 결국 다국적 기업은 외국 파트너들에게 생산, 상업화, 심지어 자금 조달에서 위험의 상당 부분을 감수하게 하는 것이다.

2. 글로벌화 전략

A. 글로벌 다국적 기업의 출현

20여 년 전부터 다국적 기업의 특정 형태가 빠르게 확산되고 있다. 이는 다국적 기업의 글로벌화, 또는 초국적화 전략에 해당한다. 글로벌 다국적 기업은 모그룹이 결정한 전략을 중심으로 조직된다. 모그룹의 경영진은 그 자체로 세계화되어 있으며 단일 시장으로 간주되는 세계 시장에서 상품군을 통일한다. 이렇게 볼 때 코카콜라, 엑손, 맥도날드, 마이크로소프트는 글로벌 기업이다. 또 다른 개념은 시장 전략과 합리화 전략을 결합하고, 각국의 정치적 경계를 뛰어넘는 광범위한 세계 네트워크를 구축하는 글로벌 기업의 두 가지 능력을 강조한다(제31강 참고).

글로벌 다국적 기업은 국가적 또는 지역적 특수성을 고려한다. 그렇지만 모그룹은 그룹의 생산 시스템을 세계적 차원에서 조직하여 규모의 경제를 달성할 것이다. 예로 연구 개발 활동의 전체 또는 일부를 집중시키거나 각 지사가 기존의 시장보다 더욱 넓은 시장에서 여러 개의 생산 단위를 운영하도록 전문화할 수 있다. 이렇게 글로벌 기업은 지역적 특수성을 고려하면서도 글로벌 전략을 적용하는 것이다. 소니의 창업주, 아키오 모리타가 주장한 이 같은 '글로컬리제이션glocalisation' 전략으로 다국적 기업은 세계 경제에서 효율성 제고에 성공하고 있다.

B. 글로벌 다국적 기업의 성장을 추동하는 요소

국제 무역 및 금융 거래의 장애물들을 제거함으로써 경제적 세계화는 경쟁을 강화한다. 기업들은 경쟁에서 살아남기 위해 생산 시스템 합리화와 판로 확대를 모색한다. 따라서 다국적 기업은 합리화 전략과 시장 전략을 결합해야 한다. 게다가 금융 글로벌화는 대규모 투자, 특히 글로벌 그룹 건설 시 필요한 대규모 국제 인수 합병 거래의 자금을 조달하기 위해 세계화된 자본 시장(제77강 참고)을 활용한다. 마지막으로 선진국에서 국민들의 라이프스타일이 비슷비슷해지면서 유사한 상품들의 세계화된 수요가 창출되었다. 그러나 이것이 각국의 문화적 특수성의 유지를 배제하지는 않는다(제59강 참고). 기업들은 스스로 세계화함으로써 소비자들의 요구에 부응하고자 하는 것이다.

정보 통신 기술의 발달은 세계 경쟁을 강화한다. 정보 통신 기술의 발달로 지식과 자료의 유통 속도가 빨라지고, 동시에 혁신 기업이 보유하고 있던 비교 우위를 축소하는 혁신이 더욱 빠르게 전파된다. 따라서 경쟁은 더욱 강화되며, 기업들은 경쟁에서 도태되지 않으려고 글로벌화 전략을 택하는 것이다. 게다가 정보 통신 기술의 발달로 다국적 그룹이나 다국적 그룹 네트워크에 속한 기업들의 활동 간 조정이 용이해지며 따라서 이들 기업의 글로벌화가 촉진된다.

▶다국적 기업은 여러 가지 전략을 통해 경제적 세계화에 참여한다. 글로벌 다국적 기업의 출현은 세계화의 심화를 보여 준다.

33강 교역의 초국적화

기업의 다국적화로 국제 무역 거래가 정치적 경계를 넘나들게 되었다. 이 같은 상품, 서비스, 자본 교역의 초국적화는 경제의 세계화에 기여했다.

1. 다국적 기업은 국제 무역에 강한 영향력을 행사한다

A. 생산 과정의 국제 분할

다국적 기업은 생산 과정의 국제 분할을 적용한다. 상품의 생산이 하위 집단으로 분해되어 여러 국가에 진출해 있는 지사나 하도급 업체들에 위탁된다. 최종 상품은 세계 시장이나 특정 지역에서 판매될 수 있도록 또 다른 지사나 하도급 업체에서 생산한다.

연구 개발, 회계, 홍보 및 광고, 시장 연구 등 기업 활동과 연결된 기능도 생산 과정 국제 분할의 예외가 아니다. 예로 2002년 이후 알카텔은 일부 연구 개발 센터를 중국으로 이전했다.

따라서 다국적 기업은 지사, 하도급 업체, 제휴를 맺고 있는 다른 다국적 기업들과 함께 광범위한 네트워크를 구축한다(제31강 참고). 다국적 기업과 다국적 기업의 네트워크 내에서 상품 및 서비스의 국제 교역은 더욱 증가하고 있다.

B. 생산 과정 국제 분할은 세계 무역에 영향을 미친다

생산 과정 국제 분할은 국제 무역을 촉진한다. 사실 다국적 그룹의 지사와 모그룹 간 그룹 내 무역은 세계 무역의 약 35%를 차지하며, 국제 무역을 추동하는 역할을 한다. 또한 다국적 그룹 네트워크에 속하는 하도급 업체들과 관련된 무역 플로도 증가하고 있다. 마지막으로 최종 상품 생산에 특화하고 있는 지사들은 생산의 일부를 수출한다. 이 세 가지 유형의 무역 플로는 국제 무역의 약 3분의 2를 차지한다.

생산 과정 국제 분할은 국제 무역의 특성을 변화시킨다. 국제 무역은 이제 점점 다국적 그룹과 다국적 그룹 네트워크 간, 그리고 그 내부의 무역 거래가 되어 가고 있다. 따라서 메이드 인made in이 점차 메이드 바이made by로 대체되고 있다. 즉 어떤 국가made in에서 생산된 최종 상품은 사실 다국적 기업made by이 조직한 생산 과정 국제 분할의 최종 단계인 것이다. 이 같은 변화는 기업의 다국적화의 과실인 교역의 초국적화의 구체적인 표현이다.

2. 다국적 기업은 국제 자본 플로를 촉진한다

A. 다국적 기업의 해외 투자 급증

다국적 기업의 해외 직접 투자는 국제 자본 이동을 내포한다. 해외 직접 투자는 여러 가지 형태를 취한다. 생산 단위 건설, 경영권 통제를 목적으로 기존 기업의 자본 일부 인수(국제 규준에 따라 경영권 장악을 위해 최소 10%의 주식을 보유해야 한다), 또는 조인트 벤처 참여(제32강 참고), 이미 통제하에 있는 생산 단위가 기록한 이익의 현지 재투자(단, 이 경우에는 국가 간 자본 이동은 존재하지 않는다), 대부, 자본 참여 등 모기업과 지사 간 금융 거래 등을 생각할 수 있다.

장기에 걸친 해외 직접 투자의 급증은 자본주의적 성장의 필요성을 반영한다. 자본 축적은 생산 증대에 맞춰 더욱 확대된 판로를 요구한다. 기업 간 경쟁은 더욱 큰 시장을 목표로 생산을 증대하여 규모의 경제를 이루거나 저임금 국가들로 생산 단위를 이전함으로써 단위 비용 절감을 강제한다. 지역 블록의 증가(제36강 참고)와 자본 이동 탈규제화 역시 해외 직접 투자의 급증에 기여했다.

더욱이 다국적 기업의 투자, 나아가 경상 지출의 자금 조달, 현금 유동성 투자, 인수 합병 거래에 등장하는 자금 운용 조절은 국경을 넘나드는 금융 자본 플로로 나타난다. 이는 1980년대 이후 금융 글로벌화로 촉진되었다(제77강 참고).

B. 해외 직접 투자는 국제 무역에 영향을 미친다

다국적 기업의 모기업이 특정 국가에서 시장 점유율을 확대하려고 지사를 세울 때, 모든 조건이 동일하다면, 모기업은 이 국가에 대한 수출을 줄인다. 또한 지사 설립은 투자 유치국 내에서 대외 무역을 저해할 정도로 경쟁을 격화시킨다. 예로 르노 그룹은 에스파냐에서 자동차 클리오Clio 생산으로 시장 점유율을 제고할 수 있었다. 이 과정에서 경쟁에서 밀린 자동차 회사 시트Seat가 생산 규모를 줄이는 바람에 투입 요소 수입도 줄었다. 더구나 에스파냐에서 생산된 클리오 중 일부가 다른 수입 차들을 대체했다.

그러나 장기적으로 볼 때, 해외 직접 투자의 급증은 무역 자체의 증가와 동시에 발생한다. 사실 해외 직접 투자는 투자 유치국에 새로운 수출의 기회를 제공한다. 다국적 기업의 지사들이 생산의 일부를 수출하기 때문이다. 더구나 투자 유치국의 경제 활동도 촉진된다

(제35강 참고). 따라서 투입 요소나 최종 소비재 수입도 증가한다. 게다가 경쟁이 강화되어 국내 생산자들은 생산 시스템의 효율성을 제고하게 되고 세계 시장에서 판로를 개척할 수 있는 새로운 활동으로 시스템 자체를 개편할 수도 있다. 마지막으로 다국적 기업의 해외 직접 투자 증가는 그룹 내 무역 증대에 기여한다.

▶다국적 기업은 상품, 서비스, 자본 국제 무역 플로를 주도한다. 이 같은 상황을 볼 때, 다국적 기업이 만들어 내는 국제 무역 플로가 해당 기업이 위치한 본국에 어떤 영향을 미치는지 검토해야 할 것이다.

34강 생산 기지 이전이 본국에 미치는 영향

엄격한 의미에서 생산 기지 이전은 다국적 기업이 어느 국가에서 생산 단위를 폐쇄하거나 생산 활동을 축소하고 외국에 동일한 생산 단위를 건설하는 것이다. 넓은 의미에서는 국제 하청 역시 생산 기지 이전의 한 형태이다. 생산 기지 이전이 본국에 미치는 영향에 대해서는 의견이 분분하다.

1. 왜 생산 기지 이전인가

A. 생산 기지 이전의 유형학

생산 기지 이전은 다국적 그룹이 다른 그룹과의 합병이나 인수로 활동 영역이 확대된 후, 겹치는 생산 단위를 제거한 결과일 수 있다.

또는 성숙기에 도달한 상품이나 서비스를 생산하며, 특히 전자 제품처럼 가격 경쟁력이 중요한 기업들이 생산 기지 이전을 선택할 수 있다. 여기서 성숙기란 수요가 높은 수준에서 정체되어 있는 상태를 말한다. 이때 생산 단위는 저렴한 숙련 노동력과 해당 상품 및 서비스를 생산하는 데 필요한 기술적 능력을 보유한 국가들, 예로 중·동유럽 국가나 신흥 개도국으로 이전된다.

마지막으로 다국적 기업이 생산 과정의 국제 분할 속에서 생산 기지 이전을 선택하는 경우이다(제33강 참고). 분할된 생산 단위 중 일부는 해외로, 특히 개도국과 중·동유럽 국가로 이전된다. 이 경우 생산 기지 이전의 목적은 생산비 절감이다.

B. 생산 기지 이전의 요소들

높은 생산비, 특히 임금 비용은 다국적 기업이 생산비가 더 낮은 국가로 생산 기지를 이전하게 하는 유인을 제공한다. 생산비 비교의 기준은 생산된 단위당 비용, 즉 단위 비용이다. 단위 비용이란 단순히 전체 생산비뿐만 아니라 요소의 생산성까지 포함하는 개념이다. 더욱이 끊임없이 변동하는 환율이 수출 비용을 상승시켰고, 이 또한 다국적 기업의 생산 기지 이전의 유인이 되었다.

생산 조건이 유리할 경우, 다국적 기업은 어느 나라에서 자사 상품에 대한 수요 증가 시, 수출보다 직접 그 나라에 생산 단위를 건설하는 것이 수익성 측면에서 유리할 수 있다. 그리고 생산 단위의 생산량 중 일부는 본국으로 수출될 것이다. 본국에서는 동일한 생산 단위가 폐쇄되거나 생산 활동이 축소된다.

다국적 기업의 투자 유치국 입장에서 생산비 외의 다른 요소들이 다국적 기업의 생산 기지 유치를 촉진한다. 좋은 인프라 시설, 평화로운 국내 상황, 풍부한 노동력 등 특정 요소의 부존량, 면세 특구의 존재, 특정 지역 블록의 가입 여부 등이 다국적 기업의 생산 기지 이전 결정의 또 다른 요소들이다.

2. 본국에 대한 생산 기지 이전의 효과

A. 생산 기지 이전의 부정적 효과

우선 이전의 대상이 되는 생산 기지들은 일반적으로 몇몇 지역에 집중되어 있다. 그런데 해당 생산 기지의 폐쇄로 직접적인 고용 손실이 발생하며, 여기에 국내 경쟁 기업들의 대응으로 연쇄적인 고용 손실이 발생한다. 예로 르노 그룹이 일부 생산 단위를 루마니아로 이전함으로써 경쟁력을 높이자, 푸조는 체코 공화국으로 생산 기지를 이전했다. 생산 기지 이전을 결정한 다국적 기업의 국내 하도급 업체들 역시 근로자들을 대량 해고하고 생산 단위를 다른 지역으로 이전할 수밖에 없다.

고용 손실은 실업 증가가 임금을 압박하기 때문에 더더욱 내수 침체를 가중시킨다. 게다가 생산 기지 이전은 노사 협상 시 노조가 요구 사항을 하향 조정할 수밖에 없게 하는 위협으로 작용한다. 그리고 내수 침체는 가격 경쟁력을 높이려는 기업들의 생산 기지 이전 과정을 더욱 강화한다.

예로 생산 기지 이전은 실업을 증가시킬 것이며, 특히 저숙련 노동자들의 실업이 문제가 될 것이다. 이는 생산 기지가 폐쇄된 본국에서 사회적 불평등을 심화하여 사회 전체의 응집력을 훼손하게 될 것이다.

B. 생산 기지 이전의 긍정적 효과

소비자들은 상품 가격 하락으로 구매력 향상의 이득을 볼 수 있다. 해당 상품의 생산 단위 일부, 혹은 전체가 저임금 국가로 이전된 후, 상품이 다시 본국으로 수출되기 때문에 본국의 소비자들이 예전보다 낮은 가격에 동일한 상품을 구입할 수 있는 것이다. 그 결과 본국에서 생산된 상품과 서비스의 소비도 증가할 수 있다. 생산 기지 이전을 선택한 반제품 혹은 설비재 수입 회사들도 투입 요소의 비용 절감 혜택을 누릴 수 있을 것이고, 이는 해당 기업들의 경쟁력과 수익성을 제고하는 요소가 된다.

본국의 기업들은 투자 유치국의 성장으로 또 다른 긍정적 효과를 누릴 수 있다. 프랑스 섬유 기업들의 생산 기지가 들어선 모로코의 경우를 예로 들어 보자. 모로코는 생산 기지 유치로 섬유 제품을 더 많이 수출하게 되었고, 프랑스에서 더 많은 설비재를 수입하게 되었다. 게다가 수출 증대는 모로코의 경제 성장을 추동했고, 이는 다시 프랑스제 소비재나 설비재 수입 증대로 이어졌다.

마지막으로, 이전된 생산 단위들이 투입 요소의 수급을 위해 모그룹에 계속 의존할 수 있다. 여기에서 본국에 대한 수출이 발생한다. 또한 투자국에서 얻은 이윤이 본국으로 다시 유입될 수 있고, 이는 수요, 특히 투자를 진작시키는 요소로 작용한다.

▶본국에 대한 생산 기지 이전의 긍정적 영향은 시간을 두고 드러나지만 부정적 영향은 즉각적이다. 바로 그 때문에 생산 기지 이전이 특히 고용 분야에서 논란을 불러일으키는 것이다.

35강 생산 기지 이전이 투자 유치국에 미치는 효과

생산 기지 이전은 개도국과 선진국에서 발생한다. 생산 기지 이전의 효과는 긍정적일 수도 있으나 여러 가지 어려움의 원천이기도 하다.

1. 생산 기지 이전이 투자 유치국에 미치는 긍정적 효과

A. 긍정적인 효과

다국적 기업의 지사 진출로 투자 유치국에 직접적인 고용 창출 효과를 기대할 수 있고, 해당 국가 공급 업체들이 지사와 계약을 맺음으로써 발생하는 간접적인 고용 창출 효과도 기대할 수 있다. 이 같은 고용 창출은 수요를 자극하고 성장을 추동한다. 해외에 진출한 다국적 기업의 지사들은 생산 전체 또는 일부를 수출할 수 있으며, 이를 통해 투자 유치국의 경제 활동을 촉진하고 국제 수지 불균형을 개선한다. 특히 국제 수지는 생산 기지 이전과 연결된 투입 자본의 유입으로 흑자 수지로 전환될 수 있다.

다국적 기업의 지사 진출은 기술 이전을 촉진한다. 기술 이전은 투자 유치국의 경제 시스템 전체에 양陽의 외부 효과를 발생시킨다. 생산 기지 이전은 또한 투자 유치국 노동력의 숙련도 개선에 기여하며, 다국적 기업의 지사들은 판매, 국제 규준 습득의 노하우뿐만 아니라 조직적 측면에서 국내 기업들에 일종의 역할 모델을 제공한다.

B. 투자 유치국의 특화 분야 변화

생산 기지 이전은 투자 유치국의 생산 시스템 변화에 기여한다. 생산 시스템 변화로 해당 국가는 국제 무역 편입으로 이득을 얻을 수 있다. 예로 중국은 1980년대 이후 소비재 및 반제품 부문에서 수많은 생산 단위의 기지 이전 효과를 누리고 있다. 1990년대 이후, 생산 기지 유치 덕분에 기술 집약도가 높은 부문으로 중국의 특화 분야가 이동했다. 그 결과 1990년 전체 수출의 20%도 안 되던 설비재 수출이 2000년대 초에는 중국 수출의 절반을 차지하기에 이르렀다.

특화 분야 변화는 투자 유치국이 선진국일 경우에도 해당된다. 예로 아일랜드 정부는 1970년대 이후 다국적 기업 유치 정책을 적극적으로 실시했다. 조세 부담 경감, 신기술 분야에서 직업 훈련 비용 부담, 인프라 시설 건설, 임금 비용 억제 등의 다양한 조치를 통해 다국적 기업의 지사 진출을 장려했다. 유럽의 금융 지원도 중요한 역할을 했다. 그 결과 아일랜드의 경제 시스템은 특히 제약, 전자, 정보 통신 등 수출 지향 첨단 기술 산업의 출현으로 재편성되었다.

2. 생산 기지 이전이 투자 유치국에 미치는 부정적 효과

A. 생산 기지 이전이 언제나 유리한 것은 아니다

생산 기지 이전은 개도국의 경제 분할을 가져와 발전을 저해할 수 있다. 외국 기업의 진출에 따른 수출 지향적 현대 산업의 발전은 경제 전체에 아무런 연관 효과도 주지 못하며, 선진국에 대한 개도국의 의존은 계속되고 사회적, 지역적 불평등이 심화된다. 더구나 기술 이전은 기대에 못 미칠 수 있다. 마지막으로 다국적 기업 지사 진출로 창출되는 고용은 양적으로 제한적이다. 더구나 지사에서 투자 유치국 공급 업체에 주문을 넣지 않을 수도 있고, 오히려 경쟁할 수도 있기 때문에 더욱 그러하다. 이 경우 기존의 기업들은 도산할 수밖에 없다.

선진국으로의 생산 기지 이전 역시 비슷한 부정적 효과들을 초래할 수 있다. 제한된 기술 이전, 국내 업체보다는 외국 공급 업체와의 계약, 미약한 고용 창출 효과, 경쟁력이 낮은 국내 생산자들의 도태 등이 그것이다. 또한 다국적 기업이 생산 기지 이전의 대가로 보조금 지급이나 조세 혜택을 요구할 경우 이는 공공 재정에 부담이 되며, 노동 관련 법제의 개정을 요구할 경우 근로자들의 노동 조건이 악화될 수도 있다.

게다가 개도국이나 선진국에 진출한 지사들의 모그룹은 해외 지사가 거둔 이득의 전부나 일부를 회수할 수도 있다. 또한 지사에서는 투입 요소 수입 대상국으로 모그룹이 있는 본국을 선호할 것이다. 문제는 투입 요소의 양과 가격이 다국적 그룹 내 무역을 통해 결정되기 때문에 투자 유치국의 통제를 벗어난다는 점이다.

B. 생산 기지 이전이 투자 유치국 특화에 미치는 효과

생산 기지 이전은 투자 유치국에 부정적 영향을 미칠 수 있는 특화로 이끌기도 한다. 특히 개도국의 경우가 그러하다. 필리핀, 인도네시아, 베트남 등 아시아의 몇몇 국가에서 생산 기지 이전은 주로 섬유, 일상 소비재, 반제품 등 저부가 가치 산업과 관련되는데, 이들의 교역 조건은 악화되어 가는 경향을 보이고 있다.

생산 기지 이전이 투자 유치국에 긍정적인 효과를 발휘하기 위해서는 국가에서 다국적 기업의 투자가 우선적인 부문에 집중될 수 있도록 적극적인 장려 정책을 펼쳐야 한다. 예로 인프라 시설 구축이나 직업 훈련을 위한 자금을 지원하는 것을 생각할 수 있다. 또한 정부는 국내 기업들의 연구 개발비를 지원하고 국가 산업 특화의 방향을 변화시키는 적절한 산업 정책을 실시해야 한다. 마지막으로 당국은 중단기적으로 빈곤, 소외, 불평등 심화 등 사회적 문제를 초래할 수 있는 생산 기지 이전의 부정적 효과를 고려해야만 한다.

▶생산 기지 이전이 투자 유치국의 산업 특화가 전략적인 부문으로 진행되는 데 기여하고 당국의 일관성 있는 정책의 연장선상에서 진행될 경우, 생산 기지 이전은 투자 유치국에 긍정적인 효과를 발휘한다.

36강 무역의 지역화

국제 무역의 지역화는 일군의 국가들이 지역 블록이나 통합된 경제 공간을 구축하는 것을 말한다. 이 과정은 여러 가지 방식으로 진행된다.

1. 지역 통합의 여러 단계

A. 벨라 발라사의 구분

1960년대 초 경제학자 벨라 발라사Bela Balassa(1928~1991)는 지역 수준의 경제 통합 형태의 유형을 제시했다. 통합의 첫 번째 단계는 자유 무역 지대의 구축이다. 자유 무역 지대 구축에 동의한 국가들은 역내 상품 및 서비스 무역에 장애물로 작용하는 관세 장벽을 제거해 나간다. 만약 이들이 자유 무역 지대 구축과 함께 역외 제3국가들에 공동 관세를 부과하는 등의 공동 무역 정책을 수용한다면, 이들은 지역 통합의 두 번째 단계인 관세 동맹을 형성하고 있는 것이다.

관세 동맹의 회원국들이 상품과 서비스뿐만 아니라 자본과 사람의 자유로운 이동을 제도화한다면, 이제 공동 시장 혹은 단일 시장이 설립되어 지역 통합 과정이 더욱 가속화된다. 회원국들은 자국의 경제 정책을 상호 조정함으로써 통합을 더욱 진전시킬 수 있다. 경제 연합의 회원국들이 확실한 통화 협력을 수행할 때, 이 공동체는 경제 통화 연합이 되며, 이 단계에서 지역 통합의 수준은 매우 높다. 여기에 정치 분야까지 통합이 진전된다면 정치 연합이 탄생하게 되는 것이다.

B. 전 대륙에 지역 블록이 존재한다 : 몇 가지 예

아메리카 대륙에는 북미 자유 무역 협정이 1992년 체결되어 1994년부터 적용되고 있다. 그 결과 미국, 멕시코, 캐나다 간 자유 무역 지대가 구축되었다. 1995년 이후 설립된 안데스 공동체는 볼리비아, 페루, 베네수엘라, 콜롬비아, 에콰도르를 회원국으로 하는 관세 동맹이다. 메르코수르는 1991년 창설되어 1995년부터 적용되는 공동 시장으로 브라질, 아르헨티나, 파라과이, 우루과이가 가입되어 있으며 2006년부터는 베네수엘라도 회원국이다(제16강 참고).

서유럽에는 1957년 로마 조약 체결로 유럽 경제 공동체가 창설되었다(제38강 참고). 로마 조약은 중기적으로 관세 동맹 구축을(1968년), 장기적으로는 공동 시장 설립을(1993년) 목표로 했다. 유럽 경제 공동체는 1993년 경제 통화 연합이 되었다(제39강 참고).

아프리카에는 1975년 창설된 서아프리카 경제 공동체가 존재한다. 회원국은 15개국으로 2007년 자유 무역 지대에서 관세 동맹으로 진화할 것이며 나아가 경제 통화 연합으로 발전할 것이다. 오세아니아 대륙에는 오스트레일리아와 뉴질랜드가 1965년부터 자유 무역 협정을 맺고 자유 무역 지대를 구축했다. 아시아에는 동남아시아 국가 연합인 ASEAN에 다수의 국가가 가입해 있으며 1993년 아시아 자유 무역 지대AFTA 창설을 위한 협정이 체결되었다.

2. 국제 통합의 방식

A. 협의 포럼

벨라 발라사가 제시한 지역 통합 형태에 지역 간 논리에 해당하는 특별한 통합 양식을 추가하는 것이 적절하다. 예로 1989년 창설된 아시아 태평양 경제 협력체APEC를 들 수 있다. APEC은 미국, 멕시코, 오스트레일리아, 뉴질랜드, 일본, 러시아, 타이완, 중국, 한국을 비롯한 태평양 연안 21개국 정상 및 각료들이 모이는 협의 기구로, 2010년(선진국 주장)이나 2020년(개도국 주장) 자유 무역 지대 구축과 역내 다국적 기업의 투자 자유화를 꾀하고 있다.

1996년부터 개최되고 있는 아시아 유럽 정상 회의ASEM는 유럽 연합과 일본, 중국, 한국, 타이, 싱가포르, 베트남을 포함한 아시아 13개국의 정부 간 대화 기구이다. 참여국들은 경제, 통상, 금융, 문화 분야에서 협력을 강화할 수 있는 방법들을 모색하고 있다. 1996년부터 유럽 연합과 아시아의 무역 증대 및 자유화를 위한 '무역 촉진 프로그램'이 적용되고 있다.

B. 지역 블록 협정

지역 간 논리는 유럽 지중해 파트너십 협정EUROMED에도 잘 드러나 있다. 1995년 이후 적용되고 있는 유로메드는 유럽 연합과 지중해 남부 및 동부의 12개국 간에 체결된 협정으로 경제, 통상, 금융, 사회 문화적 협력 강화를 통해 이 지역에 평화와 번영을 정착시키는 것이 목적이다. 또한 자유 무역 지대가 조금씩 구축되면서 2010년에는 완성될 것이다. 이를 위해 유럽 연합과 튀니지, 모로코, 알제리, 이집트, 이스라엘, 팔레스타인을 비롯한 몇몇 지중해 국가 간에 여러 제휴 협정이 체결되었다.

로메 협정도 동일한 논리를 따른다. 로메 협정은 1975년 당시 유럽 경제 공동체와 아프리카 · 카리브 해 · 태평양ACP의 개도국 간에 체결된 협정으로 1993년 유럽 경제 공동체가 유럽 연합으로 바뀐 후에도 2000년까지 여러 차례 개정을 거듭하면서 유지되었다. 당시 유럽 경제 공동체는 ACP의 개도국들에 여러 가지 특별한 혜택을 부여했다. 수출 수입 안정화와 광산 개발을 위한 금융 원조, 유럽 시장 접근 시 관세 면제가 그것이다. 관세 면제의 경우, 여러 종의 농산물이 면제 대상에서 제외됐지만 상호성이 요구되는 조항이 아니었으므로 개도국은 유럽 연합에 동일한 혜택을 제공할 필요가 없었고, 유럽 연합도 로메 협정 체결국 외의 제3국가들에 이 같은 혜택을 제공하지 않았다.

2000년 7월, WTO 규칙과의 일관성을 위해 유럽 연합은 ACP 국가들과 로메 협정을 대체하는 코토누Cotonou 파트너십 협정을 체결했다. 그렇지만 2008년까지는 유럽 연합이 ACP 국가들에 제공하는 관세 혜택이 유지될 것이다. 이 협정은 유럽 연합과 ACP 국가들 간의 자유 무역 지대 구축을 준비하고 각국이 지역 블록을 구성하도록 장려하고 있다.

▶무역의 지역화는 1960년대 이후 강화되었으며, 지역 블록 내의 무역 플로를 자극했다. 지역 블록은 GATT의 승인을 받았고 1995년부터는 WTO의 감독을 받고 있다(제16강과 제17강 참고).

37강 무역의 지역화와 세계화

무역의 지역화는 지역 블록 회원국 간 무역, 즉 역내 무역을 우선시하기 때문에 일종의 은폐된 보호 무역의 형태라고 볼 수도 있을 것이다. 그런데 사실 지역화는 세계화와 양립 가능하다.

1. 국제 무역의 변화와 지역화

A. 무역 전환 효과?

지역 블록의 회원국들은 역내 무역 자유화로 역외 비회원국과의 무역보다 역내 회원국 간 무역 증대에 역점을 두게 된다. 이른바 무역 전환 효과trade diverting가 발생하는 것이다. 이 경우 비회원국의 성장은 둔화될 것이다. 따라서 이들 국가의 수입이 감소하고 세계 무역도 감소할 것이다. 게다가 그로 인한 무역 분쟁의 가능성이 커질 것이다. 지역 블록을 구축한 국가들의 역내 무역 때문에 소외된 비회원국들은 이들 국가에 보복 조치를 단행할 수도 있을 것이다.

그러나 수많은 연구가 증명하는 것처럼 지역 블록 구축은 우선 지리적으로 인접한 국가들을 대상으로 한다. 따라서 지역 블록의 회원국들은 그 지리적 인접성 때문에 블록 구축 이전부터 이미 무역이 매우 발달한 국가들이었다. 게다가 역내 무역의 가파른 증가로 경제 성장이 촉진되고, 이는 역외 국가들로부터의 수입을 증대시키는 요인이 된다. 더욱이 단위 생산 비용 절감을 위한 규모의 경제 모색은 역내 기업들의 역외 국가로의 수출 유인을 제공한다. 따라서 무역 창출 효과trade creating가 발생한다.

B. 지역화와 자급자족

지역화는 그것이 자급자족 경제를 우선시할 경우 국제 무역의 성장을 저해할 수 있다. 예로 1949년 창설된 동유럽 경제 상호 원조 회의COMECON는 구소련을 중심으로 동유럽 사회주의 국가들과 몽고, 쿠바, 베트남을 아우르는 지역화의 형태였다. 그런데 사회주의 국가의 지도자들은 자급자족 경제를 우선시했고, 필수 불가결하다고 판단되는 상품들만 수입하였으며, 이 같은 수입을 커버하기 위해서 수출하였다. 자본주의 국가와의 무역 역시 통제되었다.

이 같은 형태의 지역화는 매우 드물며 지역 블록 내 몇몇 특정 부문에만 해당된다. 그중 하나인 유럽 공동 농업 정책은 유럽 공동체의 식량 자급을 확보하는 것이 목적으로 자급자족 논리를 따른다. 에어버스나 아리안Ariane 프로그램도 마찬가지다. 그러나 유럽 공동체의 프로젝트를 단지 이런 형태의 프로젝트로만 한정할 수는 없다(제38강과 제39강 참고). 게다가 국제 무역을 촉진하는 협정들이 유럽 경제 공동체, 1993년부터는 유럽 연합에 의해 체결되었고, 이는 유럽 연합이 보호 무역주의의 신봉자가 아니라는 것을 증명한다.

2. 지역화와 자유 무역

A. 다자간 협상 진전과 지역화

일반화된 자유 무역의 경우, 무임승차free riding 행위는 지역 블록 내에서 더욱 가능성이 높아진다. 이런 유형의 행위는 다른 국가들이 모두 자유 무역을 수용할 때 보호 무역주의적 정책을 도입하는 것을 말한다. 각국이 모두 무임승차 행위를 할 경우, 보호 무역주의가 팽배하여 결국 세계 경제 성장을 저해할 수 있다. 따라서 대부분의 경우, 지리적으로 가장 근접한 국가들이 참여하는 지역 협정은 지리적 근접성과 협정의 규칙이 약속을 준수할 강한 유인을 제공하는 한 무임승차 행위를 제한할 수 있다.

오늘날 149개국의 회원국을 거느리고 있는 WTO처럼 엄청나게 많은 국가들이 개입할 경우, 국제 무역 자유화 협상은 각국의 다양한 이해관계가 부딪치면서 매우 복잡해질 수밖에 없다. 자유 무역의 일반화는 따라서 점점 요원해진다. 이 경우 지역 블록의 구축은 협상 참가국들이 포함되어 입장을 조율할 수 있고, 블록 간 협상은 국가 간 협상보다 참여자의 수가 적기 때문에 협상의 진전이 용이해질 수 있다. 그러나 지역 블록 간 경쟁이 협상 자체를 저해할 수도 있다. 물론 이 같은 경우라도 국가 간 협상이 지역 간 협상보다 진전 속도는 결코 빠르지 않을 것이다.

B. 자유 무역의 부정적 효과와 지역화

지역 블록 차원에서 완화된 보호 무역주의, 특히 역내 경쟁을 보장하는 보호 무역주의는 일부 국가에서는 기업 도산, 실업 증가, 대외 적자, 임금 상승 둔화 등 완전한 무역 자유화의 부정적 효과를 억제할 수 있다. 이 같은 부정적 효과는 해당 국민들에게 보호 무역주의적 반응을 보이게 할 수 있고, 따라서 세계 성장을 저해할 수 있다.

이 같은 형태의 보호 무역주의는 그 자체로 자유 무역을 방해하는 것이 아니라 세계 경쟁에 참여하는 국가 간, 기업 간 힘의 불균형을 무시하는 과도한 무역 자유화에 반대하는 것이다. 지역의 보호 무역주의는 따라서 일반화된 자유 무역에 대한 대안을 제공한다. 물론 이것이 각국의 보호 무역주의의 강화라는 부작용을 낳지 않고도 말이다.

1988년 노벨 경제학상 수상자인 모리스 알레Maurice Allais가 자유 무역과 무제한적 세계화의 선진국 산업 전체에 대한 폐해로부터 도출한 테제도 이 정책과 매우 유사하다. 모리스 알레는 동일한 발전 수준의 국가 간에 구성되는 지역 블록을 권했다. 지역 블록은 역내 무역을 자유화할 것이며 역외 국가들에는 완화된 보호 무역주의적 정책을 펼칠 것이다.

▶무역의 지역화는 1960년대부터 강화되었으나 국제 무역 발전을 저해하지 않았다. 오히려 지역화는 일반화된 자유 무역과 보호 무역주의의 강화라는 암초를 피할 수 있는 기회를 제공했다.

38강 유럽 통합(1950~1970)

제2차 세계 대전 종전 직후 유럽은 경제적으로 약화되고 정치적으로 분열된 상태였다. 그러나 유럽 통합 과정은 바로 이런 상황에서 시작되었다.

1. 유럽 석탄 철강 공동체에서 유럽 경제 공동체로

A. 유럽 석탄 철강 공동체

제2차 세계 대전이 끝나자 로베르 쉬망, 장 모네, 콘래드 아도르노 등 유럽에 신념을 갖고 있던 인사들이 서유럽 통합 프로젝트를 목표로 조심스러운 노력을 기울이기 시작했다. 장 모네의 표현을 빌리자면, 이는 프랑스와 독일의 화해를 모색하고, 유럽을 사회적 진보와 번영의 땅으로 만들며, 공산주의의 확대를 막기 위해 '점진적 유럽'을 건설하는 것이다.

1950년 5월, 로베르 쉬망 당시 프랑스 외무 장관은 독일 정부에 독불 석탄 철강 공동체 창설을 제안했다. 이 프로그램은 1951년 4월 18일 파리 조약 체결로 프랑스, 독일, 이탈리아, 벨기에, 룩셈부르크, 네덜란드가 참여한 유럽 석탄 철강 공동체ECSC가 창설되면서 현실화되었다.

유럽 석탄 철강 공동체는 석탄, 철강, 철광석 무역에 대한 관세 동맹으로(제36강 참고), 고등 기관High Authority이 초국적 중앙 기구로서 공동체를 관리했다. ECSC는 생산 확대와 산업재 전환을 가능하게 했지만 1950년대 말 석유와의 경쟁으로 인한 석탄 위기, 1970년대 철강 위기에 직면하여 어려움을 겪었다.

B. 유럽 경제 공동체

ECSC 창설 후, 6개 회원국은 유럽 방위 공동체EDC 창설을 통해 유럽 통합을 심화하고자 했다. 즉 하나의 초국적 기관의 책임하에 움직이는 공동의 군대를 창설하고자 한 것이다. 그러나 1954년 프랑스 의회는 유럽 방위 공동체 승인을 거부했다. 이에 유럽 통합 프로젝트를 계속 진행하기 위해 ECSC 6개 회원국은 공동 시장 설립 원칙에 합의했다(제36강 참고). 1957년 5월 25일, 마침내 로마 조약이 체결되었고, 유럽 경제 공동체EEC가 탄생하였다. 로마 조약 체결로 중기적으로 상품 교역에 대한 관세 동맹, 장기적으로는 공동 시장이 모습을 드러내게 된 것이다.

EEC의 최고 기관은 해당 사안을 다루는 각국 장관들로 구성된 각료 이사회이다. 이사회의 의사 결정은 기본적으로 만장일치 원칙을 따르지만 특별한 경우에는 가중 다수결 원칙도 허용된다. 1966년 각국의 중대한 이해관계가 걸린 문제는 만장일치로 의사 결정이 이루어져야 한다는 사항이 명시되었다. 또한 각국 정부와 독립적인 위원들로 구성된 초국적 기관인 위원회는 로마 조약 준수를 감독하고, 각료 이사회의 결정 사항을 집행하며, 이사회에 유럽 통합의 구체적 방식을 설명하는 문서를 전달한다.

2. 유럽 통합과 1차 확대

A. 유럽 통합의 진전

관세 동맹은 1968년 7월부터 효력을 발생했다. 관세 동맹 구축으로 EEC가 세계 무역에서 차지하는 비중이 1960년대 중반 약 30%에서 1970년대 40%로 증가했다. 게다가 역내 무역이 증가했다. 유럽 공동체 대외 무역 중 역내 무역의 비중은 1958년에서 1968년까지 30%에서 50%로 증가했고 이후 1980년대 초까지 50% 수준으로 유지됐다. 1차 생산물 수입 가격 상승으로 EEC 회원국들은 역외 수출, 특히 석유 수출국에 대한 수출에 힘썼다. 또한 EEC는 아프리카 · 카리브 해 · 태평양 지역 개도국들과 특별한 무역 관계를 맺었다(제36강 참고).

공동체 차원의 공동 정책도 적용되었다. 1962년 시작된 공동 농업 정책은 농산물 가격을 유지하고, 경작 현대화에 기여했으며, 공동체 생산을 촉진했다. 공동체 내 후진 지역은 유럽 지역 개발 기금이 제공하는 특별 원조를 받았다. 물론 원조금 규모는 크지 않았다. 로마 조약 체결로 설립된 유럽 사회 기금은 특히 실업자들의 교육 및 직업 훈련 수준을 개선하는 프로그램을 지원했다. 또한 회원국들은 환율 안정을 위해 힘겨운 노력을 경주해야 했다(제74강 참고).

B. EEC의 1차 확대

영국은 ECSC와 EEC 참여를 거부했다. 이유는 첫째, ECSC와 EEC가 매우 강한 초국가적 성격을 띤다는 것과 영국이 미국 및 영연방 국가들과 맺고 있는 특별한 관계 때문이었다. 사실 영국의 지도자들은 자유 무역 지대의 구축으로 대표되는 유럽 자유 무역 연합EFTA

같은 좀 더 완만한 통합 과정을 원했다(제36강 참고). 1960년 영국, 덴마크, 스웨덴, 노르웨이, 오스트리아, 스위스, 리히텐슈타인을 회원국으로 결성된 유럽 자유 무역 연합은 1961년 핀란드, 1971년 아이슬란드를 회원국으로 받아들였다.

1961년과 1967년, 영국은 자국의 성장을 촉진하고 프랑스와 독일의 경제력을 견제하려고 EEC 가입을 위한 협상을 요청했다. 그러나 영국의 요구 수준이 높은 데다 영국이 유럽 공동체의 일원이 되기에는 너무 미국적이라고 판단한 프랑스의 반대로 협상은 실패로 돌아갔다. 1969년 프랑스의 비토가 취소되었고, 영국의 가입 협상은 1972년 마침내 영국뿐만 아니라 덴마크, 아일랜드, 노르웨이의 EEC 가입을 승인한 협정으로 귀결되었다. 그러나 노르웨이 국민들은 국민 투표에서 EEC 가입을 거부했고, 1972년 유럽 경제 공동체는 기존의 6개 회원국에 영국, 덴마크, 아일랜드가 추가되어 총 9개국으로 확대되었다.

▶1950년대 이후 유럽 통합이 심화되었다. 그러나 1970년대 유럽 경제 공동체의 확대에도 역내 무역이 정체되었다는 사실은 이 과정의 둔화를 보여준다. 회원국들은 1980년대 들어서 유럽 통합 과정에 박차를 가하게 된다(제39강 참고).

39강 1980년대 이후 유럽 통합

1981년 그리스의 가입으로 유럽 경제 공동체는 다시 확대되었지만 유럽 통합은 정체되어 있었다. 공동체 대외 무역에서 역내 무역이 차지하는 비중은 1970년대 이후 변화 없이 50% 수준에서 머물러 있었다(제38강 참고). 따라서 회원국들은 유럽 통합을 심화하기로 결정했다.

1. 1990년대 초까지 유럽 건설 프로젝트의 재가동

A. 단일 유럽 의정서

1986년 에스파냐와 포르투갈의 가입 이후 EEC의 12개 회원국은 새로운 조약을 체결했다. 이것이 바로 1987년 7월 발효된 단일 유럽 의정서이다. 단일 유럽 의정서는 우선 각료 이사회의 의사 결정 과정을 단순화했다. 만장일치가 요구되는 분야를 줄이고(제38강 참고), 가중 다수결 투표를 확대한 것이다. 이제 어떤 사안에 대해 일정 수 이상의 찬성표를 모으는 것이 관건이 된 것이다. 각국은 일정 부분 자국의 규모에 따른 투표권을 부여받았다.

다음으로 단일 유럽 의정서는 1974년부터 시작된 유럽 이사회를 제도화했다. 유럽 이사회는 회원국 국가 원수 및 정부 수반으로 구성되며 유럽 집행 위원장도 참석한다. 이사회의 기능은 유럽 통합과 관련된 대략적인 정책 방향을 결정하는 것이다.

마지막으로 단일 유럽 의정서는 1993년 공동 시장 또는 단일 시장을 설립하여 역내 무역 활성화를 꾀할 것을 명시하였다. 역내 무역은 1980년대 초 유럽 공동체 대외 무역의 50%를 약간 상회하는 수준에서 현재 67%까지 증가하였다.

B. 마스트리히트 조약

1992년 마스트리히트 조약 체결로 1993년 11월 기존의 EEC를 대체한 유럽 연합이 출범했다. 유럽 연합은 일종의 경제 통화 연합이다(제36강 참고). 마스트리히트 조약은 단일 시장의 설립을 재확인하고, 중기적으로 단일 화폐 도입을 예비하고 있으며(제74강 참고), 유럽 공동 외교 안보 정책 및 회원국 간에 더욱 강화된 법적 협력을 추진할 것을 명시하였다. 또한 유럽 시민권 개념을 정의하였다.

마스트리히트 조약은 회원국과 유럽 연합 간 권한 분배 규칙을 이른바 보충성 원칙principle of subsidiarity을 통해 제시하였다. 보충성 원칙이란 유럽 연합의 개입을 국가 단위 개입의 유효성이 낮은 분야에 한해서 제한하는 것이다. 또한 마스트리히트 조약으로 유럽 의회의 권력이 강화됐다. 1979년부터 보통 선거를 통해 선출된 유럽 의회 의원들은 많은 분야에서 각료 이사회와 공동으로 결정권을 행사했다. 따라서 유럽 의회와 이사회는 의사 결정 과정에서 서로 협력해야 한다. 만약 의견 일치에 도달하지 못할 경우, 유럽 의회는 이사회의 결정에 거부권을 행사할 수 있다.

2. 1990년대 초 이후 유럽 통합의 심화

A. 암스테르담 조약과 니스 조약

1995년 스웨덴, 오스트리아, 핀란드의 가입으로 유럽 연합 회원국은 15개국으로 늘었다. 암스테르담 조약은 1997년 체결되어 1999년 발효되었다. 이 조약은 마스트리히트 조약의 성과를 계승하여 유럽 공동 외교 안보 정책을 강화하고, 특히 유럽 연합 내 자유로운 인구 이동을 위한 규제 제도 완성을 목표로 사법 및 경찰 분야의 국가 간 협력을 전면에 내세우고 있다. 또한 '강화된 협력' 원칙을 천명하였다. 덕분에 다수의 회원국에 몇몇 공동체 분야에서 협력을 강화할 수 있는 여지가 생겼다. 물론 이를 위해서는 다른 국가의 반대에 부딪히지 않아야 한다는 조건이 충족되어야 한다. 그리고 암스테르담 조약은 '고용 분야' 조항을 통해 고용 정책 분야에서 회원국 간 협력을 장려하고 있다. 그러나 고용 정책은 유럽 연합 차원의 강제력을 동반한 분야가 아니다.

암스테르담 조약에 이어 2001년 2월 니스 조약이 체결되어 2003년 3월 발효되었다. 니스 조약은 암스테르담 조약의 몇몇 요소를 연장하고 다른 국가들의 유럽 연합 가입에 대비하여 새로운 조항들을 추가하였다. 예로 집행 위원회 위원 수와 임명 방식, 국가당 유럽 의회 의석수 할당 등이 재검토되었다. 마지막으로 공동 결정 원칙이 새로운 분야로 확대되었고, 강화된 협력 절차는 한 회원국이 거부권을 행사하더라도 결정에 영향을 미치지 않게 되었다.

B. 유럽 연합, 세계화의 주요 주체

1994년 유럽 연합과 유럽 자유 무역 연합은(제38강 참고) 광범위한 자유 무역 지대인 유럽 경제 지대를 구축했다. 실제로 통합된 단일 시장의 건설이 목적이었다. 1995년 발표된 어젠다 2000은 유럽 연합의 심화 전략을 제시하고 있다. 우선 유럽 연합을 중부 및 동유럽 국가들로 확대하는 것이다. 이미 이들 국가와 유럽 연합 간에는

1990년대 초부터 여러 우선 협정이 체결된 상태였다. 이들 국가 중 8개국, 즉 폴란드, 헝가리, 체코 공화국, 슬로베니아, 슬로바키아, 리투아니아, 에스토니아, 라트비아와 몰타, 키프로스의 가입으로 2004년 5월 유럽 연합은 25개국으로 확대되었고, 2007년 루마니아와 불가리아가 가입할 예정이다.

유럽 연합은 그 밖에도 여러 국가 및 지역 블록과 다양한 관계를 맺고 있다. 특히 ACP 국가들과 지중해 남부 및 동부 연안 국가들을 예로 들 수 있다(제36강 참고). 1995년 이후 유럽 연합은 메르코수르와 두 지역 블록 간 무역 자유화를 위한 협상을 진행하고 있고, 1996년부터는 아셈ASEM에도 참석하고 있다(제36강 참고). 또한 1996년부터 터키와 관세 동맹을 구축하고 있으며 2000년 멕시코와, 2003년 칠레와 자유 무역 협정을 맺었다.

유럽 연합은 국제 자본의 출발점인 동시에 도착점이기도 하다. 실제로 2004년 다국적 기업의 해외 직접 투자 중 3분의 1, 즉 선진국으로 들어오는 해외 직접 투자의 절반 이상이 유럽 연합에 집중되었다. 또한 다국적 기업의 해외 직접 투자의 약 40%, 즉 선진국의 해외 직접 투자 중 약 50%는 유럽 연합의 몫이다. 마지막으로 유럽 연합은 금융 글로벌화의 심장부에 위치한다고 할 수 있다. 런던, 파리, 프랑크푸르트는 대표적인 증시이며, 유럽 은행들은 전 세계적으로 매우 활발히 활동하고 있다.

▶유럽 연합은 경제, 통화, 금융 분야에서 수준 높은 통합을 달성했다. 그러나 회원국 간 정치 및 사회 분야 통합은 경제 통합 수준에 미치지 못한다.

40강 유럽 연합의 과제들 : 확대와 심화

유럽 연합 경계 결정과 정치 및 사회적 통합은 유럽 연합이 오늘날 직면해 있는 주요 과제이다.

1. 유럽 연합의 경계

A. 동쪽으로의 확대

동쪽으로의 확대를 결정함으로써(제39강 참고) 유럽 연합은 유럽 대륙을 안정, 평화, 번영의 대륙으로 만들기를 원했다. 사실 중부 및 동유럽 국가들은 시장 경제와 자본주의 규칙 도입으로 인한 변화를 겪으면서 여러 가지 측면에서 약화된 상황이었다.

또한 유럽 통합 과정을 관통하는 가치에 맞게 1993년 코펜하겐에 모인 유럽 연합 각국 정상들은 모든 가입에 선행되는 가입 조건을 결정했다. 즉 가입 희망국은 법치 국가 건설을 위해 노력하고 개인의 자유를 보장해야 하며, 시장 경제를 도입하고 유럽 연합의 기존 결정 사항들을 적용하기에 적합한 제도를 구축해야 한다는 것이다.

유럽 연합의 확대가 실현된 순간부터 이제 공동체의 미래와 직결되는 어려움들을 해결해야만 한다. 첫째, 독일, 영국, 프랑스, 이탈리아를 비롯한 유럽 연합 내 지배 국가들이 유럽 연합 회원국 GDP

합계에서 유럽 연합 관련 예산이 차지하는 비중의 제한을 원하는 상황에서 신입 회원국의 경제 부흥을 위한 재원을 어떻게 마련할 것인가? 둘째, 신입 회원국에서 저임금과 조세 감축을 야기할 수 있는 사회적 덤핑(제12강 참고)의 위험을 어떻게 피할 것인가? 셋째, 확대된 유럽의 맥락에서 이사회, 집행 위원회 등 유럽 연합 제도의 기능을 어떻게 보장할 것인가?

B. 터키의 가입 문제

1999년 12월 유럽 이사회는 터키의 가입 요구를 승인했다. 그러나 터키의 유럽 연합 가입 문제는 유럽 연합의 경계 문제를 둘러싸고 많은 논쟁을 불러일으켰다. 사실 유럽 연합 조약은 오직 유럽 국가만 회원이 될 수 있다고 규정하고 있다. 그런데 유럽 대륙에 거주하는 터키 인구는 전체의 5%도 되지 않는다. 과연 터키를 유럽 국가로 인정할 수 있는가?

또한 1993년 6월 코펜하겐 유럽 정상 회담에서 결정된 가입 조건을 봐도 터키의 상황은 논란의 소지가 있다. 개인의 자유와 소수 인권 보호 분야는 비록 상당 수준의 진전이 있었다 해도 여전히 유럽 연합 가입 조건을 충족시키지 못하고 있다. 더구나 터키의 시장 경제는 여러 어려움을 겪고 있고, 경제적 성과 개선을 위한 개혁 조치들이 단행된 바 있다.

터키 국민의 삶의 양식은 유럽 연합 국가들과 비교했을 때 매우 특별하며 역시 논의의 여지가 있다. 특히 종교적 전통이 매우 다르다. 터키는 이슬람교가 우월한 국가이기 때문이다. 그러나 유럽 연합 회원국들의 기독교적 전통 역시 가톨릭, 그리스 정교, 개신교 등 그 자체로 다양한 종파를 포함하고 있으며, 종교는 유럽 연합 가입에 어떤 제약도 될 수 없다.

2. 유럽 연합의 정치적, 사회적 통합

A. 정치적 통합의 어려움

유럽 연합은 세계 경제에서 매우 중요한 위치를 차지하고 있다(제39강 참고). 그러나 정치적 통합에서는 많은 어려움이 존재한다. 유럽 연합의 정치적 통합 강화가 중요한 이유는 그것이 유럽 연합에 국제 무대에서 중국 및 인도의 부상과(제45강 참고) 초강대국 미국을(제54강 참고) 견제할 수 있는 수단을 제공할 것이기 때문이다.

바로 이런 맥락에서 유럽 연합 조약이 유럽 공동 외교 안보 정책의 수립을 예비하고 있는 것이다. 공동 외교 안보 정책은 유럽 안보 방위 정책과 유럽 군대 창설로 구체화될 것이다. 그러나 공동 외교 안보 정책의 구체적 결과들이 미미하다는 사실은 차치하고라도 유럽 연합이 1990년대 발칸 반도에서 확대되었던 여러 분쟁과 2003년 미국과 영국의 이라크 개입 당시 회원국 간 나타난 불협화음 해결에서 보여 준 무능력은 정치적으로 통합된 유럽 건설의 어려움을 단적으로 드러내고 있다.

유럽 연합의 정치적 통합 심화는 이미 오래전부터 유럽 어젠다에 포함되어 있는 이 같은 문제들에 대한 정부 간 협상이 회원국 간 긴장의 원인이 되고 있다는 점에서 그 실현 가능성이 사실 매우 요원하다. 예로 2007~2013년 유럽 연합 예산 책정을 둘러싼 회의에서 1984년 이후 갹출금 삭감 혜택을 받고 있던 영국과 다른 국가들 간의 격렬한 대립을 들 수 있다.

B. 사회적 통합의 한계

유럽 연합은 경제, 통화, 금융 분야에서 매우 강하게 통합된 지역이지만 사회적 측면의 통합 정도는 훨씬 낮다. 사회적 통합의 진전을 위해선 공동체 차원 또는 정부 간 정책의 수립이나 각국 사회 복지 제도의 조율이 필요하다. 그러나 집행 위원회의 자유주의 철학과 각 회원국의 사회 복지 제도의 근간을 형성하는 고유한 문화와 역사는 사회적으로 통합된 유럽의 건설을 상당히 제약하는 요소가 되고 있다.

더구나 사회적 통합은 보충성 원칙이 적용되는 분야이다. 따라서 사회적 통합의 심화는 사회 복지 분야에서 일부 특권을 포기해야 하는 각국 정부의 정치적 의지에 달려 있다. 게다가 단일 시장으로 인한 유럽 연합 내 경쟁의 심화로 사회적 통합은 사회 보호적 기능이 약한 공동 정책이나 정부 간 정책에 기반을 두는 결과를 낳을 수 있다. 이미 그 자체로 점점 기능이 약화되고 있는 국가 사회 복지 제도의 비용을 줄이거나 유지하기 위해서이다.

▶유럽 건설은 각 회원국이 유럽 연합의 심화와 직결되는 내적인 과제들을 해결할 역량이 되느냐의 문제에서 수많은 질문이 제기되고 있다.

제5장

국제 노동 분업과 전문화

41강 1945년까지의 국제 노동 분업

절대 및 비교 우위 이론의 엄격한 적용은 제조업 상품을 생산, 수출하고 남반구 국가들에서 1차 생산물을 수입하는 북반구 국가들과, 1차 생산물을 생산, 수출하고 북반구 국가들에서 제조업 상품을 수입하는 남반구 국가들 간의 국제 노동 분업과 보완성 교역으로 귀결된다. 그러나 이는 전통적인 국제 노동 분업의 공식일 뿐이며, 현실에서는 이 같은 국제 노동 분업이 존재한 적이 없었다.

1. 이론적인 국제 노동 분업

A. 국제 전문화의 이론적 기초

애덤 스미스의 유명한 절대 우위론에 따르면, 각국은 노동 생산성이 가장 높은, 즉 생산에 소요되는 노동 투입량이 가장 적은 상품 생산에 주력하고 다른 상품의 생산을 포기하는 것이 좋다. 따라서 이 이론은 당연히 국제 전문화와 국제 노동 분업의 출현으로 귀결된다.

데이비드 리카도는 어떤 국가도 국제 무역에서 소외되지 않는다는 점을 설명하고 있다. 리카도는 영국과 포르투갈, 포도주와 직물을 예로 들면서, 비록 경쟁력이 낮다 해도 모든 국가는 국제 무역과 전문화에 참여할 이유가 있다는 것을 보여 준다. 사실 각국은 가장 유리한 또는 가장 덜 불리한 분야에 특화하고 그 밖의 다른 분야는 포기하는 것이 좋다. 모든 국가가 발전 수준과 상관없이 국제 무역에서 이득을 볼 수 있다는 것을 증명하는 리카도의 비교 우위론은 여전히 모든 국제 무역 이론 및 전문화 이론의 기초가 되고 있다.

B. 보완성 교역

스미스와 리카도의 분석에서 교역 대상 상품은 각국의 특징에 따라 달라진다. 이는 결국 보완성 교역이다. 즉 서로 다른 국가들, 따라서 서로 보완적인 국가들이 서로 다른 상품을 교역하는 것이다. 이런 유형의 교역은 '부문 간 교역'이라고도 불린다. 각국이 서로 다른 부문의 상품을 교역하기 때문이다. 즉 어떤 국가가 수출하는 상품은 그 국가가 수입하는 상품과 부문이 다르다.

북반구 국가들은 전통적으로 제조업 상품 생산이 비교 우위에 있고, 남반구 국가들은 1차 생산물 생산이 비교 우위에 있는 만큼, 국제 노동 분업은 이론적으로 다음과 같은 특징을 가진다.

– 북반구 국가들은 제조업 상품을 생산, 수출한다. 따라서 남반구 국가들에서 1차 생산물을 수입한다.

– 남반구 국가들은 1차 생산물을 생산, 수출한다. 따라서 북반구 국가들에서 제조업 상품을 수입한다.

실제로 1876~80년까지 세계 1차 생산물 수입의 69%와 세계 제조업 상품 수출의 85%가 북서 유럽 및 영국의 몫이었다.

2. 전통적인 국제 노동 분업

A. 북반구 국가들은 1차 생산물 주요 수출국이자 제조업 상품 수입국이다

국제 노동 분업 이론의 설명처럼 실제로 북반구 국가들이 제조업 상품 주요 생산국이자 수출국이라 해도, 이들 국가는 제조업 상품 주요 수입국이기도 하다. 이는 전통적인 국제 전문화 이론과는 맞지 않는다.

북반구 국가들은 1차 생산물을 수입하기도 하지만 수출하기도 한다. 사실 1930년대 말까지 선진국은 에너지 자원 분야에서 소비보다 생산이 많았고 수출을 통해 엄청난 흑자를 기록했는데, 석탄의 경우가 대표적이다. 식료품 교역은 특히 19세기 유럽 내 교역에 머물다가 점차 국제화되었으며, 새로운 생산국은 대부분 미국, 오스트레일리아, 캐나다를 비롯한 부국이었다. 선진국이 제3세계에 의존하는 유일한 원자재 분야는 섬유이다.

19세기와 20세기 전반기, 국제 무역은 이미 유사성 무역이었다. 선진국은 대대적으로 교역에 참여했으며 특히 선진국 간 교역이 활성화되었다. 따라서 이는 일종의 '역내 무역'이라고 말할 수 있다.

B. 남반구 국가들은 주변화되고 있다

남반구 국가들은 1차 생산물 생산에 특화하였고, 이는 전통적인 국제 노동 분업 이론과 부합된다. 폴 베어록에 따르면, 19세기 말 원자재 및 농산물이 나중에 제3세계가 되는 국가들에서 수출의 90.1%를 차지했다. 한편 이들은 대표적인 제조업 상품 수입국이었다.

그러나 빈국과 식민지 국가들이 1차 생산물 생산에 특화한 것이 사실이라 해도 무엇보다 이들이 주변화되었다는 점을 주목해야 한다. 남반구 국가들의 1차 생산물 수출은 북반구 국가들의 수출에 훨씬 못 미친다. 1914년 아프리카, 아시아, 라틴 아메리카의 수출을 다 합쳐도 세계 수출의 22%만을 차지했을 뿐이다.

▶따라서 전통적인 국제 노동 분업 이론을 맹목적으로 받아들여서는 안 된다. 국제 무역은 이미 본질적으로 비슷한 국가들 간, 즉 북반구 국가들 간의 무역이며 국제 노동 분업은 이론적인 이상에 불과할 뿐이다.

42강 새로운 국제 노동 분업

전통적인 국제 노동 분업이 각각의 우위에 따른 다양한 국가의 전문화에 기초하고 있다면, 남반구 국가들은 1차 생산물 생산에 주력할 것이며 북반구 국가들은 제조업 상품 생산에 주력할 것이다(제41강 참고). 그러나 사실 이런 유형의 국제 노동 분업은 한 번도 존재한 적이 없었고, 현실과 이론의 괴리는 점점 심해졌다. 주된 이유는 두 가지다. 첫째, 국제 무역이 보완성 교역이 아니라 유사성 교역이라는 점, 둘째, 각국의 수출 구조가 국제 노동 분업 이론이 제시하는 것과는 전혀 다르다는 점 때문이다.

1. 비전형적인 국제 전문화

A. 개도국의 제조업 상품 수출이 증가한다

1950년대 중반 개도국 총수출의 90% 이상이 1차 생산물 수출이었다. 그러나 오늘날 이 수치는 30%까지 떨어졌고, 반대로 제조업 상품 수출이 크게 증가했다. 따라서 새로운 국제 노동 분업이 등장한다. 즉 오늘날 남반구 국가들이 낮은 임금 비용을 무기로 노동 집약적 제조업 상품 생산에 전문화하는 반면에 북반구 국가들은 자본 집약도가 높은 상품 위주로 생산 시스템 구조 조정에 힘쓰고 있다.

그러나 개도국 제조업 상품 수출의 80% 이상은 단지 10여 개국에 집중되어 있다. 그중에서도 한국, 홍콩, 싱가포르, 타이완은 전체 개도국 제조업 상품 수출의 절반 이상을 차지하고 있다. 더구나 세계 제조업 상품 수출에서 개도국이 차지하는 비율은 25%에 불과하다. 물론 1990년 15%에 비하면 증가한 상황이긴 하다. 결국 대부분의 개도국은 여전히 1차 생산물을 수출하고 있고, 세계 1차 생산물 수출의 거의 절반을 차지하는 선진국들과 경쟁하고 있는 것이다.

B. 1차 생산물 수출에서 선진국이 중요한 위치를 차지하고 있다

북반구 국가들, 특히 유럽과 미국은 대표적인 농산물 생산국이며, 구조적으로 농산물 과잉 생산을 겪고 있기 때문에 이들 국가는 국제 농산물 시장에서 판로를 확보하는 게 중요하다. 또한 선진국 농업은 남반구 국가들에 비해 훨씬 경쟁력이 높고 정부 보조금도 더 많이 받는다. 따라서 개도국은 농업 시장에서 선진국과 힘겨운 싸움을 벌일 수밖에 없다. 2003년, 세계 3대 농산물 수출국은 세계 농산물 수출의 11.3%를 차지하는 미국, 10.9%의 유럽 연합, 5%의 캐나다였다.

이는 단지 농산물에만 해당되는 상황이 아니다. 석유를 제외하면 상위 원자재 수출국 중에 개도국이 포함되는 경우는 매우 드물다. 더구나 1970년대 오일 쇼크는 노르웨이 같은 새로운 산유국의 도래를 초래했다.

2. 유사성 교역과 생산 과정의 분할

A. 유사성 교역

세계 무역은 점점 비슷한 수준의 국가들 간에 비슷한 상품을 교역하는 유사성 교역으로 변하고 있다. 제2차 세계 대전 전에는 선진국과 식민지 간의 교역이 매우 중요했다. 그러나 점차 선진국 간 교역의 비중이 커지기 시작했다. 예로 프랑스의 주요 무역 상대국은 프랑스에 보완적인, 즉 프랑스와는 다른 자원을 보유한 국가들이 아니라 유럽 연합 회원국들이다. 특히 독일은 프랑스의 대표적인 무역 상대국으로 발전 수준이나 전문화 분야로 볼 때 두 국가는 매우 유사하다. 또한 개도국들도 국제 무역에 편입되어 제조업 상품을 생산하고 있으며 선진국과 경쟁하고 있다. 현재 세계 무역은 3등 분할이 진행되는 중이다. 즉 북아메리카, 유럽, 동남아시아가 국제 무역의 대부분을 차지하고 있으며, 이들 세 지역을 국제 무역의 삼각 축이라고 부를 수 있을 것이다.

또한 국제 무역은 대부분 부문 내 교역이다. 경제학자 장 마르크 시로엥Jean-Marc Siroën은 "국제 무역은 지리적으로 가까운 선진국 간에 유사한 상품을 대상으로 발전되었다."고 설명한다. 따라서 수출을 가장 많이 하는 부문이 보통 수입도 가장 많이 하는 부문이다. 프랑스 자동차 부문이 단적인 예이다. 부문 내 교역은 전통적인 국제 노동 분업과 전문화 이론에 부합되지 않는다. 이는 상당 부분 소비 사회가 다양성 요구를 창출했다는 사실로 설명된다. 소비자는 하나의 욕구를 충족시키기 위해 될 수 있으면 다양한 상품 중에 선택하기를 원한다. 국내 생산자들도 다양한 상품을 선보이려고 하지만 소비자들의 다양성 요구에 부응하기에는 한계가 있으므로 수입을 하는 것이다.

B. 생산 과정의 국제 분할

글로벌화는 세계 무역과 경제 활동의 새로운 형태를 설명하는 요소이다. 이제 생산 단위는 국가가 아니라 마셜 맥루언Marshall Macluhan의 표현대로 '지구촌'인 것이다.

국제 노동 분업은 단지 상품이나 상품군에 따른 수평적 분업에 그치지 않고, 점점 수직적인 노동 분업으로 변화하고 있다. 즉 동일 상품이 여러 국가에서 생산되는 것이다. 한 국가가 상품 개발을 담당하면, 다른 국가는 상품의 부품 생산을 담당하고, 또 다른 국가는 부품 조립을 담당하는 식이다. 국가 간 경계는 점점 허물어지고 있으며 생산 과정의 최적화가 전 세계적 차원에서 진행된다. 이것이 '생산 과정의 국제 분할'이라는 용어가 등장한 이유이다.

▶새로운 국제 노동 분업으로 선진국은 경쟁에서 도태되지 않도록 생산 시스템을 재편해야 했고, 몇몇 개도국, 특히 신흥 공업국은 신속한 경제 발전을 이룰 수 있었다. 그러나 국제 무역과 세계 발전에서 소외된 다른 개도국들은 오히려 더 빈곤해졌다.

43강 전문화와 경제 성장

경제학자들에게 노동 분업은 중요한 성장 요소이다. 노동 분업으로 생산성이 향상되기 때문이다. 마찬가지로 국제 전문화, 즉 국제 노동 분업은 전체적으로 볼 때 세계 경제의 성장 원천이다. 그렇다고 모든 국가가 국제 노동 분업의 혜택을 보는 것은 아니다.

1. 국제 전문화는 성장의 원천이다

A. 스미스와 리카도 : 전문화와 성장

스미스의 절대 우위 이론에 따르면, 각국이 생산에 소요되는 노동 투입량이 가장 적은 상품 생산에 특화하고 그 밖의 다른 상품 생산은 포기해야 전문화로 이득을 볼 수 있다. 이 이론은 전문화가 어떤 상품 생산은 우위에 있고 다른 상품 생산은 열위에 있는 국가들의 경제 성장의 원천이라는 점을 보여 주지만 절대 우위 상품이 아예 없는 국가들의 경우에 대한 언급은 전혀 없다.

리카도는 자유 무역과 전문화는 모든 국가에 유리하다고 주장한다. 심지어 경쟁력이 낮은 국가들조차도 자유 무역과 전문화로 이득을 본다는 것이다. 리카도는 사실 비교 우위의 법칙을 통해 자유 무역을 정당화한다. 이 법칙에 따르면 일국의 상황이 어떠하든 간에 전문화와 국제 무역은 그 국가에 이득을 가져다준다. 따라서 각국은 가장 유리한, 또는 가장 덜 불리한 분야에 특화해야 한다. 리카도가

포르투갈과 영국, 포도주와 직물을 예로 들어 설명한 것이 바로 이 비교 우위 이론이다. 즉 포르투갈은 포도주 생산에서도, 직물 생산에서도 절대 우위를 누리고 있다. 그러나 포도주와 직물 중 비교 우위가 더 높은 포도주 생산에 특화해야 한다. 반면에 영국은 두 상품 모두 포르투갈에 비해 절대 열위를 기록하고 있지만 그나마 비교 열위가 약한 직물 생산에 특화하는 것이 좋다. 따라서 국제 무역 관계가 각국의 생산비 차이에 따라 구축된다면 두 국가 모두 국제 무역으로 이득을 얻을 수 있다.

B. 규모의 경제와 세계 생산 최적화

전문화는 성장의 요소이며, 각국은 전문화를 통해 특정 상품의 생산 증대를 꾀하고 규모의 경제와 학습 효과의 혜택을 볼 수 있다. 전문화를 통해 각국은 하나 혹은 몇몇 상품 생산에 에너지를 집중할 수 있고 따라서 더욱 효율성을 높일 수 있는 것이다.

전문화 결과 국제 노동 분업이 발생하고, 이는 자연스럽게 가격 하락과 생산 증대로 이어져 세계 생산이 최적화될 것이다. 왜냐하면 각 상품은 생산성이 가장 뛰어난 국가에 의해 생산될 것이기 때문이다. 각국의 비교 우위는 최적화되고 모든 국가가 전문화와 국제 노동 분업으로 이득을 얻게 된다.

2. 그러나 어떤 전문화는 다른 전문화보다 더 유리할 수 있다

A. 리카도식 전문화로 모든 국가가 동일한 방식으로 이득을 얻는 것은 아니다

무역과 전문화의 정태적 이익과 동태적 이익을 구분하는 것이 필요하다. 각국의 단기 목표가 국부 증대를 위해 비교 우위에 있는 상품 생산에 특화하고 교역하는 것이라 할지라도 장기 목표는 단기 목표와 다를 수 있다. 사실 기초 생산물 분야 전문화가 정태적으로 이득을 준다 할지라도 장기적으로는 국가 발전에 별 도움이 되지 않는다. 특히 기초 생산물 가격은 해당 생산물 산출국의 통제를 벗어나 폭등과 폭락을 거듭하지만 기본적으로 하락세를 기록하고 있다. 따라서 1차 생산물 수출국들은 교역 조건(수입 상품 가격 변화와 수출 상품 가격 변화의 비) 악화를 겪게 된다. 즉 예전보다 수출을 더 많이 하더라도 수출 소득으로 수입할 수 있는 상품의 양이 줄어드는 것이다. 이들 국가는 이제 경제학자 자그디시 바그와티Jagdish Bhagwati가 '궁핍화 성장'이라고 불렀던 상황에 놓이게 된다(제98강 참고).

어떤 상품들은 대부분의 원자재 상품처럼, 경제 전체에 미치는 연관 효과가 거의 없지만, 반면에 주로 제조업 상품들처럼 중간 소비나 구조적 효과 덕분에 경제 전체에 상당한 연관 효과를 유발하는 것들도 있다. 사실 동남아시아의 신흥 공업국이 정태적 이익만을 고려했다면 결코 오늘날 같은 높은 성장률을 경험하지 못했을 것이다. 조건이 전혀 유리하지 않을 때조차도 정태적 이익은 교역을 위한, 발전을 위한, 그리고 산업 연관 효과가 높은 상품 생산을 전문화하기 위한 발판일 뿐이다.

B. 자국만의 우위를 구축하는 것이 필요할 수 있다

새로운 국제 무역 이론은(제100강 참고) MIT 공대의 폴 크루그먼 교수를 비롯한 여러 학자가 발전시킨 이론이다. 이 이론들은 비교 우위를 국제 무역의 원인이라기보다 결과로 인식한다. 전문화와 국제 무역 참여를 통해 각국은 자국의 이익을 확대한다. 어떤 국가가 어떤 상품을 수출하는 이유는 그 국가가 그 상품 생산에서 더 높은 경쟁력을 발휘하기 때문이 아니라, 그 상품을 수출함으로써 경쟁력을 확보할 수 있기 때문이다. 따라서 비교 우위는 존재하는 것이 아니라 '구축될 수 있는' 것이다. 국제 무역의 이득은 누적된다. 국제 무역에 대한 개방은 비교 우위를 창출하고, 비교 우위 창출은 개방에 더욱 박차를 가하게 하는 식으로 점점 이득이 커져 나간다.

국제 무역에 대한 개방은 발전 정책의 최우선 선결 과제가 되어야 한다. 따라서 폴 크루그먼은 전문화와 수출 촉진을 위한 적극적인 정부 개입 정책을 수용하면서도 각국 경제의 개방과 무역 자유화를 주장했다.

▶리카도에 따르면 비교 우위는 지속적이다. 어떤 분야가 비교 우위에 있는 국가는 계속 그 분야에서 비교 우위를 누린다. 이는 결국 수익 불변을 함축한다. 그러나 현실에서 수익 체증이 발생할 수 있다. 즉 전문화와 생산 증대를 통해 국가 경쟁력이 높아질 수 있다는 말이다. 바로 이 때문에 전문화를 위한 장려 정책이 정당화될 수 있다.

44강 전문화와 국가 경쟁력

각국은 생산 전문화를 실현하고 생산 체계를 전문화에 맞춰 구축한다. 이는 국가 경쟁력 향상에 기여한다.

1. 각국의 전문화는 대외 무역을 결정한다

A. 부문 전문화

자유주의자들은(제94강에서 제96강까지 참고) 각국이 비교 우위에 있는 상품 생산을 전문화해야 한다고 주장한다. 비교 우위의 기준은 단위 비용이며, 단위 비용은 생산 요소, 즉 자본, 노동, 기술의 부존 상태에 달려 있다. 또 다른 학파는 비교 우위가 국가의 보호주의 무역 정책을 통해 창출될 수 있으며, 규모에 대한 수확 체증의 존재로 교역이 발생할 수 있다고 주장한다. 즉 수출 증대에 이은 생산 증대로 단위 비용이 절감되고, 이는 수출국에 비교 우위를 제공한다는 것이다.

각국의 전문화를 결정하는 지표들이 존재한다. 이 지표를 보면 일본은 2000년대 초반 특히 자동차, 전자, 기계에, 미국은 서비스, 기계, 화학, 농산물 가공업에, 유럽 연합은 서비스, 화학, 기계, 자동차 분야에 특화했다는 것을 알 수 있다. 또한 대부분의 개도국이 1차 생산물 생산에 특화하고 있으며, 아시아의 신흥 공업국 등 몇몇 개도국은 제조업 상품 생산에 주력하고 있다.

B. 대외 무역에 대한 효과

부문 전문화는 각국의 대외 무역 성과에 영향을 준다. 예로 프랑스는 서비스, 항공, 화장품 및 의약품, 자동차, 음료 분야가 비교 우위에 있으나 첨단 기술, 기계 및 장비, 에너지, 섬유 분야에서는 경쟁력이 낮은 편이며, 이 분야에서 프랑스의 열위는 갈수록 심화되는 추세이다. 이렇게 되면 프랑스의 상품 및 서비스 수지 균형이 깨질 수 있다. 왜냐하면 수출이 세계 경기의 영향을 너무 받게 되어 국제 시장에서 치열한 생존 경쟁에 직면할 수 있기 때문이다. 게다가 경제가 성장하면 에너지 및 설비재 수입도 증가한다.

부문 전문화 외에 각국의 지리적 전문화, 즉 무역 상대국 구성도 대외 무역에 영향을 준다. 프랑스의 수출 대상국 중에서 중국, 좀 더 일반적으로 아시아 신흥 공업국이 차지하는 위치는 매우 낮다. 2005년 대중국 수출은 프랑스 수출의 2%, 대아시아 신흥 공업국 수출은 5%에 불과할 뿐이었다. 그런데 이들 국가는 오늘날 놀라운 성장을 거듭하고 있으며 따라서 수출 전망도 매우 밝다. 반대로 프랑스 수출의 55%는 내수 시장 성장이 약한 유로존 국가들을 대상으로 하고 있다.

2. 전문화와 경쟁력은 서로 연결되어 있다

A. 경쟁력과 성과

기업에서 경쟁력이란 시장 점유율을 유지하거나 향상시키는 능력,

즉 이윤을 확대하는 능력을 말한다. 경쟁력은 단위 비용, 가격, 환율 변화에 달려 있다. 물론 상품의 질, 배송 기간, 애프터서비스 등 경쟁력에 영향을 미치는 질적인 요소들도 존재한다.

일국의 경쟁력은 기업의 수출 성과와 세계 수요를 충족시킬 수 있는 부문에 생산을 특화할 수 있느냐 여부에 달려 있다. 국가 경쟁력은 보통 세계 무역에 참여하는 주요 국가들의 수출에서 해당 국가의 수출이 차지하는 비중으로 측정되는 시장 점유율로 표현한다. 예로 프랑스의 시장 점유율은 1990년대 7~8%를 유지하다가 2001년 이후 감소하고 있다. 이는 프랑스의 국가 경쟁력 약화를 의미하며, 국가 경쟁력 약화는 프랑스 대외 무역에 좋지 않은 영향을 주고 있다.

국제 경쟁에서 경쟁력의 질적 측면, 즉 구조적 경쟁력이 특히 중요하다. 구조적 경쟁력은 기업이 동종 상품이라도 브랜드, 포장, 애프터서비스, 품질 보증 등으로 다른 브랜드 제품과의 차별화에 성공하는 능력, 또는 고급 · 중급 · 일반 등으로 각 상품에 해당하는 세부 시장에서 타깃 시장에 따라 포지셔닝에 성공하는 능력에 기반을 둔다. 예로 자동차 부문에서 프랑스는 일반 보통 자동차 생산에서 경쟁력이 높은 반면, 독일은 중형 고급 자동차 생산에서 경쟁력을 보이고 있다. 따라서 자동차 분야에서 프랑스와 독일의 전문화는 완벽하게 동일하지 않다.

B. 영토 경쟁력

영토 경쟁력은 다국적 기업의 투자를 유치하고 외국 노동자, 특히 숙련 노동자들의 이주를 장려하기 위한 국가의 매력도를 의미한다. 매력도의 결정 요인은 세금, 임금, 사회 보장 분담금, 내수 수준, 노동력의 질(자격, 생산성, 능력), 노사 관계의 성격, 정치 제도의 안정성 등 다양하다. 이 요소들 중, 어떤 것은 국가의 매력도에 기여하는 전문화와 관련이 있다. 예로 서구 다국적 기업들은 저렴한 노동력을 무기로 노동 집약적 산업에 특화하는 중국에 대대적인 투자를 하고 있다.

한 국가 내에서 매력도는 캘리포니아 실리콘 밸리의 예처럼 집중화 현상에 의해 결정되기도 한다. 즉 국가 내 특정 지역을 중심으로 특정 부문에 대한 활동이 지리적으로 집중되어 있는 것이다. 면적이 500제곱킬로미터에 불과한 실리콘 밸리에 신기술 분야 기업들, 이들 기업의 하도급 업체들, 연구소, 스탠퍼드와 버클리라는 명문 대학이 들어서 있고, 도로, 항구, 공항 등의 인프라 시설이 훌륭하게 정비되어 있어 숙련 노동자들이 이 지역으로 몰려들고 있다. 따라서 기업 간 높은 시너지 효과가 발생하여 생산 단위 비용 절감에 기여한다.

▶국가별 전문화는 성장과 발전의 중요한 요소이다. 이는 특히 국가가 국제 무역에 적극적으로 참여할 경우 더욱 그러하다.

45강 세계화 속의 중국과 인도

중국은 총면적 957만 2,900제곱킬로미터로 인도의 세 배나 된다. 두 대국의 인구는 각각 13억 400만 명, 11억 400만 명으로 중국과 인도가 세계 무대에서 엄청난 영향력을 발휘할 수 있는 이유다. 공산주의 중국이나 민주주의 인도나 모두 자력 발전의 한계를 경험한 후, 상이한 속도로 개방 및 자유화 전략을 도입했으나 중국의 성과가 인도보다 월등하다.

1. 자력 발전의 한계에서 개방 전략까지

A. 자력 발전 전략의 공통점과 차이

마오쩌둥 시대(1949~1976)의 중국은 생산 및 교환 수단의 공유화와 계획 경제에 기초한 스탈린 모델을 받아들였다. 1958년 중국의 인민공사 운동도 시스템의 특징을 근본적으로 변화시키지는 못했다. 네루 집권기(1947~1964)의 인도는 민간 부문에 상당한 자유를 주면서도 국영 기업이나 계획 경제를 통해 국가가 적극적으로 경제 활동에 개입할 수 있는 특별한 '사회주의'를 도입했다.

인구 대부분이 농촌 인구라는 특징을 공유하는 두 국가는 정치적 독립을 강화하고 엄청난 인구 증가에 대처하기 위해 자력 경제 발전 전략을 수립, 적용했다. 중국은 특히 1960년 소련과의 단절 이후 세계에서 고립된 반면, 인도는 관세 장벽을 높이 세워 국내 산업을 보호했다. 주요 전략 산업은 중공업이었으며, 농업은 1960년대부터 '녹색 혁명'과 함께 비로소 진흥되기 시작했다.

B. 1980년대 이후 개방과 자유화

1950년에서 1980년까지 인도의 GDP는 세 배, 중국의 GDP는 네 배 증가했으며 인구는 각각 70%, 80% 가까이 성장했다. 그러나 중국은 1958년에서 1960년까지의 대약진과 1966년에서 1971년까지의 문화 혁명 동안 엄청난 비극을 겪었고, 세계 경제에서 인도가 차지하는 비중은 감소했다. 두 나라에서 빈곤은 여전히 심각한 문제였다. 공기업들은 수익을 내지 못한 채 적자 상태로 운영되었다. 바로 이 때문에 중국은 1970년대 말부터, 인도는 1984년부터 실용주의적 개방 개혁으로 방향을 전환한 것이다.

중국에서는 산아 제한이 강화되었고, 농업은 집단 경영을 벗어났으며, 민간 기업 활동이 허가되었다. 중국의 특별 경제 지구는 외국 자본을 끌어들였다. 1992년 중국 헌법은 시장 사회주의 경제라는 개념을 도입했고 개방이 가속화되었다. 국영 기업들은 일부 민영화되었다. 2001년 중국의 WTO 가입은 이 같은 변화의 규모와 지속성을 보여 준다. 인도에서는 1980년대 중반 이후 국가의 위치가 후퇴하였고, 보호 무역주의는 쇠퇴하였으며, 외국 투자가 촉진되었다. 1991년부터 많은 부문에서 공공 독점이 종말을 고하고 무역 및 서비스 자유화가 진행되면서 인도의 개혁 프로그램이 강화되었다.

2. 중국의 급부상

A. 불평등 심화에도 놀라운 경제 성장

중국은 1980년대부터 연 9%라는 놀라운 성장률을 기록하고 있다. 구매력 평가로 측정되는 1인당 GDP는 1980년 430달러에서 2004년 7,334달러로 수직 상승했다. 생활수준 향상으로 수천만 명이 일상 소비재를 소비할 수 있게 되었다. 또한 점점 발전해 가는 중국 자본주의의 역동성과 함께 중산 계층이 탄생했다. 최근에 역시 놀라운 성장세를 보여 주고 있는 인도도 중국과 비교할 만하다. 중국과 인도는 수준 높은 연구자, 공학도, 기술자들을 보유하고 있으며, 원자폭탄을 제작하고 로켓과 위성을 발사하고 있다.

그러나 경제 성장으로 사회적, 지리적 격차는 더욱 심화되었다. 인구의 상당수가 빈곤선 아래에서 생활하고 있다. 문맹률이 여전히 높고 남녀 차별도 여전히 심하다. 인간 개발 지수HDI로 볼 때 중국은 세계 94위며, 인도는 127위이다. 중국에서 공산주의적 전통의 사회 보호 시스템은 크게 약화되거나 사라졌다. 뭄바이나 상하이 같은 대도시나 항구 도시의 역동성은 아직도 대다수 인구가 살고 있는 내륙 지방 농촌 지역의 후진성과 대조된다. 이 같은 상황이 중국에서 대대적인 이농 현상을 야기했다. 이제 도시로 농촌 인구가 유입되어 노동력을 제공하는 노동자가 된 것이다.

B. 21세기 초 중국은 인도를 압도하고 있다

2030년경 인도의 인구는 아마도 중국의 인구와 맞먹을 것 같지만 인도의 경제력이 중국을 따라잡으려면 아직도 멀었다. 인도는 중국보다 경제 개방이 덜 된 상황이며, GDP 성장률도 중국보다는 낮다. 중국이 세계 수출의 6%를 차지하고 있는 데 반해, 인도의 수출은 세계 수출의 0.9%만을 차지할 뿐이다. 또한 인도에 유입되는 해외직접 투자 자금은 중국의 10분의 1에서 15분의 1 수준에 불과하다. 산업 부문의 비중은 인도 GDP의 16%로 38%인 중국에 비해 아직 발전 정도가 낮으며 기술 진보도 여전히 느리다. 인도는 서비스 분야에서만 경쟁력을 갖추고 있다. 사실 인도는 세계 1위의 정보 서비스 수출국이기도 하다. 1인당 소득은 중국의 2분의 1 수준이며 기대수명도 8년이나 차이가 난다.

반대로 중국은 1997년 홍콩, 1999년 마카오를 병합하면서 국제 무대의 주요 행위자가 되었다. 중국은 2005년 세계 3위의 무역 강국이며, 세계 5위의 경제 대국이다. 아시아에서 중국은 동남아시아 국가연합ASEAN, 한국, 일본, 러시아와의 협력 협정을 통해 입지를 강화했다. 중국은 타이완 병합을 꿈꾸고 있으며, 파라셀 및 스프래틀리 제도에 대한 영유권을 주장하고 있다. 국제 연합 안전 보장 이사회의 상임 이사국이자, 아시아 태평양 경제 협력체APEC 회원국인 중국은 군사 대국으로서 모든 분야에서 강력한 영향력을 발휘하고 있다. 또한 얼마 전부터 G8 회담에도 참가하고 있는 중국은 이제 자국의 최고 고객인 미국과 우호 관계를 유지하고 있다.

▶인도와 중국은 국가 개입과 민간 부문 활동 간의 균형 추구와 개방으로 놀라운 성장을 이루었다. 그러나 인도는 아직 중국에 미치지 못하고 있으며, 중국의 경제력도, 중국의 지정학적 영향력도 갖고 있지 못하다. 중국은 장차 생활수준이 향상되면서 민주주의에 대한 열망도 더욱 커질 것이다.

46강 세계화 속의 아시아 신흥 공업국

한국, 타이완, 싱가포르, 홍콩은 모두 일본이나 영국의 식민지였으나 단지 몇십 년 만에 고도성장을 달성했다. 이른바 '아시아의 네 마리 용'이라고 불리는 이들의 성공은 상황에 맞게 진화하고 적응할 수 있는 효과적인 성장 전략 덕분이었다.

1. 역동적인 대외 지향적 경제

A. 효율적 전략

이들은 자연 자원도 보잘것없고, 영토도 매우 좁은 국가들이다. 한국의 면적은 9만 9,538제곱킬로미터에 불과하며 싱가포르와 홍콩은 작은 도시 국가들일 뿐이다. 이들은 일본의 성장 모델을 본떠 대외 지향적 성장 전략을 채택했다. 이 과정은 수입 대체 정책에서 출발해 세계 시장 정복으로 완결된다. 경제 성장 초기, 때로는 주당 60시간 이상도 일하는 풍부하고 저렴한 노동력을 무기로 한국, 타이완, 홍콩, 싱가포르는 제조업 상품 수출을 성장의 동력으로 삼았다. 게다가 홍콩과 싱가포르는 중요한 항구 도시라는 지리적인 이점까지 있었다. 이들 국가는 값싼 저부가 가치 상품 생산에서 출발해 점점 고부가 가치 상품을 생산하기 시작했다. 이는 여러 단계로 나뉘는데, 예로 1960년대는 섬유, 70년대는 제철, 80년대는 조선, 90년대는 자동차 및 전자 제품이 주력 상품이었다. 또한 생산 시설의 일부가 동남아시아와 동유럽 국가들로 점차 이전되기 시작했다.

홍콩을 제외하고 다른 세 국가에서 정부는 다양한 형태로 개입하여 적극적으로 성장 정책을 펼쳤다. 예로 지시적 계획, 공기업, 보호무역주의, 기업 금융 지원, 일본이나 미국의 해외 직접 투자 유치를 위한 면세 지대 구축, 현대적인 복합 항구 도시 개발 등을 들 수 있다. 또한 미국은 한국과 타이완을 지원했는데, 이는 이 지역의 공산주의의 비중에 따른 지정학적 이유 때문이었다. 이들은 모두 일본과의 금융 및 무역 관계로 이득을 보았다.

B. 이론의 여지가 없는 성공

단 30년 만에 아시아의 '네 마리 용'은 1997년까지 연 8%에 달하는 놀라운 고도성장을 기록했다. 수많은 소기업과 한국의 삼성이나 대우 같은 대기업이 제조한 상품들은 세계 시장에서 높은 점유율을 보이고 있으며 국제 무역에서 이들 국가가 차지하는 비중은 1960년 1.6%에서 1990년 7% 이상으로 늘었다.

국민 생활수준도 크게 향상되었다. 이는 기대 수명 연장과 구매력 증가, 노동 시간 감소로 나타났다. 취학, 고등 교육, 연구 분야의 진보는 놀라울 뿐이며, 혁신과 생산성 이득이라는 결과를 낳았다. 이 같은 상황은 긍정적인 정치적 변화를 수반했다. 각각 1986년, 1988년까지 군사 독재 아래 신음하던 타이완과 한국은 이후 민주주의 국가가 되었다.

2. 의존 경제지만 반응할 수 있는 능력

A. 의존과 취약성

1997년 홍콩 반환은 중국이 50년이라는 이행 기간을 수용했음에도 홍콩의 자율성과 민주적 제도의 기능을 위협했다. 또한 중국은 타이완을 자국 영토로 규정하고 있기 때문에 타이완 병합을 노리고 있다. 이 지역에서 1996년의 위기나 2005년 중국의 침략 위협에도 어느 정도 힘의 균형 상태가 지속되는 이유는 바로 미군의 존재 때문이다.

이 국가들은 대외 무역 의존도가 매우 높은 편이다. 사실 주요 무역 상대국의 보호 무역주의적 조치, 엔과 달러 환율의 변동, 원유 가격 급등, 또는 미국의 경기 침체 등은 기본적으로 대외 지향적인 이들의 경제에 심각한 타격을 입힐 수 있다. 또한 이들은 타이, 필리핀, 인도네시아를 비롯한 동남아시아 국가들과의 경쟁에도 맞서야 한다.

1997~98년 위기는 몇몇 기업의 효율성 한계와 금융 취약성을 드러냈다. 1990년대 말 대기업의 과도한 부채와 부실 채권, 투기 붐으로 은행 및 기업들이 도산했고, 성장세가 둔화되고 자본 유출이 발생했다.

B. 놀라운 진화 능력

아시아의 신흥 공업국들은 신속하게 위기에서 벗어났다. 한국에서는 정부의 지원하에 일부 기업이 구조 조정 과정을 거쳤고, 어떤 은행들은 도산했고, 또 어떤 은행들은 타 은행과 합병했으며, 또 다른 은행들은 재무 구조 건전화에 성공했다. 르노가 삼성 자동차를 인수한 것처럼, 대기업은 주식의 일부를 매도했다. 대우 같은 재벌은 여러 기업으로 해체되었으며, 민영화가 가속화되었다. 결국 외환 위기를 겪은 지 2년 만에 성장세는 회복되었고 외국 자본이 다시 유입되기 시작했다.

타이완의 경기 회복은 한국보다는 덜 뚜렷하다. 타이완의 투자가들이 중국 투자를 선호하기 때문이다. 그러나 타이완은 첨단 기술 분야를 미래의 성장 동력으로 지정하고 연구에 총력을 기울이고 있으며 위기 탈출을 꾀하고 있다. 싱가포르는 생명 공학 및 제약 분야를 주축으로 삼아 산업 생산을 다변화했다. 또한 관광 분야도 비약적으로 발전하고 있으며, 항구로서의 싱가포르도 세계 제1의 항구라는 위치가 보여 주듯이 성장에서 중요한 역할을 하고 있다. 홍콩은 여전히 핵심 금융 도시이며, 중요한 항구이고, 중국 동남부의 활발한 경제 활동의 혜택을 보고 있다.

세계 무역에서 아시아의 네 마리 용이 차지하는 비중은 2004년 또다시 증가해 9%에 이르렀다. 이 같은 결과는 아시아 경제의 전체적인 성장, 중국 및 일본과의 협력, 대미국 무역의 중요성에 기인한다. 세계 인구의 1.3%가 거주하고 세계 부의 3.5%를 생산하고 있는 이들 국가는 1인당 GDP로 판단할 때 이미 서양 세계를 따라잡았다.

▶아시아 신흥 공업국의 성장 모델은 동남아시아에도 전파되었다. 이 같은 현상은 아시아 전체에 유익한 결과를 가져왔다. 아시아 신흥 공업국은 높은 대외 의존도와 취약성에도 불구하고 개도국들에 훌륭한 성공 사례가 되고 있다.

47강 세계화 속의 멕시코와 브라질

멕시코와 브라질은 여러 면에서 다르지만, 경제력으로 보나, 인구로 보나, 면적으로 보나, 국제 무대에서 영향력으로 보나, 라틴 아메리카를 지배하는 신흥 공업국이라는 공통점이 있다. 1980년대 이후 자유주의적 개혁에 착수한 두 나라는 최근에 진정한 민주화를 달성했지만 남반구 국가들의 역설과 모순을 여전히 경험하고 있다.

1. 자유주의 개혁

A. 민주주의 정착과 개혁 드라이브

멕시코와 브라질에 민주주의가 정착된 것은 오래전 일이 아니다. 브라질은 1980년대 중반, 멕시코는 1990년대 중반에서야 민주주의가 제도화되었다. 1982년 멕시코를 파산 직전까지 몰고 갔으며 엄청난 인플레이션을 유발한 외채 위기 이후, 두 나라는 자유주의적 개혁 드라이브에 적극 나섰다. 국제 통화 기금의 압력과 지원으로 멕시코와 브라질은 예산 운용의 엄격함과 공공 지출 삭감을 강제하는 구조 조정 프로그램을 실행했다. 또한 대대적인 민영화가 추진된 결과, 1982년 1,000개가 넘던 멕시코 공기업이 1990년대 중반 200개도 안 되는 상황이 발생했다. 브라질도 몇 년의 시차를 두고 멕시코의 전철을 그대로 밟았다. 이 과정을 통해 경제가 외국 자본에 개방되었다. 외국 자본은 가장 역동적인 부문에 투자하거나 멕시코의 '마킬라도라'처럼 조립 공장을 설립했다.

멕시코와 브라질의 개혁으로 두 나라의 경제는 좀 더 안정되었다. 특히 1989년 도입된 브래디 플랜 덕분에 채무 변제 일정 조정과 외채 경감을 논의할 수 있었고, 경제의 성장세도 회복되었다. 게다가 개혁 드라이브 결과 인플레이션이 억제되어 현재는 10% 미만 수준에서 유지되고 있다. 그러나 정부 개입은 사라지지 않았다. 에너지 부문은 여전히 정부가 적극적으로 개입하고 있는 분야며 각종 사회 프로그램이 도입되었다. 2003년 이후 룰라 대통령이 집권하고 있는 브라질은 이른바 '기아 제로' 프로그램을 통해 적극적인 기아 퇴치 운동을 벌이고 있으며 빈농들에게 토지를 재분배하고 있다.

B. 개방 경제를 향해

1994년 북미 자유 무역 협정NAFTA이 발효되었다. 멕시코는 NAFTA 외에 1991년에는 칠레와, 1994년에는 콜롬비아 및 베네수엘라와 자유 무역 협정을 체결했고, 2004년에는 메르코수르에 가입을 요청한 상태이며, 대유럽 관계에도 심혈을 기울이고 있다. 한편, 브라질은 남쪽 국가들과 연합하여 1991년 메르코수르 공동 시장을 구축했고, 미국과 함께 아메리카 자유 무역 지대FTAA 창설 협상의 최종 단계를 지휘하고 있다. 2003년부터 정례화된 G20 회의에서도 브라질은 몇몇 농산물에 대한 북반구 국가들의 보조금 지급을 반대하고 있다.

두 나라의 개방 정책은 무역 급성장이라는 결과를 낳았다. 멕시코의 수출은 1980년 GDP의 6%에서 2003년에는 28%로, 브라질은 같은 기간 GDP의 8%에서 13%로 증가했다. 특히 세계 무역의 약 3%를 차지하는 멕시코는 세계 11위의 무역 강국이다. 이 같은 개방은 세계 경쟁에 맞설 수 있는 생산 시스템의 놀라운 변형의 결과이다.

2. 라틴 아메리카를 지배하는 신흥 공업국

A. 라틴 아메리카의 두 강대국

브라질과 멕시코는 다양한 산업이 발달한 경제 대국이다. 농업 부문도 매우 활발하다. 특히 브라질은 커피와 콩으로 유명하다. 천연자원도 풍부하다. 예로 멕시코는 세계 4위의 산유국이다. 농산물 가공업, 섬유, 석유 화학, 자동차, 정보 통신 등 모든 종류의 산업이 존재한다. 서비스 부문 또한 매우 발달해 있고 경제 활동 인구의 대다수를 고용하고 있다. 생활수준도 개선되었다.

경제력으로 볼 때 멕시코는 브라질보다 우위에 있다. 비록 인구 1억 500만 명, 면적 196만 4,375제곱킬로미터로, 인구 1억 810만 명, 면적 851만 4,047제곱킬로미터의 브라질보다 면적당 인구도 적고 영토의 크기도 작지만 세계 10위의 경제 대국이다. 세계 13위의 경제 대국으로 세계 GDP의 1.5%를 차지하는 브라질에 비해, 멕시코는 세계 GDP의 2%, 라틴 아메리카 대외 무역의 40%, 산업 생산의 70%를 차지하고 있다. 미국과 국경을 맞대고 있는 멕시코의 많은 상품 및 인구가 미국으로 유입되고 있다. 또한 미국에 거주하는 수백만 명의 멕시코 인이 고국의 가족에게 송금하는 돈도 2004년 160억 달러에 달하고 있다.

B. 아직 불안정하고 취약한 강대국

두 국가에서 인구의 30%는 빈곤선 아래에서 생활하고 있다. 즉, 하루 소득 2달러 미만으로 생활하고 있다는 말이다. 더구나 대도시 주변의 빈민굴에서 수백만 명이 살고 있다. 인간 개발 지수로 볼 때 브라질은 발전 정도가 세계 72위에 지나지 않으며 멕시코는 53위에 머물러 있다. 소득 불평등 또한 엄청나다. 도시나 지방 모두 사치와 빈곤이 공존한다. 브라질 농민들 중 53%가 전체 경작 가능지의 3%를 소유하고 있는 반면, 지주들 가운데 단 1%가 차지하는 땅이 전체 경작지의 43%에 해당한다. 지역 격차는 더욱 심각하다. 브라질 북동부는 전체 인구의 29%가 살고 있지만 GDP에서 차지하는 비중은 13%에 불과하다. 반면에 남동부는 전체 인구의 43%가 거주하고 있으며 GDP의 59%를 차지하고 있다. 멕시코 수도의 발전은 낙후된 치아파스 지역과 뚜렷한 대조를 이룬다.

브라질과 멕시코는 여전히 불안정하다. 1994~95년 멕시코 금융 위기가 해결될 수 있었던 것은 오직 국제 원조 덕분이었다. 1998년 두 나라는 모두 아시아 금융 위기로 타격을 받았고, 브라질은 2001~02년 아르헨티나 경제 위기로 어려움을 겪어야 했다. 언제라도 치고 빠질 수 있는 단기 자본 때문에 환율 불안정이 발생했고, 성장세도 들쭉날쭉할 수밖에 없었으며 외채 상환에도 장애물이 생겼다. 더구나 멕시코는 수출의 85% 이상이 대미 수출이라는 점에서 경제의 미국 의존도가 매우 높다. 따라서 미국 경제의 성장률 변동이 그대로 멕시코 경제에 영향을 미친다. 그리고 브라질과 멕시코는 많은 기업이 외국 기업의 통제를 받고 있다.

▶브라질과 멕시코는 전환점에 서 있다. 확장 일로의 신흥 경제 강국이자 안정적으로 민주주의가 정착한 두 나라는 더 나은 부의 분배를 위한 개혁에 박차를 가해야 한다. 국제 무대, 특히 유엔에서 자국의 지위 강화를 꾀하고 있는 라틴 아메리카의 두 강국은 대외 의존도를 줄이기 위해 경제를 더욱 강화해야 한다.

48강 세계화 속의 아프리카

2005년 아프리카의 총인구는 9억 500만 명이다. 즉 전체 육지의 22.5%에 해당하는 땅에 세계 인구의 14%가 살고 있는 것이다. 약 사반세기 전부터 아프리카 대륙은 특히 어려운 시기를 겪고 있다. 세계 경제에서 아프리카가 차지하는 비중은 감소했다. 그러나 이 같은 비관적인 전망을 그대로 받아들여서는 안 된다. 아프리카는 다양한 모습을 보여 주고 있으며, 여러 가지 장점을 갖고 있기 때문이다.

1. 주변화되고 가난한 대륙, 아프리카

A. 주변화되고 지배당하는 대륙

아프리카의 주변화는 20년 전부터 가속화되었다. 세계 무역에서 아프리카가 차지하는 비중은 1980년 3.9%에서 2004년 1.4%로 감소했고, 경쟁력이 거의 없는 아프리카의 산업은 세계 제조업 생산의 1%만을 차지하고 있을 뿐이다. 1차 생산물이 주력 수출 상품이며, 교역 조건 악화로 어려움을 겪고 있다. 해외 직접 투자는 남아프리카 공화국과 나이지리아와 앙골라 같은 몇몇 산유국을 제외하면 아프리카를 외면하고 있다. 또한 1970년대 말 원자재 가격 폭락과 잘못된 관리로 막대한 외채를 안고 있다.

아프리카는 지배당하는 대륙이다. 특히 선진 시장 경제 국가들이 보조금 제도를 통해 자국 농업을 보호하면서 아프리카의 농산물 수출은 세계 시장에서 열세를 면치 못하고 있다. 대표적인 작물이 면화이다. 그러나 아프리카의 대외 무역은 역설적이게도 선진국의 호의에 달려 있기도 하다. 예로 유럽 연합은 아프리카 국가들과 1975년부터 아프리카 상품의 유럽 접근성을 개선한 로메-코토누 무역협정을 체결했다. 또한 국제 원조가 몇몇 국가의 GDP의 상당 부분을 차지할 정도로 아프리카는 국제 원조 의존도가 높다. 실제로 국제 원조는 모잠비크가 GDP의 66%, 탄자니아가 GDP의 40%를 차지하고 있다. 그런데 냉전 시대가 끝난 후 국제 원조가 감소했다. 게다가 아프리카의 풍부한 천연자원 개발을 위해 진출해 있는 다국적 기업들에 대한 의존도도 매우 높다.

B. 빈곤과 폭력

1970년 부국 평균 소득의 14% 수준이던 아프리카 국민들의 평균 소득은 2003년 7% 수준까지 떨어졌다. 또한 세계 최빈국 50개국 중 34개국이 아프리카에 속해 있다. 인구는 여전히 빠르게 증가하며 이농으로 인구가 도시에 집중되고 있다. 아프리카 국민들은 식량 부족으로 고통받고 있으며, 교육도 제대로 받지 못하고 의료 서비스마저 부실해 빈곤의 해악에 그대로 노출되어 있다. 유아 사망률은 평균 천 명당 백 명이며, 산모 사망률도 기록적으로 높다. 에이즈가 창궐하며 기대 수명은 10여 년 전부터 점점 짧아지고 있다. 예로 1992년 52세였던 기대 수명은 2003년 47세로 떨어졌다. 또한 인구의 절반 이상이 문맹인 상황에서 '두뇌 유출'로 더욱 어려움을 겪고 있다.

아프리카는 빈곤의 만연으로 불안정한 상황이 계속되고 있다. 정부는 공공 서비스를 관리하고 규칙적으로 공무원들의 봉급을 지급할 수 있는 수단을 갖고 있지 않다. 민주주의는 거의 존재하지 않으며, 따라서 부패와 공금 횡령이 일상적으로 일어나고 있다. 또한 내전, 정복 전쟁, 쿠데타 등 크고 작은 무력 분쟁이 발생하고 있다. 사망자, 난민, 실향민이 수백만 명에 달한다. 대다수 국가는 주권의 일부를 상실했거나 무너졌다. 콩고 민주 공화국과 코트디부아르가 내전으로 고통받은 대표적인 나라들이다.

2. 다양성, 아프리카의 주요 과제와 장점

A. 다양한 대륙

아프리카의 53개국은 국토의 크기, 자원, 인구, 정치적 맥락, 또는 지리적 상황에 따라 매우 다양한 환경에 놓여 있다. 이 같은 다양성을 고려할 때 단순히 아프리카를 저발전 지역이라고 볼 수는 없을 것이다. 북부 아프리카는 유럽과 가깝다는 이점이 있다. 사하라 사막 이남에 비해 부유하고 산업화된 북부 아프리카 국가들에서 출산율이 감소하고 있으며, 1인당 GDP는 튀니지의 경우 2,145달러, 알제리는 1,781달러에 달한다. 이에 비해 사하라 사막 이남 국가의 전체 평균 1인당 GDP는 고작 460달러에 불과하다. 그렇지만 사하라 사막 이남 아프리카도 매우 다양하다. 모리셔스 섬은 관광 수입 덕분에 1인당 GDP가 3,778달러에 달하여 이 지역에서 생활수준이 가장 높지만, 니제르(187달러)나 말리(298달러)는 천연자원도 빈약한데다 극심한 가뭄 때문에 국민 모두가 빈곤에 허덕이고 있다. 나이지리아는 1억 3,000만 명이라는 인구와 석유 소득에도 부패 만연으로 인한 투자 부족 때문에 점차 빈곤의 나락으로 추락하고 있다. 반대로 남아프리카 공화국은 1994년 아파르트헤이트(인종 차별) 정책이 사라진 후 민주주의가 도입되고 경제가 다변화되면서, 아프리카 대륙 제1의 강대국으로 우뚝 섰다.

B. 장점과 아프리카의 과제

아프리카는 식민지 시기 말부터 발전하기 시작했으며, 그동안 네 배나 증가한 인구의 요구에, 부분적이긴 하지만, 대응할 수 있었다. 전체 경제 활동의 약 3분의 2를 차지하는 비공식 경제는 공식 부문의 취약함을 보완했다. 아프리카는 불법적이든 합법적이든 모든 교역 경로를 통해 세계화에 참여할 수 있었고, 아프리카 국가 간 무역과 인구 이동이 증가하고 있다. 전체적으로 아프리카는 유럽과 미국보다 수출 분야에서 더욱 개방적이며, 유럽 각지에 흩어져 살고 있는 아프리카 인들은 고국의 가족에게 많은 돈을 보내고 있다.

아프리카는 엄청난 광물 자원과 수력 자원을 보유하고 있으며 원유층도 아직 다 개발되지 않았다. 특히 기니 만 원유층 개발은 향후 전망이 밝다. 최근 원자재 가격의 폭등도 아프리카 발전을 추동하고 있으며, 2003년과 2004년 사하라 사막 남쪽 국가들이 성장세를 회복한 이유도 이 때문이다. 석유와 이슬람주의에 대한 미국의 싸움도 아프리카의 지리 전략적 중요성을 다시 한번 일깨우고 있다. 실제로 미국은 아프리카에 주둔하는 미군을 증강했으며 금융 지원의 규모도 늘렸다.

한편 아프리카는 국제 무대에서 더욱 효율적으로 입지를 강화하기 위해 공동의 노력을 기울이고 있다. 2001년 아프리카 15개국의 참여로 '아프리카 개발을 위한 뉴 파트너십NEPAD'이 창설된 것이 대표적인 예이다. 물론 아직 제대로 개발되지 않은 아프리카의 잠재력이 과연 아프리카를 옥죄고 있는 종속과 빈곤의 고리를 끊어 줄지는 시간만이 말해 줄 것이다.

▶아프리카는 보이는 것보다 훨씬 복잡하다. 빈곤하고 주변화된 대륙이지만, 이론의 여지가 없는 경제적, 지정학적 이점을 보유하고 있다. 아프리카의 잠재력 강화 여부는 아프리카 대륙의 정치 안정과 민주화, 그리고 그 과정을 촉진할 수 있는 국제 사회의 태도에 달려 있다.

49강 세계화 속의 러시아

소비에트 연방은 1991년 사라졌다. 새로운 러시아의 대통령으로 선출돼 1999년까지 권좌에 있었던 보리스 옐친은 이 엄청난 사회주의 국가에 시장 경제를 도입했다. 변화는 빨랐고, 복잡했으며, 어려웠다.

1. 경제의 신속한, 그러나 혼란스러운 자유화

A. 1990년대의 충격 요법

경제 자유화는 소련 붕괴 이전부터 이미 시작됐지만, 1992년 가격 자유화, 루블화 태환 허용, 민영화 조치를 골자로 한 급진적 개혁 프로그램이 국제 통화 기금의 지원을 받아 실시되면서 러시아의 시장 경제 이행은 본격적인 급물살을 타기 시작했다. 1992년부터 1994년까지 이른바 무료 '채권'을 통해 시민들은 기업의 자산을 구입할 수 있었다. 1995년부터 이 채권은 유료로 전환되었고, 에너지 같은 핵심 부문까지도 민영화 바람이 불었다. 그사이 1993년 농지 개혁이 단행되어 민간 경작이 가능해졌다. 그 결과 1991년만 해도 존재감조차 미미했던 민간 부문은 2000년 경제 활동의 70%를 담당하고 있다.

이 같은 충격 요법은 매우 고통스러운 과정이었다. 빈민층은 무료 채권을 능란한 사업가들에게 팔았고, 유료 민영화는 매우 모호한 조건 속에서 진행되었다. 이 과정에서 비양심적인 기업인들과 정치인들은 많은 이득을 챙겼으며, 그렇게 얻은 이득 대부분을 외국에 투자했다. 따라서 국제 금융계는 러시아에 대한 불신으로 대러시아 투자를 제한했다. GDP는 1989년을 100으로 볼 때 1998년 55로 하락했다. 농업 생산은 52%나 줄었으며, 인플레이션이 가속화되고, 화폐 가치는 폭락했다. 1997년 통화 당국은 어쩔 수 없이 화폐 개혁을 단행해야 했다. 이제 1루블은 예전의 1,000루블의 가치와 같다. 1990년대 화석 연료 가격 폭락은 이미 1998년 아시아발 금융 위기로 심각한 타격을 입은 러시아를 뒤흔들었다. 결국 자금 부족과 대규모 조세 횡령을 겪은 러시아 정부는 채무 지불 유예, 즉 모라토리엄을 선언할 수밖에 없었다.

B. 푸틴의 대응

1999년 12월 집권한 블라디미르 푸틴 대통령은 잃어버린 신뢰 회복과 공공 재정 견실화에 박차를 가했다. 푸틴 대통령은 2000년 조세 개혁을 통해 국가의 세수를 늘렸고, 예산을 흑자 상태로 전환하는 데 성공했다. 특히 올리가키oligarchy(러시아의 정 · 재계 소수 지배층) 세력과의 투쟁은 기존의 의심스러운 민영화 과정과 부패의 시기를 청산하고 정부에 전략적 국가 자원의 통제권을 돌려주고자 한 대통령의 의지를 표명한 것이었다. 그 결과 자본 유출이 감소했고, 해외 직접 투자가 쇄도하기 시작했다. 세계 1위의 천연가스 생산국이자 2위의 산유국인 러시아는 또한 2004년 이후 유가 상승으로 호경기를 누리고 있다.

전체적으로 기업 투자가 확대되었고, 구매력 상승은 소비를 자극했다. GDP는 1999년에서 2005년까지 40% 이상 상승했다. 무역 수지가 흑자로 돌아서면서 인플레이션도 완화되었고, 루블화 가치도 안정되었으며, 러시아는 채무 상환을 서두르고 있다. 그러나 상황은 여전히 불안정하다. 은행 부문 및 공기업의 구조 조정은 아직 끝나지 않았고, 산업 생산은 여전히 경쟁력이 낮으며, 국가 경제는 원자재 가격의 변동에 너무 많은 영향을 받고 있다.

2. 불평등의 심화와 국제 무대에서 러시아의 후퇴

A. 빈곤, 폭력, 권위주의적 민주주의

사회적 불평등은 그야말로 폭발하고 있다. 국민의 대부분은 점점 가난해지는 반면, 일부는 부를 축적하고 있다. 경제 성장세가 회복된 후 빈곤이 약간 감소했다고는 하나, 2003년 가계의 3분의 1이 빈곤으로 고통받고 있다. 특히 퇴직자, 실업자, 편모 또는 편부 가정이 가장 큰 피해자이다. 의료, 교육, 연구 등 공공 서비스의 질은 점점 악화되고 있으며, 폭력이 만연해 있다. 그 결과 출산율이 감소하고, 사망률이 증가하고, 기대 수명이 짧아지고 있다. 1990년에서 2005년까지 러시아 인구는 1억 4,840만 명에서 1억 4,340만 명으로 감소했다.

민주주의 모델을 도입하려는 초기의 의지는 사라지고, 대신 권위주의적 민주주의가 들어섰다. 이는 일련의 정치 · 경제 주체의 합작품이다. 1993년 헌법 개정으로 대통령은 막대한 권한을 갖게 되었고, 의회의 특권은 축소되었다. 언론의 자유도 점점 위협받고 있다. 푸틴 대통령은 권위주의적, 중앙 집권적 정부라는 시각을 더욱 발전시켜 비밀 정보부 출신 인사들을 요직에 임명하고 지방 정부의 역할을 축소했다. 푸틴 대통령은 또한 올리가키 세력과의 투쟁과 체첸 전쟁을 이용해 법과 언론을 정치 시스템에 복속시키고 측근을 국영 기업 총수에 임명하는 데 성공했다.

B. 국제 무대에서 제한된 영향력

러시아는 핵 강국으로 유엔 안전 보장 이사회 상임 이사국이며, 1992년부터는 국제 통화 기금의 회원국이기도 하다. 또한 1994년 이후 유럽 연합의 공식 파트너가 되었고, 1996년부터 유럽 평의회에 참석하고 있으며, 1997년에는 G7 회담에 참여하기 시작했고, 중국과는 긴밀한 외교 관계를 맺고 있다. 그러나 러시아의 외교 반경은 목표로 보나 야심으로 보나 상당히 축소되었다. 사실 GDP는 멕시코와 비슷하고, 군대는 첨단 장비가 부족한 상황에서 러시아가 국제 무대에서 자국의 입장을 관철시킬 수는 없다. 결국 러시아는 예전 자국의 위성 국가였던 동유럽 국가들의 북대서양 조약 기구NATO 가입을 용인해야 했고, 중동 지방에서 영향력이 감소하는 것을 그저 보고 있을 수밖에 없었다. 비록 푸틴 대통령이 2001년 9·11테러 이후 미국과의 관계 개선에 성공하고, 체첸 전쟁을 대테러 전쟁으로 인정받는 데 성공했지만, 2003년 미국의 이라크 개입을 막을 수는 없었다.

러시아는 또한 구소련 영토에서 심각한 어려움을 겪고 있다. 구소련 영토는 1991년 독립 국가 공동체가 되었고, 1992년 공동 안전 협약 체결, 1993년 경제 공동체 창설 및 여러 지역 간 협정에도 불구하고 안정적인 구조를 구축할 수 없었다. 군사적, 경제적, 문화적 연결은 느슨해졌고, 아르메니아나 벨로루시 같은 국가는 지금까지 러시아를 따르는 반면, 우크라이나와 그루지야 같은 국가들은 러시아의 영향에서 벗어나 유럽 연합의 일원이 되는 것을 꿈꾸고 있다.

▶러시아의 경제적 어려움과 체제 붕괴는 이미 초강대국으로서의 지위를 상실한 러시아를 더욱 약화시켰다. 최근의 부흥은 불완전하며 체첸 전쟁은 러시아의 미래를 제약하고 있다.

50강 개발도상국의 교역 조건 변화

1950년대 이후 개도국의 교역 조건 변화는 저발전의 원인에 대한 논쟁의 중심에 있었다. 교역 조건 변화에 대한 논의는 결국 개도국 국제 무역 편입의 효과에 대한 문제를 다루는 것이다 (제25강 참고).

1. 교역 조건의 악화, 논쟁의 대상

A. 프레비시와 싱어의 이론

어떤 국가, 혹은 어떤 국가 그룹에서 교역 조건 지수란 수입 가격 지수에 대한 수출 가격 지수의 비比로 표시되며 보통 여기에 100을 곱한 수치를 많이 사용한다. 교역 조건의 악화, 즉 수출 상대 가격의 하락은 동일한 양의 상품을 수입하기 위해 더 많은 상품을 수출해야 한다는 것을 뜻한다.

1950년대 초, 경제학자 라울 프레비시Raúl Prebisch(1901~85)와 한스 싱어Hans Singer(1910~2006)는 기본적으로 1차 생산물 수출국인 제3세계 국가들의 교역 조건이 19세기 말에서 1930년대 말 사이에 악화됐다는 점을 보여 주었다. 프레비시와 싱어는 이것이야말로 국제 무역에 편입된 빈국이 겪을 수밖에 없는 불평등 교역의 증거라고 주장했다.

프레비시에 따르면 제3세계 국가들이 1차 생산물 생산에 전문화한 것은 선진국들의 지배의 결과이다. 더욱이 빈국에서 노동력은 거의 조직화되어 있지 않다. 즉 노조가 사실상 존재하지 않는다. 따라서 노동 생산성이 향상되면 단위 비용이 감소하고, 이는 수출 상품 가격 하락과 이윤 확대의 결과를 낳을 뿐 임금 상승을 유발하지는 않는다. 반대로 부국의 노동자들은 빈국의 노동자들보다 더 나은 위치를 점하고 있다. 생산성 이득은 임금 및 이윤의 동반 상승으로 귀결되며 수출 상품의 가격, 즉 빈국이 수입하는 상품의 가격은 추세적으로 상승하게 된다.

B. 논쟁이 되고 있는 이론

프레비시와 싱어의 이론은 여러 비판의 대상이 되었다. 폴 베어록은 1930년대는 빈국의 수출 상품 가격 폭락을 가속화한 경제 위기의 시기로, 매우 예외였다고 설명한다. 사실 프레비시와 싱어가 주장한 교역 조건 악화는 만약 통계적 관찰 영역에서 1930년대를 제외할 경우 그 정도가 약해진다.

더구나 프레비시와 싱어는 교역의 대상이 된 상품들의 성격을 고려하지 않는다. 예로 가격은 점점 오르나 성능도 그에 비례하여 개선되고 있는 기계 장비를 수입하기 위해 점점 더 많은 철광석을 수출하는 것이 필연적으로 빈국에 해가 되는 것은 아니다.

따라서 베어록은 프레비시와 싱어의 분석을 거부한다. 결국 개도국의 교역 조건 악화에 기초한 저발전 분석은 유용한 분석 틀이 아니다. 그러나 베어록은 추세로 볼 때 개도국의 교역 조건이 악화되지 않았다 할지라도 교역 조건의 불안정성 자체는 개도국의 발전을 저해할 수 있다는 점을 인정한다.

2. 1940년대 말 이후 개도국의 교역 조건 변화

A. 사실

추세로 볼 때, 산유국을 제외하고 1차 생산물을 수출하는 개도국의 교역 조건은 1940년대 이후 악화되고 있다. 그러나 세계은행의 자료에 따르면, 1990년대 이후 교역 조건 악화 추세가 사라졌다. 즉 교역 조건이 더는 악화되지 않았으며 2000년대 초부터 개선되고 있다.

개도국 중 산유국의 경우 교역 조건의 변화가 심했다. 1970년대 초까지 악화되던 교역 조건은 이후 1980년대 초까지 두 차례의 오일 쇼크를 거치면서 크게 개선되다가 1990년대 말까지 다시 하락했다. 그렇다 해도 여전히 교역 조건 지수는 1960년대 말보다는 높았다. 그리고 2000년대 초 이후 다시 교역 조건이 개선되고 있으나 아직 1980년대의 수준에는 도달하지 못했다.

개도국 중 제조업 상품 수출국의 경우, 1980년대까지 교역 조건이 악화되었다가 1990년대 말까지 변화 없이 유지되었고, 이후 조금씩 다시 떨어지고 있다. 특히 중국, 한국, 타이완을 비롯한 아시아의 신흥 공업국이 이 세 번째 경우에 속한다.

B. 해석

개도국의 1차 생산물 생산 전문화는, 그것이 지배 선진국들이 강제한 것이든 아니든, 만약 변화가 없다면 발전을 추동할 수 없다. 사실 1차 생산물에 대한 세계 수요는 그다지 활발하지 않다. 단, 2000년대 초 같은 특정 시기는 제외한다. 이 시기는 중국의 급성장이 1차 생산물 수요를 견인했고, 그 결과 가격도 상승했다. 또한 정유 시설 부족과 베네수엘라, 이란, 이라크 등의 몇몇 산유국과 관련한 국제적 긴장 사태 발생으로 유가가 급등했다.

제조업 상품을 수출하는 개도국의 교역 조건 악화는, 만약 그것이 반제품 또는 일상 소비 상품에 대한 지속적인 전문화의 결과일 경우, 1차 생산물 수출국의 교역 조건 악화와 동일한 결과를 낳을 수 있다. 이런 유형의 상품 시장 역시 빠르게 포화 상태에 도달하고, 또한 동일한 전문화를 선택한 다른 개도국과의 경쟁 압력이 거세지기 때문이다.

반대로 교역 조건 악화는 그것이 수출 확대로 상쇄될 경우, 제조업 상품 수출국에 해를 입히지 않을 수 있다. 수출 확대는 이들 국가의 제조업 상품 전문화가 진화하여 세계 수요에 맞게 적응하면서 경쟁력을 갖추게 된 결과이다(제44강 참고). 이것이 바로 아시아 신흥 공업국의 경우이다. 수출 소득의 구매력, 즉 소득 교역 조건이 향상된다. 수출 상대 가격이 하락할지라도 수출이 확대되면서 수출 소득 증가가 수입 가격 상승을 초과하는 것이다.

▶개도국의 전문화가 소득 교역 조건의 개선으로 나타날 경우, 교역 조건 악화가 반드시 개도국에 손해를 입히는 것은 아니다.

제6장

세계화의 지정학적, 사회적, 문화적 영향

51강 식민지화와 탈식민지화

19세기 아프리카와 아시아의 식민지화는 본질적으로 유럽의 문제였다. 유럽 대륙은 자국의 힘과 야심과 가치 체계를 강제했다. 제2차 세계 대전 종전 후 유럽은 세력을 잃었고 도처에서 도전을 받았다. 결국 유럽은 제국을 포기해야만 했다.

1. 19세기 말 유럽의 식민지 쟁탈전

A. 아프리카와 아시아의 식민지 분할

19세기 중반, 식민지화는 아직 제한적이었다. 단지 영국만이 캐나다, 오스트레일리아, 뉴질랜드, 그리고 인도의 대부분 지역을 식민지화하였다. 프랑스는 마르티니크나 과달루페 같은 예전 식민지를 보유한 채 알제리를 막 점령했을 뿐, 아직은 주변적인 제국주의 열강일 뿐이었다. 그러나 19세기 후반부터 제1차 세계 대전 발발 직전 30년 동안, 유럽은 아프리카와 아시아를 지배하게 된다.

1914년, 영국의 식민지는 인도 전역과 그 주변 지역, 동부 아프리카의 핵심 지역, 태평양의 섬들로 확대되었다. 영국은 전 세계의 4분의 1을 통제하기에 이르렀다. 북부 및 서부 아프리카의 상당 부분, 그리고 인도차이나 반도를 차지한 프랑스는 영국에 이어 제2의 제국주의 열강이 되었다. 벨기에는 콩고를 점령했고, 독일은 몇몇 아프리카 국가와 태평양의 섬들을, 포르투갈은 앙골라 및 모잠비크를, 네덜란드는 인도네시아를 점령했으며, 러시아는 중앙아시아와 극동 지방에서 영향력을 확대했다. 유럽을 제외하면 미국과 일본만이 강대국의 세계 분할에 참여할 수 있었다. 미국은 쿠바와 필리핀을 식민지로 두었을 뿐 아직은 제국주의 열강이라고 할 정도는 아니었으나 일본은 만주, 타이완, 한국으로 영향력을 확대해 나갔다.

B. 식민지화의 요소들

식민지 확대의 원인은 다양하다. 우선 국내 산업과 자본 투자를 위한 판로 모색이 중요한 역할을 했으며, 19세기 유럽의 인구 폭발도 식민지화를 추동했다. 즉 포화 상태에 달한 인구의 일부를 다른 지역으로 이동시킬 수 있었기 때문이다. 그러나 경제적, 사회적 요소들의 비중을 과장해서는 안 된다. 1913년, 프랑스 해외 투자 중 단 8%만이 대식민지 투자였고, 유럽 이민자들은 주로 식민지가 아닌 미국으로 떠났다.

한편 권력욕, 해외 군사 기지 건설을 위한 전략적 정복의 필요성, '우월한' 문명의 수출 요구도 결정 요소들이었다. 위고Hugo, 졸라Zola, 페리Ferry, 키플링Kipling은 프랑스와 영국의 의무는 식민지를 진보의 길로 안내하는 것이라고 주장했다. 프랑스의 경우, 1870년 알자스 로렌 지방을 상실하면서 국가적 자존심에 상처를 입었고, 국민들의 분노를 달래기 위해 새로운 식민지가 필요했다.

2. 1945년 이후 탈식민지화

A. 종전에 유리한 상황

식민지 정복국들은 식민지의 광산 자원을 개발하고, 토지를 개간

했으며, 항구를 건설하고, 도로와 철도를 건설했다. 정복국들은 또한 위생과 의학을 발전시켰고, 소수 토착민들의 교육을 장려했다. 그러나 이 같은 변화는 특히 본국과 식민지 개척자들에게 유리했다. 원주민들은 재산을 몰수당했고, 인도의 예에서 보듯이 토착 수공업은 망했으며, 산업화는 무시되었다. 국민은 지배당했고, 정치 권력을 박탈당했다. 바로 이 때문에 식민지 대다수의 국민들이 그 같은 상황을 결코 받아들이지 않았던 것이다. 폭동이 여기저기서 발생했고, 유럽의 대학들에서 교육받은 새로운 엘리트들이 민족주의 운동을 지휘했다. 비록 세력도 약하고 여러 파로 갈려 있었다 해도, 민족주의 운동은 활발하게 전개되었다.

그런데 제2차 세계 대전 이후 민족주의 운동은 유리한 상황에 놓이게 된다. 유럽이 전쟁을 겪으며 세력이 약해졌고, 따라서 더는 정복 야심을 펼칠 수 있는 수단을 갖고 있지 않았다. 프랑스, 벨기에, 네덜란드 같은 국가들이 무적은 아니었다는 사실이 드러난 셈이다. 또한 소련과 미국은 반식민주의 입장을 피력했고, 두 강대국은 향후 냉전 상황에서 이를 활용한다. 1945년 창설된 유엔은 식민지 국가들의 독립 과정을 지원했고, 교회도 탈식민지화를 수용했다. 종전과 함께 미군정이 세워진 일본은 제국을 잃었다.

B. 독립 전쟁 또는 독립 인정

1945년 프랑스를 비롯한 대다수의 제국주의 열강은 모든 형태의 개방을 거부했다. 제국은 '크기'와 '힘'의 상징이었다. 반면에 영국은 좀 더 현실적인 태도를 취했다. 식민지들이 영연방에 가입하고 영국의 경제적 이해관계를 보전하는 조건으로 식민지 독립을 수용했던 것이다. 그러나 아시아와 아프리카가 식민지 상태에서 벗어나 자유를 찾기까지는 종전 후 단 몇 년이 필요했을 뿐이다. 강대국의 상대적인 쇠퇴, 독립 운동의 힘, 식민지 유지 비용, 군사 작전 실패, 국내 및 국제 여론의 압박 등 모든 것이 식민지들의 독립 과정을 가속화했다.

일반적으로 독립은 본국과의 군사적 충돌 없이 협상을 통해 이루어졌다. 아시아에서 주요 식민지들은 1950년대 중반에 독립을 획득했다. 1947년 인도와 스리랑카, 1948년 미얀마, 1957년 말레이시아가 독립했다. 아프리카에서는 대부분의 국가가 1956년과 1960년대 초 해방되었다. 모로코가 1956년, 가나가 1957년, 프랑스령 블랙 아프리카가 1960년, 우간다가 1962년 독립을 획득했다. 때로는 알제리 독립 전쟁처럼 본국과 식민지 개척자들의 반대로 끔찍한 전쟁이 발발하기도 했고, 인도차이나 독립 전쟁처럼 동서 양 진영 간의 갈등으로 더욱 격화되기도 했다. 그러나 정치적 해결책이 결국 다른 해결책을 압도했다.

▶1960년대 중반, 식민지화는 아직 완전히 끝나지 않았다. 포르투갈은 1975년 포르투갈령 영토를 상실했고, 러시아는 1991년 소련이 붕괴하자 식민지를 포기했다. 프랑스는 제국의 나머지 영토를 프랑스 해외 영토의 틀에 통합시켰다. 그런데 대부분의 경우, 신생 독립 국가들은 예전의 제국주의 열강들과 긴밀한 관계를 유지했다.

52강 남-북 관계 : 1950~1970

1950년대 중반, 탈식민지화 과정이 시작되면서 남반구 국가들, 즉 제3세계 국가들은 북반구 국가들과의 관계 재정립을 희망했다.

1. 1950년대 중반 이후 남반구 국가들의 출현

A. 반둥 회의에서 비동맹 중립주의까지

남반구 국가들은 일단 다수라는 이점을 갖고 있다. 하지만 수가 많다고 선진국의 힘을 누를 수 있는 건 아니다. 바로 그 때문에 제3세계 국가들이 국제 무대에서 영향력을 높이고 공동의 목표를 방어하기 위해 조직화를 시작한 것이다. 1955년 반둥 회의는 제3세계 국가들이 국제 정치 무대에 등장하는 계기가 되었다. 중국, 인도, 이집트를 포함하여 29개국이 참여한 반둥 회의는 자본주의와 사회주의 간의 정치적, 이념적 차이와 국가 간 분쟁을 넘어 개도국이 공통의 이해관계를 가진 공동체라는 점을 천명했다. 반둥 회의에서 국가 간 평등, 독립, 내정 불간섭이라는 세 가지 대원칙이 제시되었다.

개도국들의 조직화 노력은 아시아 및 아프리카에서 탈식민화의 성공으로 대다수 국가가 독립을 획득하면서 더욱 강화되었다. 19세기 초부터 식민지 상태를 벗어났지만 여전히 저발전 상태에 있던 라틴 아메리카도 제3세계 조직화 운동에 동참했다. 반둥 회의의 정신은 1961년 벨그라드에서 인도의 네루, 이집트의 나세르, 유고의 티토가 동서 양 진영 어느 쪽도 선택하지 않겠다며 주창한 비동맹 중립주의에 계승되었다.

B. 남반구 국가들의 다양한 전략

남반구 국가들은 다양한 전략을 구사하고 있다. 개도국들은 아랍 리그(1945), 아프리카 통일 기구(1963), 중앙아메리카 공동 시장(1960) 같은 지역 기구들에 참여한다. 산유국들은 사우디아라비아, 쿠웨이트, 이라크, 이란, 베네수엘라를 중심으로 1960년 석유 수출국 기구OPEC를 조직했다. 석유 재벌들에 맞서 자국의 이해관계를 방어하기 위해서다. 많은 국가가 더욱 광범위한 기구들에서 활동하고 있으며 유엔 같은 국제기구를 이용하기도 한다. 1964년부터 '77그룹'은 GATT, 국제 통화 기금, 유엔 내에서 개도국들의 활동을 조율하고 있다.

유엔은 남반구 국가들에 매우 중요한 활동의 장이 되고 있다. 식민지 시대의 종말로 유엔 총회에서 개도국이 다수를 차지하고 있고, 유엔은 세계 보건 기구, 식량 농업 기구 같은 다양한 산하 기구를 통해 개도국을 지원하고 있다. 특히 1964년 창설된 유엔 무역 개발 회의는 남-북 무역 관계의 재균형을 위해 노력하고 있다. 1974년 유엔 무역 개발 회의UNCTAD는 새로운 국제 경제 질서를 수립해야 한다고 선언한 바 있다.

남반구 국가들은 또한 냉전 시대, 동서 양 진영의 대립을 이용했다. 예로 인도는 중공업과 군수 공업에서 소련의 지원을 받은 반면, '녹색 혁명'을 수행하는 과정에서 미국의 원조를 받았다. 쿠바는 소련의 적극적인 지원을 받았다. 소련은 쿠바에서 사탕수수를 수입하고 에너지를 저렴한 가격에 수출했다. 1961년 경제 협력 개발 기구는 개발 원조 위원회를 설립하고 반공주의를 선택한 남반구 국가들을 지원했다.

2. 북반구는 남반구를 지배한다

A. 남반구 국가들의 제한적 진보

남반구 국가들은 북반구 강대국들이 장악했던 자국의 부에 대한 통제를 회복했다. 1956년 나세르의 수에즈 운하 국유화 결정은 프랑스와 영국에 큰 타격을 입혔다. OPEC 국가들은 1970년대 초 석유를 회수했으며 1973년과 1979년의 오일 쇼크로 엄청난 이익을 획득했다. 독창적인 자력 발전 모델을 대표하는 알제리와 중국의 경험은 제3세계에 새로운 바람을 가져다주었다(제25강 참고). 인구 증가에도 전체적으로 남반구 국가들의 생활수준은 개선되었다. 또한 국민들이 북반구 국가들로 이민을 떠나면서 남반구 국가들의 노동 시장에 숨통이 트였다.

한편, 북반구 국가들은 남반구 국가들을 위해 노력을 기울이기로 결의했다. EEC는 1963년 야운데 협약에 서명한 이후 아프리카 · 카리브 해 · 태평양 국가들과 1975년 로메 협정을 체결하여 개도국들의 수출 소득을 보장했다. 1968년 UNCTAD는 개도국 대외 무역을 위한 일반 특혜 제도를 구축했고, 이 제도는 1971년 GATT의 승인을 받았다. 그리고 제3세계에 대한 개발 원조 목표치가 선진국 GDP의 0.7%로 결정되었다. 1976년 UNCTAD는 채무 경감과 기술 이전 촉진을 위한 프로그램을 마련하고 19개 기초 생산물의 가격 안정화를 요구했다.

B. 남-북 격차의 심화

그러나 북반구 국가들의 경제적, 기술적, 군사적, 문화적 우위는 여전히 압도적이다. 북반구의 기업들은 세계 경제를 좌지우지하고 있다. 북반구 국가들은 또한 GATT, IMF, 세계은행 등의 주요 국제기구를 지배하고 있으며, 그들에게 유리한 현 국제 질서를 포기하려 하지 않는다. 개발 원조는 한 번도 계획된 목표액을 달성한 적이 없으며, 남반구 국가들은 여전히 북반구 국가들의 보호 무역주의의 피해자일 뿐만 아니라, 교역 조건 악화로 어려움을 겪고 있다. 사실 농산물이나 광산물은 북반구 국가들에서 수입하는 제조업 상품보다 가격 상승이 완만하다. 전체적으로 세계 무역에서 남반구 국가들이 차지하는 비중은 1950년 30%에서 1970년 20%로 감소했다. 반면에 남반구 국가들의 외채는 증가했으며 선진국으로의 이민 러시로 '두뇌 유출'을 겪어야 했다.

1950년대 이후 한국 전쟁, 베트남 전쟁 등 주요 동서 분쟁은 남반구 국가들에서 발생했으며, 북반구 국가들은 자국의 경제적, 지리전략적 이해관계를 위해 독재 정권을 지원했다. 예로 미국은 칠레, 이란, 인도네시아의 독재 정권을 후원했다. 남반구 국가들 중 자이르(1961~64)나 나이지리아(1967~79) 같은 몇몇 국가는 고질적인 부패와 끔찍한 내전으로 국력이 크게 약화되었다. 또한 1962년 인도와 중국 간의 국경 분쟁처럼 고귀한 대의와는 거리가 먼 사안이 문제가 될 경우, 제3세계의 단결된 모습은 사라진다.

폴 베어록에 따르면, 1950년 북반구 국가들의 평균 생활수준은 남반구 국가들의 5.1배였으나, 1980년 남-북 생활수준 격차는 7.4배로 벌어졌다. 1973년부터 시작된 유가 상승으로 이득을 본 개도국은 일부에 불과하며, 오일 달러는 북반구 국가들로 흘러 들어갔다. 자원이 빈약한 개도국들은 오일 쇼크와 세계 경제 위기의 주요 희생자였다.

▶남반구 국가들은 북반구 국가들의 헤게모니에 도전하고자 했으나, 희망이 실망으로 바뀐 적이 많았다. 또한 남반구 국가들 내에서도 다양한 이해관계가 존재한다. 결국 1970년대 말부터 남반구 국가들은 국제 무대에서 공동으로 행동할 수도 없었고, 원하지도 않았다.

53강 1980년대 이후 남-북 관계

1980년대 이후, 남반구 국가들 사이에서 점점 대조적인 상황이 벌어진다. 어떤 국가들은 북반구 국가들을 따라잡으며 세계화 과정에 참여하는 반면, 또 다른 국가들은 정체 또는 쇠퇴하고 있다.

1. 남반구 국가들의 고통과 의존

A. 경제적 실패와 분쟁

개도국의 경제적 어려움은 다양하다. 알제리와 중국의 자력 발전 전략은(제25강 참고) 좋은 성과를 내지 못했다. 부패, 기금 횡령, 잘못된 경영이 원자재의 가격 폭락과 맞물려 상황을 악화시켰다. 달러와 유가의 변동은 상황을 더욱더 악화시켰다. 사하라 사막 이남 아프리카, 라틴 아메리카 및 아시아 국가들은 계속 어려움을 겪어야 했다. 이 같은 어려움은 1994~95년 멕시코, 1997~98년 동남아시아, 2001~03년 아르헨티나를 덮친 금융 위기로 더욱 가중되었다.

전쟁 역시 계속되었다. 소련이 붕괴할 때까지 동서 양 진영은 각자의 노선을 방어했다. 소련은 1979년에서 1988년까지 아프가니스탄에 개입했고, 앙골라와 모잠비크는 동서 양 진영이 개입한 끝없는 내전으로 몰락했다. 공산주의의 종말로 몇몇 분쟁이 종식되기도 했지만, 혼란스러운 상황에서 또 다른 분쟁들이 터지거나 계속되었다.

르완다, 콩고 민주 공화국, 수단, 라이베리아도 내전으로 나라가 완전히 피폐해졌다. 이제 미국은 지구상 유일 초강대국으로서 몇몇 남반구 국가의 '평화 안착'을 지휘하고 있다. 미국은 1990년 대이라크 국제 동맹의 수장이었으며, 9 · 11테러 이후 2001년 아프가니스탄, 2003년 이라크에 군사 개입을 감행했다. 물론 분쟁으로 인한 경제적, 인간적, 정치적 비용은 어마어마하다.

B. 북반구 국가들에 대한 의존도 증가

북반구 국가들에 대한 남반구 국가들의 채무는 1980년 6,500억 달러에서 2000년 2조 5,000억 달러로 수직 상승했다. 1982년 채무 상환 불능 상태에 빠진 멕시코는 IMF의 권고 사항을 지켜야 했고, 자유주의적 구조 조정 프로그램을 도입해야 했다. 오늘날 북반구 국가들의 신자유주의는 세계 도처에서 민영화와 탈규제화를 부르짖으며 저발전의 해결책으로 부상하고 있다.

그런데 미국과 영국은 자신들의 원칙과는 모순되게도 농업 분야에서 보호 무역주의 기조를 유지하고 있다. 아프리카 면화 생산자들은 미국 농장주들에게 지급되는 보조금의 피해자들이다. 2005년 유엔에 따르면, 남반구 국가들에 대한 북반구 국가들의 무역 장벽은 선진국 간 무역을 가로막는 장벽보다 세 배나 높다. 또한 멕시코 수출의 87%가 대미 수출이라는 점에서 알 수 있듯이, 남반구 국가들의 수출은 여전히 북반구 국가들의 수입에 의존한다.

2. 남반구 국가들의 노력

A. 남반구 국가들의 성공

남반구 국가들은 1970년대부터 대외 지향적 발전 전략을 적용하고 있다. 동아시아의 '네 마리 용'과 '새끼 호랑이'들은 일본 성장 모델을 본떠 제조업 상품 수출 주도 성장 전략을 채택하고 있다. 이들은 우선 저렴한 노동력을 무기로 노동 집약적 상품 수출에 집중한 다음, 다변화된 생산 기지 이전을 통해 점차 생산 과정의 상위 단계로 진출하고 있다. 중국도 이 같은 흐름을 따랐고, 1979년 시장 경제를 도입했다. 라틴 아메리카에서는 브라질과 멕시코가 신흥 강국으로 떠올랐고, 모로코, 튀니지, 남아프리카 공화국도 발전하고 있다. 2003년 이후 유가 폭등은 산유국들의 경제 성장을 추동하고 있다.

이들의 성장률은 보통 북반구 국가들의 성장률보다 두 배에서 세 배나 높다. 기업들도 세계화에 편입되어 서구 시장을 휩쓸고 있으며, 섬유, 철강, 조선, 자동차, 정보 통신 등 다양한 상품 생산에서 북반구 기업들과 경쟁하고 있다. 세계 무역에서 남반구 국가들이 차지하는 비중도 증가하여, 21세기 초 30%를 넘어섰다. 특히 중국의 경우 1973년 1%에서 2005년 5%까지 비중이 상승했다.

B. 균형이 잡혀 가는 남-북 관계

남반구 국가들은 지역 협력을 통해 입지를 강화하고 있다. ASEAN은 점점 강화되고 있으며 활동 영역을 확장하고 있다. 브라질은 1991년부터 라틴 아메리카의 다른 국가들과 메르코수르를 주도하고 있으며, G20은 2003년부터 북반구 국가들의 보호 무역주의를 비판하고 있다. 아프리카 국가들도 2001년 아프리카 개발을 위한 뉴 파트너십을 설립하고 민주주의 정착과 경제 발전을 위해 노력하고 있다.

남반구 국가들은 북반구 국가들도 포함하는 좀 더 광범위한 지역 연합에 참여하고 있다. 1986년 창설된 케언스Cairns 그룹에는 오스트레일리아, 남아프리카 공화국, 브라질 등이 참여하고 있으며, 북미 자유 무역 협정은 미국, 멕시코, 캐나다를 회원국으로 두고 있다. 태평양 지역에서는 아시아 태평양 경제 협력체APEC에 21개국이 참여하고 있고, ASEAN은 2000년부터 한국, 중국, 일본과 무역 관계를 강화하고 있다. 또한 2년에 한 번씩 아시아 유럽 정상 회의ASEM가 열리고 있다.

이 같은 변화로 최근 주목할 만한 성과가 있었다. 2004년 북반구 국가들의 농업 보호 무역주의 완화에 대한 WTO 협상이 시작되었다. 일반 의약품 분야와 에이즈 퇴치 분야에서도 긍정적인 결과를 낳았다. 그러나 선진국과의 관계가 좀 더 균형 잡힌 관계로 발전한 경우는 남반구 국가들 중에서도 일부에 해당할 뿐이다. 신흥 공업국 10여 개국이 개도국 제조업 상품 수출의 80%를 담당하고 있다. 남-북 격차는 점점 심화되어 가는 남-남 격차를 동반한다. 마지막으로, 국제 이민이 남반구 국가들에 실업률 감소 등의 긍정적인 효과를 가져다주기는 했으나, 그로 인한 두뇌 유출 발생은 남반구 국가의 성장을 저해하는 요소가 되었다.

▶신흥 공업국의 성공에도 현실의 벽은 높기만 하다. 북반구 국가들은 여전히 강대국이며 점점 분열되어 가는 남반구 국가들에 비해 상대적으로 단결이 잘되어 있다. 남반구 국가들은 세계화에 참여함으로써 발전을 꾀할 수 있을 것이다.

54강 세계화 속의 슈퍼파워 : 미국

슈퍼파워, 즉 '초강대국'이라는 용어는 소련 붕괴 이후 등장하였다. 즉 미소 양국 체제에서 소련이 붕괴하면서 미국이 유일한 초강대국으로 남게 된 것이다.

1. 초강대국 미국

A. 세계 1위의 경제 대국

2억 9,600만 명의 인구에 생활수준이 높은 미국은 내수 시장이 활발하며, 광활한 영토에는 중요한 각종 천연자원이 풍부하게 매장되어 있다. 잘 발달된 교통망은 미국 전역을 연결하고 있으며, 국내외 항공 교통은 세계 교통량의 40%를 차지한다.

금융, 농업, 산업 분야에서 미국이 차지하는 위치는 압도적이다. 뉴욕 증시의 시가 총액은 유럽 각국 증시 시가 총액의 합보다도 크다. 연구 · 개발 지출도 유럽 연합의 두 배로 경쟁자들보다 월등히 많아, 나노 기술, 정보 통신, 항공 우주 등 군사 · 민간 분야에서 최첨단 기술을 보유하고 있다. 그리고 미국의 각 대학들은 유수 기업과 긴밀한 산학 협동 관계를 유지하고 있다. 전체적으로 봤을 때 미국은 세계 GDP의 25%, 세계 무역의 13.5%를 차지하고 있으며, 유럽 전체의 GDP를 초과하는 미국의 GDP는 일본 GDP의 2.5배이다.

B. 세계 지배

미국이라는 '모델'은 매년 수천 명의 이주민을 끌어들인다. 미국은 지구 전체를 관통하는 대원칙들, 즉 자유, 민주주의, 개인주의, 기업가 정신, 경제 자유주의를 옹호한다. 해외에 수많은 지사를 보유하고 있는 다국적 기업에서 수백만 명이 일한다. 세계 500대 기업 중 189개가 미국 기업이며, 월마트, 엑손 모빌, 제너럴 모터스는 그중에서도 최상위에 속하는 그룹이다. 미국의 화폐인 달러는 국제 무역에서 중요한 역할을 수행할 뿐만 아니라 각국 중앙은행이 보유하고 있는 외환 준비금의 상당 부분을 구성한다. 영어는 이제 세계 언어가 되었으며, 미국 문화는 다양한 분야에서 우위를 점하고 있다.

미국의 헤게모니는 IMF, 세계은행, WTO, 또는 G8에서 미국이 차지하는 위치로 더욱 공고해진다. 또한 미국은 APEC, NAFTA 같은 지역 경제 협력체 내에서도 결정적인 역할을 하고 있으며 여러 국가와 각종 양자 간 협정을 맺고 있다. 뿐만 아니라 어마어마한 국방비 지출로 지탱되는 미국의 군사력 또한 압도적이다.

2. 초강대국 미국에 대한 도전

A. 제국주의적 초강대국

국가의 후퇴, 규제 완화, 주주 파워로 대변되는 자유주의 이데올로기가 전 세계를 지배하고 있다. 1982년 이후 IMF가 멕시코에, 1997년 금융 위기 당시 아시아 각국에 강제했던 구조 조정 프로그램은 미국의 결정과 직접적으로 관련이 있다. 또한 미국은 개도국에 대한 영향력을 공고히 하기 위해 개발 원조에서 자국이 차지하고 있는 위치를 이용한다. 그리고 대테러 전쟁을 수행하기 위해 북아프리카에서 중동 지방까지 민주주의 블록을 구축하고자 한다.

그런데 미국의 태도가 점점 오만해지는 것 같다. 특히 교토 의정서 거부, 2003년 이라크 전쟁에서 볼 수 있듯이, 미국은 자국의 이익을 위해서라면 국제 게임 규칙을 무시하는 것도 서슴지 않는다. 바로 이 때문에 어떤 이들은 미국 헤게모니를 '제국주의'라고 규정하는 것이다. 그러나 이때의 '제국주의'는 예전 제국주의 시대의 유럽이 그랬던 것처럼 영토 정복으로 나타나지 않는다는 점에서 그 특징을 찾아볼 수 있다. 미국의 지배는 물론 필요하다면 군사력을 사용할 수도 있고 자국의 이해관계를 추구하긴 하지만 어쨌든 무력의 사용보다 설득을 중요시 여긴다. 미국은 사실 자국이 세계와 아메리카 대륙의 안녕을 위해 복무한다고 믿으며, 미국 문화가 보편타당한 문화라고 생각한다. 그러나 이 같은 미국의 태도를 모두가 인정할 수는 없으며, 따라서 수많은 문제 제기와 긴장을 불러일으킬 수밖에 없는 것이다.

B. 대내외적 문제에 직면해 있는 초강대국

1987년 영국의 역사가 폴 케네디Paul Kennedy는 미국이 쇠퇴 국면에 들어섰다고 주장했다. 폴 케네디는 그 근거로 미국의 쌍둥이 적자, 첨단 기술 분야에서 주도권 상실, 해외 군사 기지 유지에 따른 막대한 비용을 들었다. 2002년 프랑스의 이마누엘 토드Emmanuel Todd는 미국이 세계 다른 국가들에 기생하여 삶을 유지해 가고 있다며, 사회적 불평등은 심화되어 가고, 미국은 위험한 제국주의 전쟁을 지지하고 있다고 주장했다. 2001년 미국을 뒤흔든 9 · 11테러도 빼놓을 수 없다.

물론 이 같은 분석은 이론의 여지가 많다. 미국이 세계 경제에서 차지하는 비중은 1975년 이후 결코 감소한 적이 없으며, 1990년대 초부터 미국은 유럽과 일본보다 더 높은 경제 성장률을 기록하고 있다. 그러나 케네디나 토드의 분석은 미국이라는 초강대국이 직면해 있는 어려움을 지적한다는 데 의의가 있다. 그중에서도 빈곤, 사회적 불평등, 퇴직 및 보건 시스템 비용 증가는 우려할 만한 수준에 도달했다. 또한 막대한 규모의 무역 및 재정 적자, 자동차 부문 등 취약한 몇몇 산업 부문은 미국의 약점을 보여 준다. 더구나 대테러 전쟁은 예상보다 훨씬 복잡한 것으로 드러났다. 이라크의 상황은 악화 일로로 치닫고 있으며 아프가니스탄의 상황도 그보다 나을 것이 없다. 이슬람 세계는 미국에 점점 적대감을 드러내고 있다. 비록 초강대국 미국이 쇠퇴하지는 않는다 해도, 미국의 미래에 그림자를 드리울 수 있는 어려움에 직면해 있는 것만큼은 사실이다.

▶현재 미국은 라이벌이 없다. 현재로서는 유럽, 일본, 중국만이 미국에 대적할 수 있을 것이다.

55강 세계화에서 미국-유럽 연합-일본, 삼각 축의 역할

삼각 축은 세계에서 지배적인 위치를 차지하고 있는 세 축, 즉 미국, 유럽 연합(또는 서유럽), 일본으로 구성되어 있다. 그러나 이들 국가의 지배적 지위에 대한 문제 제기가 진행되고 있다.

1. 지배적 지위

A. 삼각 축, 경제 세계화의 주요 주체

2004년, 삼각 축 국가들의 GDP 합계는 세계 GNP의 약 3분의 2에 해당한다. 미국은 세계 GDP의 30%, 유럽 연합은 거의 25%를 차지하고 있다. 또한 국제 무역의 70%는 삼각 축 국가들이 차지하고 있으며 삼각 축 국가 간 무역의 비중만 계산해도 전체 상품 및 서비스 무역의 50%에 육박한다.

2004년, 다국적 기업 해외 직접 투자의 75%는 삼각 축 국가들의 몫이며, 이 중 3분의 2는 유럽 연합의 몫이다. 또한 다국적 기업 해외 직접 투자의 50%가 삼각 축 국가들에 집중되고 있으며, 이 가운데 3분의 2는 유럽 연합에 유입된다. 그리고 삼각 축은 대규모 금융 자본의 본거지이기도 하다. 특히 경제 주체, 그중에서도 대정부 대출과 관련된 금융 거래와 투기 거래가 매우 활발하며, 이 자본 플로 중 대부분이 삼각 축 국가들의 주식 시장에서 거래된다. 예로 뉴욕 증시는 세계 시가 총액, 즉 세계 각 증시에 상장되어 있는 전체 주식 시가 총액의 절반을 차지하며, 도쿄 증시, 런던 증시, 그리고 파리·암스테르담·브뤼셀의 통합 증시인 유로넥스트는 각각 8%에서 10%를 차지하고 있다.

B. 지배는 다른 분야에서도 진행된다

삼각 축 국가들은 여러 메이저 국제기구에서도 지배적 위치를 점하고 있다. 미국이나 유럽 연합은 국제 통화 기금이나 세계은행에서 모든 중요한 결정에 대해 거부권을 행사할 수 있다. 물론 유럽 연합의 경우 거부권 행사를 위해선 먼저 유럽 연합 회원국들의 의견 조율이 선행되어야 한다. WTO에서(제17강 참고) 삼각 축의 강대국들은 자국에 유리한 국가 동맹을 구축하기 위해 자국의 영향력을 이용한다. 유엔에서도 마찬가지이다.

1975년부터 미국, 일본, 프랑스, 이탈리아, 독일, 캐나다, 영국은 G7 회담을 개최하고 있다. G7의 목적은 각종 중요한 세계 현안에 대해 어떤 조치를 결정할 때 G7 국가 간 협력을 강화하는 것이다. G7은 그렇게 일종의 세계 지도부의 역할을 담당하고 있다. 1997년부터 러시아 대통령이 G7 회담에 참여하기 시작했고, G7은 이제 G8이 되었다. 또한 G7 회담에는 유럽 연합 의장국 국가 원수도 참석한다.

삼각 축 국가들은 세계적 차원의 정보 유통 및 데이터 유통에서 매우 강력한 지배력을 행사한다. 방송 및 언론 대기업, 정보 통신 네트워크, 주요 광고주들, 주요 연구 센터, 최상위 명문 대학들이 대부분 삼각 축 국가들에 위치하고 있다. 또한 지배적인 세계 문화의 구성 요소가 정의되는 곳도 바로 이들 국가에서다.

2. 흔들리는 지배적 지위

A. 삼각 축과 견제 세력

삼각 축의 경제 지배는 인도나 중국 같은 개도국, 한국이나 타이완 같은 동아시아 국가들, 브라질 같은 남미 국가들의 부상으로 도전받고 있다. 비록 이들 국가의 성장의 일부는 삼각 축에 뿌리를 둔 다국적 기업들에 귀속되지만, 저비용을 무기로 이들은 세계 시장에서 삼각 축 국가들을 위협하는 경쟁자가 되었다.

개도국들은 또한 삼각 축 국가들의 사회 · 정치적 지배에 도전하고 있으며, 개도국에 좀 더 유리한 새로운 국제 경제 질서 구축을 주장하고 있다(제53강 참고). 예로 2003년 브라질, 인도, 중국, 기타 개도국 17개국이 G20을 구축하고 삼각 축 국가들의 농업 보호 무역주의를 규탄하고 있으며, 특히 WTO 내에서 이들이 관세 장벽을 낮추도록 압력을 넣고 있다.

삼각 축 국가들은 종교적 근본주의와 민족주의의 급부상에 직면해 있다. 민족주의와 근본주의는 삼각 축 국가들의 헤게모니에 대한 일종의 저항 형태로 등장한다. 2003년 미영 연합군의 이라크 군사 개입 당시 급진 이슬람주의자들이 격렬히 반응한 것이 그 예이다. 게다가 2001년 9월 11일 뉴욕의 세계 무역 센터 쌍둥이 빌딩 테러가 보여 주듯이 삼각 축 국가들에는 테러의 위협이 상존한다.

B. 삼각 축 내의 대립

삼각 축 국가들 사이에서도 대립이 존재한다. 프랑스와 독일은 미영 연합군의 이라크 군사 개입에 반대 입장을 분명히 밝혔으며, 미국과 유럽 연합은 서로 보호 무역주의적 정책을 실시한다고 비난한다. 일본과 유럽 연합은 미국의 문화적 지배를 두려워하고 있다. 프랑스는 특히 시청각 생산 분야 보호 무역주의의 근거가 되는 문화적 예외 원칙을 보급하려고 적극적으로 노력하고 있다(제19강 참고). 불협화음은 유럽 연합 내에도 존재한다. 예로 영국은 공동 농업 정책에 할당되는 유럽 연합 예산 축소를 주장하면서 프랑스와 대립하고 있다.

삼각 축 국가들 내에서 시민 단체들은 다국적 기업의 지배와 이들 국가가 수립한 국제 질서에 문제 제기를 하고 있다. 대안 세계화 운동가들과 비정부 기구들(제82~84강 참고)이 바로 이들이며, 때로 이들의 반대는 국제 통화 기금이나 세계은행 같은 주요 국제기구 회의나 유럽 정상 회담, G7 같은 삼각 축 국가들의 정상 회담이 열릴 때 폭력적 형태를 취하기도 한다.

▶삼각 축 국가들의 지배가 흔들리고는 있으나 여전히 이들은 세계를 지배하고 있다. 이는 단순히 정부의 문제가 아니며 민간 주체들, 특히 세계 경제에서 점차 그 비중이 커져 가는 다국적 기업의 영향력의 결과이기도 하다(제31강과 제56강 참고).

56강 세계화와 빈곤

세계은행에 따르면, 20년 전부터 빈곤 문제가 개선되기 시작했으며 세계화도 빈곤 문제 개선에 기여했다. 그러나 세계 모든 지역에서 빈곤 문제가 개선된 것은 아니다. 사하라 사막 남부 아프리카와 라틴 아메리카에서는 여전히 빈곤이 만연한 반면, 동아시아와 남아시아에서는 빈곤이 줄어들고 있다.

1. 세계화는 빈곤 문제를 더 악화시킬 수 있다

A. 빈곤이란?

절대 빈곤이란 개인 또는 가계의 소득이 너무 낮아 최소한의 의식주 해결도 불가능한 경우를 말한다. 그러나 빈곤은 상대적으로 인식될 수도 있다. 즉 어떤 사회에서 일반적이라고 판단되는 생활양식에 접근할 수 없는 사람은 가난한다. 이 경우 소득은 최저 생계비보다 높을 수도 있다. 일반적으로 상대적 빈곤선은 소비 단위별 소득 중앙 값의 절반 수준에서 결정된다.

빈곤을 단지 화폐적 차원으로만 판단할 수는 없다. 전통적인 빈곤선을 초과하는 소득이 있는 개인이라도 읽고 쓰기를 못 한다면 존엄한 삶을 사는 것이 어려울 수 있다. 바로 이 때문에 유엔 개발 계획UNDP이 두 종류의 인간 빈곤 지수HPI를 발표하는 것이다.

HPI-1은 개도국과 관련된 지수이다. 이는 신생아가 40세 이전 사망할 확률, 성인 문맹률, 식수 부족을 겪고 있는 인구의 수, 5세

미만 아동 중 영양실조에 걸린 비율 등 여러 가지 요소를 종합한 지수이다. HPI-2는 선진국과 관련된 지수로, 신생아가 60세 이전 사망할 확률, 성인 문맹률, 상대적 빈곤선 아래에서 생활하는 인구의 비율, 장기 실업률 등을 종합해서 산정된다.

B. 빈곤 지수 악화와 세계화

세계화는 그 형태가 무엇이든 빈곤을 증가시킬 수 있다. 실제로 경쟁력이 낮은 국가들은 국제 경쟁으로 심각한 타격을 입게 되고, 그 결과 실업이 증가하고 불안정이 심화된다. 게다가 경쟁력 제약 때문에 정부는 공공 투자와 사회 보장 제도 지출을 축소하거나 제한할 수밖에 없다. 비용 압박이 심하기 때문이다. 기업에는 임금을 유지하고 비정규직을 고용하고 생산 시설을 해외로 이전해야 할 유인이 생긴다(제34강 참고).

개도국, 그중에서도 빈국은 특히 취약한 상황에 놓이게 된다. 최빈국의 HPI는 적어도 부분적으로는 세계 무역 편입의 결과일 수 있다. 더구나 이들 국가는 자본 유출과 유입으로 인한 금융 불안정 상황에 직면해 있다. 그 결과 성장이 저해된다. 또한 빈국은 세계 자본 플로에 편입되어 과도한 외채에 시달린다(제80강 참고). 결국 국부의 상당 부분은 국민의 복지 향상이 아니라 외채 상환에 소진되는 것이다.

2. 빈곤에 대한 세계화의 부정적 효과는 여러 요인을 고려해야 한다

A. 세계화의 순효과

국제 무역 편입은 국가의 경제 성장과 소득 증대, 좀 더 일반적으로 발전을 추동할 수 있다(제21~25강 참고). 실제로 세계화의 결과는 국가가 처한 상황에 따라 달라진다. 생산 시스템의 경쟁력이 낮은 국가들, 세계 수요가 활발하지 못한 상품 생산에 특화한 국가들(제50강 참고)은 세계화가 자국의 빈곤 문제에 미치는 영향을 두려워할 것이다. 게다가 세계화의 이득, 즉 국민 소득 증대의 혜택은 일부 소수 엘리트에게만 돌아갈 수도 있다. 결국 국민 소득이 향상되더라도 대다수 국민은 그 효과를 누릴 수조차 없다. 이 경우 세계화가 빈곤 문제를 악화시키는 것이 아니라, 빈곤 퇴치와 불평등 퇴치를 위한 프로그램 적용과 국가 생산 시스템 및 전문화 변화를 촉진하는 적절한 전략을 적용하지 못하는 정부의 무능력이 문제인 것이다.

자유주의 이론가들은 노동 시장과 상품 시장이 유연하다면 세계화의 부정적 효과가 상당히 완화될 것이라고 주장한다. 그런데 이 주장은 사실과 다르다. 노동 시장 유연성은 빈곤과 고용 불안정의 원인이 되고 있다. 또한 세계 경제 편입으로 경제가 성장하면 점차 국민들의 어려움도 줄어들 것이다. 마지막으로, 세계 경제 편입으로 더욱 견실한 성장을 달성하게 된다면, 결국 이들 국가는 다른 국가에 새로운 판로를 제공해 주는 셈이며, 이를 통해 세계 경제 성장과 빈곤 문제 해결에 기여하는 것이다.

B. 국가의 과도한 폐쇄성은 빈곤 문제를 더 악화시킬 수 있다

보호 무역주의와 자본 유입 통제는 빈곤 문제를 더 악화시킬 수 있다. 사실 높은 관세 장벽의 보호 아래 기업들의 혁신 유인은 낮거나 아예 없을 수도 있으며, 기업들은 쉽게 상품 가격을 인상할 수 있다. 따라서 대다수 국민의 실질 소득은 감소하거나, 증가하더라도 그 정도가 약할 것이며, 전체 경제 활동도 둔화될 것이다. 이는 곧 실업과 빈곤의 증가를 의미한다. 또한 자본 유입 통제로 투자 재원 마련이 어려워지고 결국 국민 소득 성장이 둔화된다.

사실 빈곤 문제는 지도층의 비현실적인 자급자족 경제 구축에 대한 의지 때문에 발생할 수 있다. 북한의 예는 과도한 보호주의가 개인의 빈곤에 얼마나 좋지 않은 영향을 미치는지 단적으로 보여 준다. 1958~61년 '대약진' 시기의 중국도 마찬가지이다. 이 시기에 수백만 명이 기아로 사망했다. 반대로 1960년대 이후 타이완, 한국 등 동아시아 국가들이 수용한 발전 전략은 세계 경제 편입과 특정 부문 보호를 혼합한 것으로, 빈곤 완화에 크게 기여했다.

▶빈곤에 대한 세계화의 영향은 특히 빈곤 문제가 내적인 원인에 기인하는 경우 더욱 여러 가지 요소를 고려하여 판단해야 한다.

57강 소득 불평등에 대한 세계화의 영향

소득 불평등에 대한 세계화의 영향은 두 가지 차원에서 인식될 수 있다. 첫째, 국가 간 불평등이다. 둘째, 국가 내 불평등이다.

1. 국가 간 소득 불평등

A. 선진국과 개도국 간 격차의 변화

2000년 세계은행이 발표한, 크리스천 모리슨Christian Morrisson과 프랑수아 부르기뇽François Bourguignon의 연구는 하나의 심각한 추세를 보여준다. 즉 2세기 전부터 1인당 소득 격차 기준, 국가 간 불평등이 심화됐다는 것이다. 그러나 학자들은 최근 30년만을 두고 판단할 때, 국가 간 불평등이 완화되었다고 주장한다. 바로 세계 경제 편입 전략을 적용한 개도국들이 선진국을 따라잡고 있기 때문이다.

그러나 지난 30년 동안 국가 간 불평등의 완화는 중국 경제의 성장 동학과 밀접한 관련이 있다. 중국을 관찰 대상 국가에서 제외할 경우 국가 간 불평등, 특히 선진국과 저소득 국가, 즉 1인당 연소득이 825달러 미만인 개도국 간의 불평등이 심해졌다. 그런데 이들의 세계 경제 통합 정도는 다른 개도국들보다 낮은 편이다. 따라서 세계 경제에 편입되지 않았다는 점이 성장을 저해하고(제21강과 제22강 참고) 국가 간 불평등을 심화시켰을 수 있다. 그러나 최빈국의 세계 경제에 대한 편입 정도가 낮은 것은 최빈국 저발전의 원인이 아니라 결과일 수 있다.

B. 세계화의 영향

선진국과 개도국에 대한 세계화의 영향은 대조적이다(제24강과 제25강 참고). 세계화는 경제 성장을 추동할 수도, 저해할 수도 있다. 지난 30년 동안 선진국과 중국을 제외한 개도국 간 불평등의 심화는 세계화가 개도국보다는 선진국에 더 유리하다는 점을 보여 준다고 할 수 있다.

사실 국가 간 소득 불평등에 대한 세계화의 영향을 따로 분리하는 것은 어려운 일이다. 소득 불평등의 심화에는 수많은 요소가 작동하며, 그중 상당수가 세계화와 관련이 없다. 예로 잘못된 거시 경제 정책, 사회 간접 시설 미비, 비효율적 제도의 존재는 개도국의 성장을 저해하고 국가 간 불평등을 심화한다.

국가의 전문화가 결정적인 요소이다. 1차 생산물, 반제품 또는 일반 소비재 생산에 특화한 개도국은 세계 경제에 편입될 경우 교역 조건 악화의 위험에 노출되며, 따라서 성장이 저해될 수 있다(제50강 참고).

2. 국가 내 소득 불평등

A. 내적 불평등의 변화

모리슨과 부르기뇽에 따르면, 국가 내 소득 불평등은 19세기, 즉 세계화가 진전된 시기에 다소 증가했다가 세계화가 후퇴한 시기인

20세기 초부터 1950년대까지는 감소했고, 세계화가 강화된 1960년대 이후 약간 증가했다. 따라서 세계화가 국가 내 소득 불평등 심화의 원인이라고 할 수 있을 것이다.

그렇지만 각국의 소득 불평등 변화에 대해서는 전혀 속단할 수 없다. 지난 30년 동안, 브라질의 소득 불평등은 다소 완화되었고, 멕시코와 중국은 심화되었다. 선진국을 보면, 미국이나 영국은 소득 불평등이 증가하는 추세이나 프랑스 및 아일랜드에서는 다소 감소하고 있다. 그러나 국제 노동 기구ILO의 최근 연구가 보여 주는 것처럼 대부분의 국가에서 소득 불평등이 심화되고 있다.

B. 세계화의 충격

국제 무역 편입으로 어떤 부문은 비약적으로 발전할 수 있지만 또 다른 부문은 도태된다. 또한 어떤 직업은 다른 직업보다 노동 수요가 더 많을 수 있다. 선진국에서 저임금 개도국과의 경쟁은 기업들로 하여금 비숙련 노동을 자본으로 대체하게 만들며, 생산적 숙련 노동자의 고용을 촉진한다(제58강 참고). 게다가 금융 글로벌화 덕분에(제77강 참고) 투자 기회가 확대되고, 자본 소유자들은 막대한 이익을 얻는다. 이 같은 변화는 결국 금융 자산 보유자와 비보유자, 또는 보유 자산이 적은 사람 간의 소득 불평등 심화로 귀결된다.

국가 내 소득 불평등의 결정에는 여러 가지 내적 요소가 개입한다. 예로 기술 진보는 오늘날 비숙련 노동보다 숙련 노동을 우선시하는 경향을 낳았으며, 소득 분배는 사회적 역학 관계에 달려 있고 정부가 재분배를 통해 수정할 수 있다. 그러나 이 같은 요소들은 어떤 면에서는 세계화의 영향을 받을 수 있다. 우선 비숙련 노동의 절약을 가능케 하는 기술 진보의 적용은 세계 경쟁의 압력에 대한 하나의 대응책이 될 수 있다. 둘째, 개방 경제에서 근로자들의 협상력은 저임금 국가들과의 경쟁으로 약화된다. 셋째, 정부는 조세 제도가 기업 경쟁력과 국가 매력도에 미치는 영향을 무시한 채 소득 재분배를 목적으로 개입할 수 없다.

▶국가 간 불평등과 국가 내 소득 불평등에 대한 세계화의 영향은 복잡하다. 사실 세계화는 다른 요소들과 함께 소득 불평등에 영향을 끼치는데, 이 요소들조차 최소한 부분적으로는 세계화의 영향을 받고 있다.

58강 세계화와 고용

세계화는 고용 파괴를 낳기도 하지만 고용 창출에 기여하기도 한다. 또한 고용의 성질에 영향을 미친다.

1. 일자리 수에 대한 세계화의 영향

A. 일자리 파괴

국가의 세계 무역 편입은 경쟁력이 낮은 기업, 즉 단위 가격과 비용이 너무 높거나 세계 수요 적응에 실패한 기업들의 도산을 야기한다. 예로 선진국 섬유 부문 기업들은 저임금 개도국과의 경쟁 때문에 수천 개의 일자리를 없애야 했다.

다국적 기업의 해외 직접 투자 또한 일자리 파괴의 원인이다. 예로 생산 기지 이전과(제34강 참고) 관련된 해외 직접 투자 유출은 본국에서의 생산 단위 폐쇄나 활동 규모 감축을 의미한다. 해외 직접 투자는 또한 해당 국가에서 새로운 생산 단위의 진출로 기존 기업들이 사라질 정도로 경쟁이 격화될 경우 일자리를 파괴할 수 있다(제35강 참고).

금융 글로벌화(제77강 참고)는 불안정한 상황, 나아가 대규모 위기를 발생시킬 수 있다(제78강 참고). 해당 국가들, 특히 개도국은 경제 활동의 후퇴를 겪을 것이며, 따라서 일자리 파괴가 발생할 것이다.

B. 일자리 창출

국가의 세계 무역 편입은 성장과 고용을 촉진한다. 수출은 수요를 자극하고, 투입 요소 수입은 생산 증대 및 기술 진보 보급에 기여하며, 저렴한 가격의 소비재 수입은 소비자의 구매력을 향상시켜 결국 내수 증가를 가져온다. 세계 경쟁에서 살아남기 위해 기업들은 가격 외 경쟁력, 또는 구조적 경쟁력 제고를 위해 상품 차별화를 꾀할 것이며, 따라서 일자리를 유지하거나 늘릴 것이다.

해외 직접 투자 수혜국들은 경제 활동 증가 효과를 경험할 것이다. 특히 다국적 기업이 진출하면 해당 지역 공급 업체의 활동이 증가한다. 더구나 해외 직접 투자로 기술 진보의 보급이 촉진된다. 한편 본국은 다국적 그룹의 모기업으로 이윤이 회수되면서 소득 증대 효과를 누리고, 추가적인 판로 확보, 좀 더 일반적으로 해외 직접 투자 수혜국으로의 수출 확대라는 이득을 얻는다.

금융 글로벌화로 투자 재원 마련 조건이 개선되고, 금리가 인하되어 경제 성장이 촉진될 수 있다. 게다가 자본 보유자들의 소득, 또는 자본 이득이 증대할 것이다. 이 경우 소비 유인이 커지기 때문에 내수가 촉진된다. 이렇게 되면 세계 경제는 더욱 성장하고 일자리가 창출된다.

2. 일자리 성격에 대한 세계화의 영향

A. 숙련 노동과 비숙련 노동

세계화는 선진국의 비숙련 노동을 위협한다. 저임금 국가와의 경쟁 때문이다. 기업은 상품이나 제조 기법을 혁신하고, 이는 경쟁에 노출된 부문에서 숙련 노동의 비중 증대로 귀결된다. 더구나 자격 조건이 어떻든 간에, 고용주들은 언제나 가장 우수한 근로자들을 선택하는 경향이 있다. 따라서 학력과 임금 수준으로 평가되는 자격 조건을 넘어 자율성, 시간 엄수, 직업적 엄격성과 양심, 리더십 같은 몇 가지 능력을 갖추는 것이 필요하다.

개도국에서 저숙련, 저임금 노동 집약적 부문에 대한 전문화로 인해 저숙련 노동의 일자리 수가 증가한다. 그러나 인도, 중국, 한국, 브라질처럼 높은 성장률을 기록하는 개도국에서는 엔지니어, 기술자, 관리자 등에 대한 수요, 즉 숙련 노동 수요가 증대한다. 생산 전문화가 점차 기술 집약적 산업으로 이동하기 때문이다. 또한 개도국 간 경쟁은 이들 국가에서 저숙련 노동을 위협한다. 중국의 저임금은 모로코나 튀니지의 섬유 수출 기업들을 어려운 상황으로 몰고 가며, 이들 두 국가의 근로자들에게 타격을 주고 있다.

B. 노동 조건

모든 국가에서 기업들은 경쟁에 맞서기 위해 노동 유연성을 더욱 중요시한다. 노동 유연성이란 기업 활동의 리듬, 시간표, 직원, 임금, 업무에 따라 노동을 조정하는 것을 말한다. 따라서 근로자들은 노동 조건과 생활 방식을 악화시키는 여러 가지 제약을 감수할 수밖에 없다. 금융 글로벌화로, 대기업 경영진이 주주의 요구를 만족시키기 위해 금융 수익성 극대화를 추구하고, 노동 조직의 유연화나 임금 비용 감축을 위한 대량 해고를 통해 노동력을 약화시킨다는 사실은 이 같은 추세를 더욱 강조하고 있다.

세계화만이 이 같은 변화의 원인이 아니다. 기술 진보, 소비자들의 증대되는 요구 역시 변화를 이끄는 요인이다. 게다가 노동 유연성이 생활 방식에 반드시 해로운 영향을 주는 것은 아니다. 특히 노동 유연성이 근로자의 다기능성의 강화로 나타날 경우, 근로자는 특화된 일만을 하는 단조로움에서 벗어나 여러 가지 역할을 수행할 수 있다. 마지막으로 정부는 예컨대 주간 노동 시간표의 변화에 한계를 설정한다는 식으로 노동 유연성에 제한을 둠으로써, 빈곤 퇴치 프로그램을 실시함으로써, 노동자 교육 수준 개선에 기여함으로써 세계화된 경제에 여전히 개입할 수 있다(제26~29강 참고).

▶세계화는 다양한 방식으로 고용에 영향을 끼친다. 세계화의 영향이 특히 기술 진보 같은 다른 요소들과 동시에 진행될 때, 세계화의 영향만을 따로 분리해서 측정하는 것은 매우 어렵다.

59강 세계화 속의 문화적 획일성과 다양성

경제적 세계화는 문화적 세계화, 즉 국가별 문화를 통합한 세계 문화의 출현을 낳기 마련이라고 생각할 수 있다. 그러나 이 시나리오는 실현 가능성이 희박하다.

1. 문화적 획일화는 불가피한 것이 아니다

A. 문화적 세계화

문화적 세계화는 각국 문화 간 결합으로 인한 세계 문화의 출현을 내포한다. 즉 서로 다른 문화 간 접촉은 해당 국민들의 문화 변용, 다시 말해 해당 사회의 문화적 변화를 낳는다는 것이다. 세계 문화는 새로운 문화일 수도 있고, 지배 국가 즉 미국의 문화일 수도 있으며, 지배 국가 집단 즉 서양 국가들의 문화일 수도 있다. 두 번째의 경우 세계 문화의 미국화가 발생할 것이고, 세 번째의 경우 세계 문화의 서양화가 발생할 것이다.

따라서 그 방식이 무엇이든 간에 문화적 세계화는 문화의 획일화로 귀결된다. 국가적 정체성은 사라지고 일종의 문화적 동질화가 일어난다. 1980년대 프랑스 인류학자 클로드 레비스트로스Claude Lévi-Strauss가 "인류는 단일 문화 속에서 살고 있으며, 대중 문명을 생산할 준비를 하고 있다."고 주장한 것도 바로 이 때문이다.

B. 문화적 획일화의 불가능성

공동체는 다른 공동체의 문화를 수용할 수 있으며 자국의 문화적 특징을 포기할 수 있다. 이는 문화적 동화이다. 그러나 대부분의 경우, 공동체는 타문화의 특징을 차용해 자국 문화에 맞게 수용한다. 따라서 자국 문화는 사라지는 것이 아니라 변화한다. 이는 문화의 적응 또는 재해석 과정이라고 할 수 있다.

반反문화 변용은 공동체가 다른 공동체의 문화를 거부하고 자국에 고유한 문화적 특징을 강조할 경우 발생한다. 이 과정은 세계 문화의 출현이나 세계의 미국화, 또는 서양화와는 반대되는 과정으로, 1996년 이슬람 근본주의자들의 정권 장악 이후 2001년까지의 아프가니스탄을 예로 들 수 있다.

사실 동일한 사회 내에서 문화 변용으로 몇몇 문화적 특징이 사라지거나 다른 사회에서 차용한 문화적 특징으로 대체되기도 한다. 이렇게 차용된 문화적 특징은 자국 문화에 맞게 재해석되는 한편, 자국 문화의 고유한 특징들이 강조된다(반문화 변용). 이 같은 과정이 모든 나라에서 동일한 방식으로 진행되어야 할 이유는 전혀 없다. 따라서 문화적 획일화 가설은 폐기해야 한다.

2. 각국 문화는 여전히 존재한다

A. 세계화에도 문화적 다양성이 존재한다

수많은 연구와 조사 결과를 보면, 각국 문화는 여전히 전체적으로 매우 다르다는 것을 알 수 있다. 미국의 사회학자 로널드 잉겔하트Ronald Inglehart는 가치 체계에 대한 여러 조사를 기초로, 각 사회는 종교와 전통적인 가족의 가치, 그리고 자아실현의 해방적 가치에 부여하는 중요성에 따라 구별된다고 주장한다. 자아실현의 가치는 발전 수준이 낮아 일차적 욕구의 충족과 물질적 재화에 대한 접근이 우선시되는 사회에서 주로 등장하는 '결핍의 가치'에 대립된다. 예로 북유럽 국가들에서 종교의 호소력은 약화되었고, 개인의 성취가 매우 중요하다. 반대로 동유럽 국가들에서 종교는 여전히 커다란 영향력을 발휘하고 있으며 '결핍의 가치'가 지배한다.

세계화가 문화 다양성의 보전과 양립 가능하긴 하지만, 각국의 문화를 위협할 수 있다. 잉겔하트가 설명한 것처럼, 각국 문화는 북유럽, 남유럽, 동유럽 등 초국적 문화 지대에 포함될 수 있을 것이다. 게다가 개인은 자신이 살고 있는 사회에서 자기 자신의 문화의 설립자이다. 이 문화는 다른 사회의 다양하고 다변화된 문화적 차용으로 구성되었으며, 이 과정은 세계화에 의해 촉진된다. 이렇게 개인주의적 관점에서 바라볼 때, 문화 다양성은 각국의 국가적 통일성의 붕괴를 초래할 수도 있다. 즉 개인의 수만큼 문화도 존재한다.

B. 다양성을 보전하기 위한 문화적 예외 조항

우루과이 라운드(1986~93)의 다자간 무역 협상 당시, 유럽 경제공동체는 임시로나마 자유 무역 규칙으로부터 시청각 산업 분야를 보호하기 위한 문화적 예외 조항을 추가하는 데 성공했다.

여러 가지 주장이 이 조항을 정당화한다. 시청각 산업은 국가 문화의 담지체로서 특별한 지위를 누려야 한다는 것이다. 국가의 이미지를 타국에 전달하고 국가 공동체 내부에 공통의 문화를 보급하기 때문이다. 게다가 이 분야의 국제 경쟁은 미국에만 이득을 줄 것이다. 미국은 광활한 시장을 보유하고 있으므로 시청각 산업의 수익성을 보장할 수 있고, 외국 시장에서 가격을 인하할 수 있으며, 경쟁자를 제거할 수 있다는 것이다. 따라서 시청각 분야에서 문화 상품의 공급은 줄어들 것이고, 그 다양성도 축소될 것이다.

그러나 문화적 예외 조항을 놓고 많은 반대 의견이 나왔다. 즉, 문화적 예외 조항은 문화 다양성 보호보다는 국내 시장 보호가 우선인 국가들의 핑계에 불과하다는 것이다. 더구나 문화적 예외 조항의 삭제가 각국 문화를 위태롭게 하지도 않을 것이다. 세계화가 실제로 각국 문화를 강화할 수도 있다. 예로 미국 음반 회사들이 프랑스 노래를 제작할 수도 있다. 그러면 프랑스 문화는 더욱 강화될 것이다. 또한 세계화에 따른 문화 변용 과정이 반드시 문화 획일화 과정으로 귀결되는 것은 아니다.

▶세계화로 인한 문화적 획일화의 두려움은 실제로 근거 있는 두려움이라고 할 수 없다. 세계화가 필연적으로 동일 유형 사회로의 국가 간 수렴을 내포하지는 않는다.

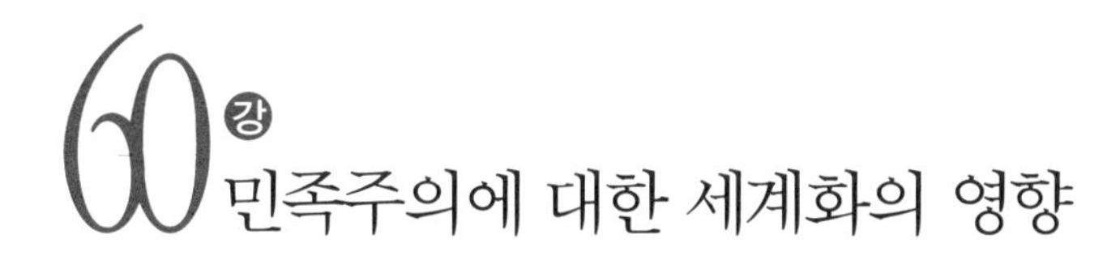

60강 민족주의에 대한 세계화의 영향

민족주의는 개인을 국적에 따라 구별하는 독트린이다. 세계화 때문에 민족주의는 이제 시대착오적인 개념이 되어 버린 듯하다. 그러나 민족주의는 여전히 존재하며, 역설적으로 세계화가 민족주의를 강화할 수 있다.

1. 세계화는 민족주의를 제거하지 않는다

A. 세계화 대 민족주의

민족주의는 다양한 모습으로 나타날 수 있다. 민족주의는 국가 공동체를 경영할 책임이 있는 국민 국가에 의해 체현될 수 있다. 이른바 국가 민족주의로, 국민 국가의 정당성은 바로 이 국가 공동체에 기반을 둔다. 그러나 국가가 동질적인 공동체를 경영하는 것은 매우 드물다. 바로 이 때문에 민족주의는 여러 국민 국가에 흩어져 존재하며 민족 자결을 부르짖고 새로운 국가 건설을 꿈꾸는 민족 내에서도 표현된다. 현재 모로코 남부에 거주하고 있는 사하라 독립파 주민들이 좋은 예이다. 그러나 이 같은 분리주의자들의 요구는 그들과 대립하는 사람들의 민족주의적 감정을 일깨운다.

1980년대 이후, 세계화는 국민 국가를 약화시켰다. 국민 국가의 근간인 국가 정체성은 각국 문화의 상호 접근으로 판단되는 문화적 세계화에 직면해 있다(제59강 참고). 이 같은 맥락에서 보면, 민족주의적 요구 또한 부적합해 보인다. 더구나 세계화는 무역, 금융 거래, 인구 이동을 촉발하면서 국민 국가의 정치적 경계를 희석시키고 문화 간 접근에 기여한다.

B. 민족주의는 여전히 존재한다

1980년대부터 세계화가 가속화되면서, 특히 1991년 소련 붕괴 이후 국민 국가를 표방하는 20여 개국이 새로이 건설되었다. 민족 공동체의 자주 결정을 부르짖는 민족주의의 요구가 늘어났고, 때로 이 같은 요구는 1993년 에티오피아에서 분리 독립한 에리트레아처럼 새로운 국민 국가의 건설로 이어지기도 했다.

국민 국가는 사라지지 않았으며, 문화적 다양성이 유지되고 있다(제59강 참고). 국가는 세계 경제에서 중요한 역할을 담당하고 있다(제26강 참고). 특히 국가는 인프라 시설을 구축하고, 연구 개발 및 직업 훈련을 지원한다. 덕분에 기업들은 경쟁력 제고를 꾀할 수 있다.

국제 관계는 여전히 대부분의 경우 국가 간 논리가 지배한다. 세계화된 경제에서 IMF, 세계은행, WTO 같은 국제기구에서 다른 국가들과 협상하여 지역 블록을 구축하면서(제36강 참고) 각종 협정을 맺고, 동맹을 체결하며, 국가적 이해관계를 방어하는 주체는 바로 국가들이다.

2. 세계화는 민족주의를 일깨운다

A. 세계화에 대한 민족주의자들의 반응

세계화의 역효과로 민족주의가 부상할 수 있다. 민족주의의 강화는 대중의 인기에 영합한 포퓰리슴 정당들의 급부상에서도 알 수 있다. 프랑스의 경우, 국민 전선은 세계화로 위협을 느끼고 있는 서민층의 지지를 받았다. 세계화는 특히 저임금 국가와의 경쟁 때문에 저숙련 노동을 파괴하며, 획일화 과정으로 느껴지는 문화적 세계화 때문에 정체성의 지표를 상실하게 한다(제59강 참고).

국제 이민은 이민자가 유입되는 국가의 국민 입장에서 민족 정체성에 대한 위협으로 인식될 수 있으며, 따라서 이민자를 거부하는 민족주의적 반응을 불러일으킬 수 있다. 이주한 국가의 일부 국민의 타민족 혐오주의에 대한 선택, 또는 반응으로 이민자들 역시 자신들의 민족 정체성을 보전하고 자민족 공동체와 강한 유대 관계를 유지하려고 한다. 비록 이 공동체가 국민 국가의 형태로 존재하지 않더라도 그것이 문제가 되지는 않는다. 예로 영국에 거주하는 힌두교 타밀 인은 스리랑카 힌두교도들의 분리 운동을 지지하며 그들에게 자금을 보낸다.

B. 세계화와 민족주의

세계화는 시장 확대를 통해 작은 민족 공동체에 기초해 있는 소국가들의 생존에 기여한다. 소국가들은 국제 무역에 참여함으로써 엄청난 자원을 확보할 수 있다. 이제 국민 국가 내의 민족주의 분리 독립운동은 세계화된 경제에서 민족 자결 의지를 더욱 드러낼 것이다. 예로 퀘벡 국민 국가의 건설은 세계화가 퀘벡 기업들에 제공하는 광대한 시장 덕분에 경제적으로 실현 가능한 시나리오가 되었다.

퀘벡의 상황은 또한 불완전한 민족 간 문화적 접근이(제59강 참고) 민족주의적 요구를 없애지 못한다는 것을 보여 준다. 프랑스 어권 캐나다 국민들의 생활양식은 오늘날 영어권 캐나다 국민들의 생활양식과 매우 유사하다. 물론 영어권 캐나다 국민들의 생활양식은 이른바 아메리칸 라이프스타일의 영향을 깊이 받았다. 그러나 대부분의 퀘벡 주민들은 스스로를 캐나다 국민이라기보다는 퀘벡 주민으로 인식한다.

세계화 덕분에 여러 민족의 민족주의적 요구를 더 잘 알 수 있다. 예로 텔레비전 방송국들은 쿠르드 족의 민족주의 운동에 대한 뉴스를 방송한다. 따라서 쿠르드 족의 독립운동은 전 세계에서 공감을 끌어낼 수 있고 국민 국가들의 대외 정책에 영향을 미칠 수 있다. 또한 국민 국가들 중 강대국은 쿠르드 국민 국가 건설 프로젝트를 지원하기로 결정할 수도 있다.

▶세계화는 민족주의의 퇴장으로 귀결되지 않으며 심지어 민족주의의 출현과 나아가 강화를 촉진할 수 있다. 반대로 민족주의는 과거처럼 세계화의 장애물로 작동할 수 있을 것이다.

제7장

지경학地經學적 과제들

61강 세계화와 도시

지난 1세기 동안 도시 인구는 스무 배나 증가했다. 이는 전체 인구 증가의 다섯 배가 넘는 수치이다. 그러나 도시 인구의 성장은 지역에 따라 매우 달랐으며, 여러 가지 불균형의 원인이 되었다.

1. 도시의 전례 없는 성장

A. 불균등한 도시 성장

현재 세계 인구 65억 명 중에서 30억이 넘는 인구가 도시에서 살고 있다. 세계 인구에서 도시 인구가 차지하는 비중은 1950년 15%에서 2005년 50%로 늘었다. 2030년경 이 비중은 66%까지 늘어날 것이다. 인구가 도시로 점점 집중되는 상황이다. 세계 100대 도시의 평균 인구는 1950년 200만 명에서 2005년 500만 명 이상으로 증가했다. 그런데 도시화 수준은 지역에 따라 매우 다르다. 선진국은 전체 인구의 4분의 3이 도시에 거주하는 반면, 개도국은 전체 인구의 42.1%, 최빈국은 26.6%가 거주한다.

도시 성장도 매우 불균등하다. 선진국에서는 성장세가 완만하지만, 개도국에서는 1950년 2억 9,000만 명이었던 도시 인구가 2003년 21억 명에 달할 정도로 가히 폭발적으로 증가했다. 라틴 아메리카가 먼저 도시 성장을 경험했고, 다음이 아시아, 그다음이 아프리카의 순이다. 특히 아프리카는 현재 연평균 5%라는 가장 높은 도시 인구 증가율을 기록하고 있다. 이는 유럽의 0.1%라는 수치와 비교했을 때 매우 높은 수준이다.

B. 여러 가지 성장 요소

남반구 도시들의 성장 이유는 낙후된 농촌 지역에서 농민들이 유입되기 때문이기도 하지만, 대도시는 출산율이 높게 유지되고 더 나은 의료 서비스의 혜택을 받을 수 있다는 점에서 도시 인구 자체의 높은 성장세가 유지되기 때문이다. 오랫동안 무시되어 왔던 두 번째 요소는 이제 첫 번째 요소만큼이나 도시 인구 성장에 중요한 영향을 미치고 있다.

정치 체제의 유형 역시 중요하다. 자유주의 정치 체제에서는 도시의 비약적인 성장이 가능하다. 그러나 예컨대 마오쩌둥 시대의 중국처럼 지역 간 이동을 엄격하게 관리하고 도시 성장을 제한하는 경우도 있다. 실제로 중국에서는 시장 경제 도입 이후 도시 인구가 폭발적으로 증가하기 시작했다.

북반구 국가들은 이미 도시화가 거의 완성된 상태로, 도시의 성장세가 점점 약해진다. 1950년대 3%였던 대도시 성장률은 2003년 연 0.5%를 기록했을 뿐이다. 선진국 대도시에서 성장세가 낮은 이유로는 이농 현상의 쇠퇴, 저출산, 이민 감소, 재도시화 등을 들 수 있다. 게다가 과정 자체도 매우 복잡하다. 예로 1970년대 인구 감소를 겪었던 미국의 대도시들은 1990년대 이후 성장세를 회복했다. 낙후 지역의 변신과 선벨트Sunbelt 지역의 잠재력이 최근의 성장을 이끌고 있다.

2. 신도시 위계 및 대도시화

A. 도시 위계, 격차와 어려움

50년 전, 도시 집중은 극히 드문 몇몇 경우를 제외하면 주로 북반구 국가들에 국한된 현상이었다. 1950년 인구 500만 명 이상의 7대 도시 중 상하이를 제외한 6개 도시가 북반구에 위치했다. 오늘날 동일 인구 규모의 41개 도시 중 33개가 개도국에 위치해 있다. 도쿄와 뉴욕이 각각 인구 3,100만 명과 2,790만 명으로 1, 2위를 유지하고 있지만, 북반구의 도시들은 순위에서 많이 밀려났다. 예로 1980년 인구 890만 명으로 세계 11위였던 파리는 2005년 1,000만 명으로 늘었으나 25위를 차지했을 뿐이다. 반대로 남반구 국가들의 서울(2,200만 명), 멕시코(2,100만 명), 자카르타(2,000만 명) 등은 어마어마한 인구 성장세를 기록했다.

대도시들은 무질서하게 펼쳐져 있다. 도심, 교외 지역, 주변 위성 도시들은 이제 도시 지역 전체를 구성한다. 미국에서 수많은 교외 지역이 생긴 것처럼 공간의 필요성, 자동차의 폭발적 증가, 토지 가격의 변동은 지속적인 도시 확장의 요소였다.

이 같은 이질적인 도시화 과정은 여러 가지 문제를 수반한다. 개도국에서는 세계화에 편입된 중심 지역과 국제적으로 발전해 가는 도시의 주변에서 간신히 버티고 있는 빈민 지역 간의 극단적인 괴리가 존재한다. 선진국의 경우, 어떤 지역은 점차 빈곤해져 가고, 이 지역의 주민들은 사실상 소외되고 있다. 반면에 역동적인 지역, 또는 번창하는 교외 지역의 주민들은 자신만의 세계에서 살고 있다. 미국은 약 800만 명이 이처럼 상류층 밀집 거주 지역에서 살아간다. 또한 도시의 팽창은 환경을 위협하는 요소이기도 하다. 막대한 에너지 소비와 폐기물의 주범이기 때문이다.

B. 세계화는 대도시화를 강화한다

전 세계적으로 소수의 대도시에만 주요 주식 시장, 대기업의 본사, 초현대식 교통망, 명문 대학과 주요 정치 기구가 들어서 있다. 이 같은 잠재력은 권력의 양극화를 강화하는 시너지를 만들고, 20~50여 개 '글로벌' 도시는 세계를 경영할 수 있는 수단을 확보한다. 도쿄의 경제 생산은 오늘날 영국 전체의 생산과 비교할 만하다. 피에르 벨츠Pierre Veltz 같은 학자는 글로벌 대도시들이 원래 국가보다 다른 주요 도시와의 연결에 점점 의존한다는 점에서 '섬의 경제'라는 단어를 사용한다.

국제 위계질서를 반영하는 이 헤게모니는 북반구 도시들에 경제적, 정치적 지배력을 유지할 수 있는 힘을 제공한다. 이렇게 구축된 헤게모니와 함께 미국-유럽-일본의 삼각 축 국가들에서는 광범위한 도시망이 형성되었다. 약 4,000만 명이 거주하고 있는 보스턴-워싱턴 지역에는 미국의 500대 기업 중 절반 이상이 들어서 있다. 일본도 마찬가지다. 도쿄-후쿠오카 지역은 총인구 1억 500만 명으로 세계 제1의 산업 지대이자 항구 도시이며, 세계 제2의 금융 도시이기도 하다.

▶세계화의 성공과 실패의 반영인 도시는 사회 격차의 심화, 계층 간 갈등의 심화라는 엄청난 문제들을 해결해야 한다. 특히 지속 가능 발전의 문제가 우선적으로 다뤄져야 한다.

62강 기업의 지역 전략

기업과 기업이 위치해 있는 지역 간 관계는 세계화와 함께 매우 특별한 의미를 가진다. 전통적으로 어떤 지역에 기업이 진출할 경우 그 기업은 계속 그 지역에서 기업 활동을 영위한다. 그러나 세계화로 기업 이동성이 높아지고, 일종의 노마디즘이 등장했다. 기업의 특정 지역 진출과 관련하여 경제적 기회의 문제가 다시 제기된다. 그러나 단순히 경제적 기회의 문제를 넘어, 기업과 지역이 서로에게 미치는 영향이 재검토되어야 한다.

1. 기업의 지역 전략과 경제적 효율성

A. 기업 : 조직 단위 혹은 지역 단위

기업의 정착 또는 존재는 조직 원리나 엄격한 지역 논리에 따라 제기될 수 있다. 조직 원리는 기업의 존재와 조직을 어떤 회사나 그룹, 특히 다국적 기업과 연결 짓는 것이다. 그런데 다국적 기업은 그 자체로 특정 산업에 속해 있다. 이 경우 기업의 존재 분석은 그룹 내에서 기업이 차지하는 위치, 타기업과의 보완성이나 기능적 포지셔닝을 고려해야 한다. 산업에 대해서는, 시장에서 기업의 역할을 파악하는 것이 중요하다. 수직적 관점, 즉 생산 단계에서 기업의 위치를 분석하고 수평적 관점, 즉 시장 점유율을 기준으로 기업을 파악하는 것이 바람직하다.

지역 논리를 통해, 어떤 지역에 기업이 진출하는 이유를 검토할 수 있다. 원자재 수급과 관련된 논리, 비교 우위로 파악한 해당 지역의 특징과 관련된 논리, 또는 고객 근접성을 위한 진출이라는 순전히 상업적인 논리일 수 있다.

B. 기업과 기업의 제약

기업은 계약 관계나 시장의 존재에서 어떤 지역에 대한 이점을 발견할 수 있다. 샤를 알베르 미샬레Charles Albert Michalet가 제시한 것처럼, 이 같은 관계들은 기업이 부담해야 하는 거래 비용 세부 분석에 기초한 여러 가지 전략(제32강 참고)의 결과일 수 있다.

– 그룹에 원자재와 기초 농산물 접근을 보장하기 위한 수급 전략

– 수출보다는 현지 생산을 목표로 한 시장 전략

– 진출 지역에서 더 낮은 요소 비용의 혜택을 누릴 수 있는 합리화 전략

그러나 기업과 지역 간 관계는 좀 더 긴밀한 협력에 기초할 수 있다. 이 경우, 기업과 지역 간 관계는 시장 외부에서 형성된다. 예로 경제 주체 간의 행위에 근거할 수 있다. 그런데 경제 주체의 행위는 그 자체로 문화적, 또는 사회적 측면에 의존한다. 예로 노사 관계는 지역 관계의 틀에서 고려되어야 하는 요소이다.

2. 세계화와 지역 전략

A. 세계화와 기업의 노마디즘

세계화는 특히 해외 직접 투자를 통해 기업의 '노마디즘nomadism'을 촉진하는 경향이 있다. '노마디즘'의 등장은 여러 가지 요소로 설명할 수 있다. 우선 국가 간 경계가 점차 허물어지면서 한 지역에서 다른 지역으로 이동하는 비용이 줄었다. 따라서 지역 간 이동이 용이해졌다. 또한 그룹 내에서 본사가 강제하는 수익성 요구는 기업과

지사의 유연성을 절대적으로 중요한 것으로 만들었다. '노마디즘'이 기업의 영속성을 결정하는 중요한 요소가 될 수 있다는 말이다. 따라서 글로벌 기업의 맥락에서는 조직 원리가 지역 논리를 압도한다.

세계화는 기업과 지역 간에 존재하는 근접성 관계를 크게 변화시켰다. 지사가 생산 기지 이전의 사회적 결과를 더 잘 측정할 수 있는 반면, 멀리 떨어져 있는 명령권자는 동일한 제약을 인식하지 못한다. 따라서 다국적 기업의 경우, 상이한 결정이 출현할 수 있다. 예로 기업 사장이 지역과 노동자들에게 애착을 갖고 있을 경우, 수익성 개선을 위해 필요한 해고 조치를 망설일 수 있다. 이때 주주들은 사장을 해임할 것이다.

B. 세계화와 기업–지역 간 상호 작용

그러나 세계화로 기업과 기업이 활동하는 지역 간에 새로운 관계가 형성되고 있다. 최근까지 기업이 어떤 지역에 들어섰을 때 그 영속성 문제가 제기된 적은 없다. 그렇지만 이제 변화를 고려하는 것이 바람직하다. '글로벌 기업'의 개념은 기업과 지역 간 관계를 크게 변화시켰다. 오늘날 지사가 어떤 지역에 진출할지 결정하는 문제는 전적으로 해당 지사와 다른 지사 간의 보완성에 달려 있다.

게다가 세계화는 기업과 지역 간 상호 작용에 상당한 영향을 미칠 수 있고, 이 관계는 오늘날 주로 동태적인 과정, 즉 변화하는 과정을 통해 형성된다. 기업은 지역을 변화시킬 수 있다. 해당 지역은 시너지를 추구할 것이고, 하도급 업체의 혁신 능력을 촉진할 것이며, 뿐만 아니라 공공 기관의 행위와 기업 활동에 유리한 환경을 창출하고자 노력할 것이다.

▶기업은 세계화의 틀에서 지역 전략을 계속 유지한다. 사실 지역 전략은 그룹이나 그룹이 속해 있는 산업의 글로벌 조직 전략에 점점 부속되는 상황이기는 하다. 그 결과, 기업의 노마디즘이 강해지고 있다. 그렇지만 노마디즘은 기업과 지역 간의 더욱 긴밀한 상호 작용을 통해 억제될 수 있다. 따라서 세계화는 기업의 지역 전략에서 상호 작용하는 동태적 과정을 창조한다.

63강 에너지 문제

에너지 소비는 꾸준히 증가하고 있다. 생산자와 소비자 간 관계, 매장량, 환경에 대한 위협은 모두 중요한 에너지 문제이다.

1. 소비와 자원

A. 각종 에너지원의 소비와 중요성

1950년 20억 9,900톤이었던 세계 석유 소비량은 2004년 102억 2,400톤으로 증가했다. 2050년 석유 소비량은 150억~200억 톤에 달할 것으로 예상된다. 전 세계에서 석유를 가장 많이 소비하는 곳은 선진국이며, 특히 미국은 세계 1위의 석유 소비국으로, 자국의 석유 수요는 계속 증가하고 있다. 그러나 가장 높은 에너지 소비 증가율을 기록하는 곳은 개도국이다. 특히 1990년에서 2003년까지 중국을 비롯한 아시아 국가들의 에너지 수요는 세계 전체의 에너지 수요보다 두 배나 빠르게 증가했다.

현재 세계 에너지 소비에서 석유는 37%, 석탄은 27%, 천연가스가 24%, 원자력 에너지와 수력 에너지가 각각 6%를 차지하고 있다. 교통, 화학, 농업 분야는 에너지 자원에 직접적으로 의존하며, 전쟁 수행에도 에너지 자원이 이용된다. 청정에너지인 천연가스는 높은 수익성과 함께 전기 생산을 보장해 주기 때문에 산업에는 필수 불가결한 에너지원이다. 석탄은 주로 철강 및 전력 생산 분야에서 사용된다. 원자력은 에너지 자원이 부족한 국가들에 아주 유용한 보충 에너지이며, 지구 온난화 현상과는 상관없으나 원자력 폐기물의 긴 방사능 반감기가 미래를 위협하고 있다. 수력 에너지는 여러 가지 장점이 있다. 첫째, 수력 에너지는 재생 가능 에너지이며, 둘째, 수력 발전으로 전력 생산과 관개 시설을 결합할 수 있다.

B. 매장량과 미래의 해결책

재생 불가능 에너지의 매장량은 변할 수 있으며 아직 완벽하게 알려지진 않았다. 석탄 매장량은 최소 200년은 남아 있고, 우라늄은 어떤 기술을 사용하느냐에 따라 수십 년, 또는 수백 년 동안 사용할 수 있다. 석유는 40여 년 후엔 매장량이 고갈될 것이며, 천연가스는 석유보다 약간 더 수명이 남아 있을 뿐이다. 그러나 아직 발견하지 못한 매장층이 존재하고, 회수율도 좋아지고 있다. 그렇다 해도 언젠가 석유도, 석탄도, 천연가스도, 우라늄도 부족해질 것이다. 인류는 에너지 소비 방식을 바꿔야 하며, 에너지를 절약하고 새로운 에너지원을 사용해야 한다. 또한 환경적 제약도 고려해야 한다.

그런데 환경오염의 주범국인 미국과 중국은 교토 의정서 비준을 거부하고 있으며, 대부분의 에너지 소비 대국들은 재생 에너지를 무시하고 있다. 단지 독일, 좀 더 일반적으로 유럽 연합 같은 몇몇 국가만이 재생 에너지 보급을 위해 노력을 기울이고 있을 뿐이다. 그러나 에너지 문제에 대한 해결책이 존재하며, 계속 장려되어야 한다. 바이오매스는 에너지원으로서 이미 무시할 수 없는 위치를 차지하고 있으며, 지열, 조력 에너지, 풍력, 태양 에너지, 바이오연료 등이 에너지 문제의 새로운 해결책이 될 수 있으리라 기대한다.

2. 주요 경제적, 지정학적 과제

A. 에너지 생산 지역의 주요 문제

석유 및 천연가스는 중동과 러시아에 집중적으로 매장되어 있다. 따라서 시장은 석유 자원 개발, 정유, 운송 분야의 일부 게임 규칙을 결정하는 몇몇 대기업에 의해 통제된다. 생산국과 소비국은 강력한 경제적 이해관계로 연결되어 있다. 그들은 때로는 매우 복잡한 지정학적 환경의 영향을 받는다.

중동의 상황은 특히 복잡하다. 1945년 이후 크고 작은 분쟁이 끊임없이 발생하기 때문이다. 2003년 미국의 대이라크 전쟁으로 중동 지역의 불안정은 더욱 악화되었다. 러시아는 자국의 입지 강화를 추구하고 있고, 카자흐스탄, 아제르바이잔, 투르크메니스탄 등 탄화수소 자원이 풍부한 카스피 해 연안 국가들에 상당한 영향력을 행사하고 있으며, 서양 및 중국 기업들과 경쟁하고 있다. 세계 석유 매장량의 9.4%를 보유하고 있는 라틴 아메리카에서는 반미 감정이 고조되고 있다. 아프리카는 전통적으로 유럽의 영향이 강한 지역으로 세계 석유와 천연가스 매장량의 약 7%를 보유하고 있으며, 9 · 11테러 이후 미국의 관심을 집중적으로 받고 있다. 마지막으로 해상 운송로의 통제는, 특히 테러리스트들과 해적들이 자주 출몰하고 있는 말라카 해협이나 호르무즈 해협은 지리 전략적으로 중요한 문제가 되었다.

B. 에너지 소비국의 의존과 전략

미국은 세계적인 석탄 및 탄화수소 연료 생산국이지만 석유 의존도가 매우 높다. 미국은 특히 캐나다, 멕시코, 베네수엘라, 사우디아라비아에서 석유를 수입하고 있다. 유럽은 영국, 노르웨이, 네덜란드를 제외하면 미국보다 석유 의존도가 더 높다. 유럽 연합 석유 소비의 70%, 천연가스 소비의 40%, 석탄 소비의 상당 부분은 수입으로 충당된다. 유럽 연합은 에너지 수입원 다변화를 위해 러시아 및 아프리카산 탄화수소 연료 수입을 늘렸다. 아시아는 이제 세계에서 가장 많은 에너지를 소비하는 지역이지만 석탄을 제외하면 에너지원 매장량은 극히 빈약하다. 특히 페르시아 만 석유에 대한 의존도가 매우 높다. 중국이 러시아에서 더욱 많은 에너지를 수입하고 국영기업들의 산유국 투자를 장려하는 이유도 바로 이 때문이다.

이렇게 주요 소비국은 에너지 수급원을 다변화하고 있으며, 많은 탐사 비용에도 정치적으로 안정적인 지역에서 새로운 매장층 탐사에 노력을 아끼지 않는다. 특히 해저에 매장되어 있는 석유 개발에 주력하고 있다. 가까운 바다에서는 지하 500미터, 먼 바다에서는 지하 1,500미터까지 탐사 활동을 벌이고 있다. 프랑스 같은 몇몇 국가는 원자력 에너지 의존도가 매우 높다. 더구나 26개 선진국은 1974년 국제 에너지 기구를 설립하여 전략적인 에너지 스톡을 구축하고 에너지 수급의 안정화를 꾀하고 있다.

▶에너지 생산 지역의 안정성, 에너지 상품의 유통, 변형이 에너지 자원의 미래를 결정하는 중요한 요소이다. 자원이 빈약한 선진국의 러시아 및 중동에 대한 에너지 의존도가 점점 높아져 간다. 따라서 주체들 간의 협력이 필요하다.

64강 식량 문제

현재 65억 인구가 살고 있고, 2050년에는 90억 인구가 살게 될 이 지구에서 영양실조와 영양 결핍은 심각한 문제로 떠오른다. 현대 농업의 과잉은 환경 및 보건 분야에서 또 다른 문제를 제기하고 있다.

1. 식량 불안정은 줄었으나 사라진 것은 아니다

A. 불충분한 진보

1970년에서 1990년 사이 농업 생산은 두 배로 증가했으나 세계 인구는 0.8배 증가했다. 1인당 식량 할당량도 하루 2,300칼로리에서 2,710칼로리로 증가했다. 식량 부족을 겪는 국민도 1970년 개도국 인구의 35%에 해당했으나 2001년 18%로 감소했다. 동아시아, 특히 중국은 식량 생산에서 놀라운 진보를 기록했다. 마찬가지로 20억 명이 전례 없는 식량의 풍족함을 누리고 있다. 20억 명의 3분의 2는 OECD 회원국 국민들이다.

그러나 특히 개도국에서 식량 불안정성은 여전히 존재한다. 유엔에 따르면, 20억 명이 영양실조로, 8억 4,200만 명이 영양 결핍으로 고통받고 있다. 동남아시아 전체 인구 중 20%, 사하라 이남 아프리카 전체 인구 중 40%는 여전히 식량 부족을 겪고 있다. 아니, 오히려 상황은 더 나빠졌다. 약 30년 전부터 사하라 이남 아프리카의 기아 문제는 여전히 해결되지 않았으며 진보를 가로막는 요인이 되고 있다.

B. 부유한 자, 가난한 자

선진국의 농민의 수는 적지만 농업 생산성은 매우 높다. 농민들은 점점 대규모 경작지를 경영한다. 특히 미국과 유럽 연합의 농민들은 정부의 지원하에 세계 인구에서 중요한 위치를 차지하고 있으며, 관세 혜택을 받고 있다. 전체적으로 농민들은 기계화, 관개 시설, 비료 및 살충제의 대량 살포 등을 통해 높은 수익을 얻고 있다. 반대로 선진국의 생산 지상주의적 농업은 토지와 강, 지하수를 오염시키며, 때로는 심각한 보건상의 문제를 발생시키기도 한다(제75강 참고).

중국과 인도가 발전하고 있고, 브라질 수출 농업의 효율성이 높다고는 하지만, 개도국은 여전히 많은 어려움에 직면해 있다. 예로 농민의 수는 여전히 많으며, 계속 증가하고 있다. 이는 결국 경작 규모의 감소를 뜻하며, 불균등 소유로 인해 더욱 강화되어 가는 토지에 대한 '허기짐'으로 나타난다. 때로 기술적, 재정적 수단의 부족은 너무도 명백하다. 사하라 이남 아프리카에서 가난한 농민들은 평균 1헥타르의 땅만을 보유하고 있으며, 장비도, 종자도, 비료도 구입할 수 없다. 그들은 간신히 살아가고 있을 뿐이다. 기아 문제는 거의 언제나 내전이나 국제 분쟁 때문에 발생한다. 권력 투쟁을 하는 집단은 국민 통제를 목적으로 수확물을 약탈하고 파괴하며 식량 원조 배급 기관을 관리한다.

2. 식량 문제를 어떻게 해결할 것인가

A. 생산 증대는 필수 불가결하다

기아의 해결이 평화 정착, 민주주의 도입 등 특히 정치적 해결책에 달려 있다고 해도 식량 생산 증대가 필요하다. 이를 위해서는 우선 경작지 면적이 확대되어야 한다. 유엔에 따르면 개도국, 특히 아마존 지역과 블랙아프리카 지역에서 7억 헥타르의 땅이 추가로 경작될 수 있다고 한다. 또한 농업 수익성도 개선되어야 한다. 중국을 비롯하여 몇몇 지역에서는 도시 확대로 농업 공간이 줄어들고 있기 때문이다. 1965년 인도에서 시작된 '녹색 혁명'은 뛰어난 성과를 낳았다. 고수익 곡물 경작, 화학 비료 및 살충제 사용, 관개 시설 확충을 골자로 하는 녹색 혁명을 거치면서 밀과 쌀의 수확량이 2.5배나 증가했다. 유엔 식량 농업 기구는 1994년부터 환경과의 조화를 고려하는 '그린 녹색 혁명' 캠페인을 펼치고 있다.

고수익을 내면서도 살충제 소비가 적은 유전자 조작 식물 개발도 고려되고 있다. 그러나 이 방법은 유전자 조작 종자 개발 기업들에 대한 농민들의 의존을 심화한다는 문제가 있다. 더구나 유전자 조작 기술의 부작용이 아직 알려지지 않은 상황에서 유전자 조작 식물 개발에 반대하는 여론도 많다. 반대자들은 본격적인 유전자 조작 농산물 생산으로 이행하기 전에, 우선 이 같은 작물에 대한 연구를 더욱 심화할 것을 주장하고 있다. 그러나 유전자 조작 식물 경작은 점점 확대되어 간다. 1996년 전체 경작지의 0.56%에 불과하던 유전자 조작 식물 경작은 2005년 6%에 달하고 있다. 그중에서도 미국이 50%를 차지하고 있으며, 아르헨티나 19%, 캐나다 10%, 브라질 6.4%, 중국 3.6%의 순이다. 또한 오스트레일리아, 남아프리카 공화국, 인도에서도 유전자 조작 식물 경작이 확대되고 있다.

B. 새로운 국제 무역 기구와 식량 원조

카길, 네슬레, 유니레버, 다농 등 미국과 유럽의 몇몇 대기업이 세계 식량 산업의 상당 부분을 통제하고 있다. 반면에 기아로 고통받는 국가들은 국제 시장의 접근 자체가 매우 어려운 상황이다. 유럽연합이 ACP 국가들에 제공한 무역 이득은 일부 개도국에만 적용될 뿐이며, 일반적으로 미국과 유럽의 농업 보조금은 빈국의 농업 성장을 저해한다. 빈국의 도시 시장을 값싼 수입 농산물이 점령하고 있다. 브라질을 필두로 G20이 수출 보조금 포기를 주장하는 이유도 바로 여기에 있다. 2005년 12월, WTO 회원국들은 개도국에 유리한 타협안을 승인했다. 물론 이 협정이 실제로 얼마나 효과가 있을지는 두고 봐야 할 것이다.

식량 원조도 필요하다. 특히 자연재해나 전쟁으로 식량 부족을 겪고 있는 사람들을 위한 긴급 식량 원조는 필수 불가결하다. 또한 에티오피아처럼 식량 생산이 구조적으로 부족한 경우에도 식량 원조가 매우 유용하다. 그러나 식량 원조는 여러 가지 문제를 안고 있다. 우선 식량 원조로 해당 국가의 농산물 시장이 약화될 수 있다. 가격이 떨어지기 때문이다. 또한 식량 제공국에 식량 원조는 하나의 무기가 될 수 있다. 즉 우방국에만 식량을 제공할 수 있는 것이다. 마지막으로 수혜국의 권력자들이 식량의 일부를 빼돌릴 수 있다.

▶기아 및 영양실조에 대한 가장 효과적인 해결책은 개도국의 농업 생산 증대이다. 식량 원조는 부득이한 방법일 뿐이다. 생산 지상주의적 농업은 수익성을 보장해 주면서도 '청정한' 농업 생산이라는 과제를 해결해야 한다.

65강 보건 문제

대부분의 국가는 여러 가지 보건 문제에 직면해 있으나, 질병 퇴치의 수단과 결과는 국가마다 다르다. 보건 분야에서 선진국과 개도국의 격차는 극명하다.

1. 의료 서비스 접근의 불평등

A. 남-북 격차

유아 사망률과 기대 수명은 보건 서비스의 질을 보여 준다. 보건 서비스는 선진국이냐 개도국이냐에 따라 크게 달라진다. 선진국에서 유아 사망률은 1,000명 중 8명(프랑스는 4.4명)인 반면 아프리카에서는 100명에 육박하며, 사하라 사막 이남 아프리카의 여러 국가에서 유아 사망률은 100명도 넘는다. 라이베리아의 경우 유아 사망률은 1,000명 중 142명이다. 기대 수명 역시 개도국 평균은 63.4세로 선진국 평균 75.6세보다 짧다. 심지어 사하라 사막 이남 아프리카의 몇몇 국가에서는 1990년대 이후 유아 사망률이 상승하고 기대 수명은 단축되었다.

이 같은 남-북 격차의 이유는 다양하다. 선진국에서 보건 상태가 좋은 것은 의료 서비스의 질과 규모, 다양한 의약품, 효율적인 의료 보험 제도의 존재 등으로 설명된다. 반대로 개도국에서 의약품 및 식수 부족, 의료 서비스의 빈약함, 내전, 말라리아, 사상충증 등 전염병이나 기생충증의 창궐은 안 그래도 영양실조와 영양 결핍으로 쇠약해진 국민들에게 고통을 주고 있다. 에이즈의 경우 환자의 90%가 개도국에 살고 있으며, 벌써 2,500만 명이 에이즈로 사망했다. 특히 사회의 가장 활동적인 젊은이들이 가장 많이 에이즈에 걸리고 있으며, 수백만 명의 고아가 발생하고 있다.

B. 불충분한 전략

세계 보건 기구 같은 유엔 특별 기구들은 자원이 부족한 국가들에 국제 보건 원조를 제공하는 역할을 담당하고 있다. 유엔 특별 기구들은 민감 지역에서 환자들을 보살피고 있는 비정부 기구들과 세계 은행의 재정 지원을 받고 있다. 보건 문제 해결을 위해서는 예방이 매우 중요하다. 이를 위해 우선 국민들을 상대로 교육 및 백신 캠페인을 펼치고, 질병을 사전에 발견하는 과정이 필요하다. 또한 식수 접근을 개선하고 기생충증 퇴치를 위해 기생충약을 보급해야 한다.

그에 따라 몇 가지 긍정적인 결과를 얻을 수 있었다. 나병 환자와 소아마비 환자가 줄었고, 천연두는 거의 사라졌다. 그러나 아직 상황은 매우 어렵다. 200만 명이 매년 말라리아로 사망하고 있으며, 에이즈는 아프리카를 휩쓸고 있다. 2005년 총 4,000만 명의 에이즈 보균자 중 2,600만 명이 아프리카 인이다. 예방 프로그램과 의약품 접근은 여전히 매우 불충분하다. 2001년 세계 에이즈 퇴치 기금이 창설됐지만 유엔은 여전히 재원이 부족하다. 또한 북반구 제약 회사들은 신규 특허 의약품 보급을 거부하며 유엔의 활동에 제동을 걸고 있다. 게다가 보건 분야에서 유엔의 활동에 관심이 없는 정부들도 많다. 실제로 우간다나 세네갈처럼 제대로 예방 정책을 수행하는 국가는 매우 드물며, 브라질이나 남아프리카 공화국처럼 일반 의약품을 제조할 수 있는 국가도 별로 없다. 그나마 한 가지 반가운 소식은 최근 WTO가 의약품을 생산하지 못하는 최빈국들이 질병 퇴치를 위해 일반 의약품을 수입할 수 있도록 허가한 사실이다.

2. 음식 섭취와 보건 위험

A. 보건 위기

음식 섭취와 관련된 보건 위기는 최근 선진국에서도 많은 사람을 죽음으로 이끌었다. 이 같은 유형의 보건 위기는 1981년 에스파냐에서 이물질이 섞인 식용유 때문에 수많은 사람이 사망했을 때 처음으로 수면 위로 떠올랐다. 1986년부터는 영국과 유럽의 국가들에서 광우병이 발생했다. 광우병은 인체에서 크로이츠펠트 · 야코브병을 일으키는 원인 중 하나로 알려져 있다. 리스테리아균 치즈, 다이옥신 닭, 냉동 보관 이상으로 인한 식중독 역시 소비자들에게 경종을 울렸다.

그러나 가장 커다란 위협에 직면해 있는 지역은 아시아다. 유엔은 아시아에서 매년 70만 명이 음식이나 물을 통해 전염되는 병으로 사망할 것이라고 평가한다. 예로 2003년부터 아시아의 가축들을 덮치고 있는 조류인플루엔자 바이러스는 세계 식량 농업 기구 전문가들의 걱정을 불러일으키고 있다. 전문가들은 조류인플루엔자가 인간에게 전염되고 철새를 통해 전 세계에 퍼지지 않을까 우려하고 있다. 2003년 이후 베트남, 타이, 캄보디아, 인도네시아, 터키 등지에서 수십 명이 조류인플루엔자로 사망한 것으로 보인다.

B. 당국의 대처

19세기 말 파스퇴르 혁명 덕분에 각국 정부는 농산물 가공업 분야를 감독해야 한다는 것을 깨달았다. 제1차 세계 대전 발발 직전, 프랑스와 미국에서 농산물 산업에 대한 보건 당국의 감독이 시작됐다. 정부의 감독은 1930년대부터 한층 강화됐다. 원산지 표기를 요구한 것이다. 오늘날에는 의료 서비스, 언론, 소비자 단체 덕분에 사전 감시가 더욱 광범위해졌다. 많은 국가에서 농산물 생산 단계를 추적하는 복잡한 수단을 갖추고 있다. 안전성 규준 결정, 연구소 테스트, 수의학 감독, 냉동 시스템 검사, 제품 추적, 식품 제조 공장 조사 등, 이제는 모든 단계가 보건 당국의 감독을 받고 있다. 물론 이는 선진국의 경우이다.

보건 위기 발생 시 사후 조처로 수천 마리의 가축이 살처분된다. 광우병 위기 당시 유럽에서 수십만 마리의 소가 살처분되었고, 아시아에서는 조류인플루엔자 때문에 3억 마리의 오리, 닭 등이 살처분되었다. 이후 각국 정부는 각종 프로그램을 마련해 조류인플루엔자 바이러스 백신 생산을 지원했고, 식량 농업 기구가 국제 철새 감시 프로그램에 자금을 지원하는 등 보건 분야 국제 협력이 강화되었다.

▶보건 문제는 다양하고 복잡하다. 그러나 수차례의 보건 위기와 남북 격차의 심화를 고려할 때, 세계 협력 강화와 제약 기업의 전략 재검토가 필요하다.

66강 지속 가능한 발전 문제

지속 가능 발전은 국제 사회의 최우선 목표가 되었다. 지속 가능 발전이라는 개념은 경제와 생태계 간의 관계에 대한 좀 더 일반적인 사고 틀에 포함된다.

1. 지속 가능 발전 개념의 출현과 모호함

A. 출현

인간 활동이 환경에 미치는 해로운 영향에 대한 분석이 무대의 전면에 등장한 때는 1970년대였다. 1972년 발표된 로마 클럽 보고서는 경제 및 인구 성장으로 자연 자원이 고갈될 것이라고 경고했다. 같은 해 스톡홀름에서 유엔 환경 회의는 생태 발전이라는 개념을 도입했다. 그러나 생태 발전 개념은 자유주의 논리에 반하는 접근이었고, 따라서 그다지 호응을 얻지 못했다. 1983년 세계 환경 개발 위원회WECD가 설립되면서 유엔의 주도하에 다시 논쟁이 재점화되었다. WECD는 1987년 유명한 브룬트란트 보고서를 발간했는데, 이 보고서를 통해 지속 가능 발전 개념이 등장하게 된다.

지속 가능 발전은 '미래 세대의 필요를 충족시킬 능력을 손상하지 않으면서 현세대의 필요를 충족시키는 발전'으로 정의된다. 지속 가능 발전은 매우 광범위한 개념으로 세대 간 연대 원칙에 기초한다.

지속 가능 발전은 사회 진보, 경제 성장, 환경 보호를 위한 합의의 대상이 되었다. 1992년 리우 지구 정상 회담에서 참가국들은 지속 가능 발전을 목표로 빈곤 퇴치, 자원 및 생태 다양성 보호, 대기 중 온실 가스량 통제, 예방 및 국제 상호 원조 원칙에 합의했다.

B. 모호함

지속 가능 발전의 정의와 측정은 여전히 모호하다. 두 가지 인식이 대립된다. 첫째, '약한 지속성' 주창자들이다. 이들은 시장을 신뢰하고, 성장이 환경 및 빈곤 문제를 해결할 수 있다고 주장한다. 또한 기술 진보가 환경 문제 해결에 기여할 것이라며, 환경오염 기업들에 세금을 부과하거나 오염권污染權 시장을 구축할 것을 해결책으로 제시했다. 둘째, '강한 지속성' 주창자들이다. 이들은 현재의 성장 양식을 비시장적 규준에 따라 재검토하는 것이 시급하다고 판단한다. 자연 자원은 매장량에 한계가 있고, 따라서 어느 수준 이상으로 소비가 증가하면 기술 진보에도 상황은 위험해질 것이다. 심지어 자본주의를 극단적으로 비판하는 부류 중에는 소수이기는 하지만 저성장의 미덕을 주장하는 사람들도 있다.

사회적 차원, 경제적 차원, 환경적 차원 등 모든 차원을 종합해 부를 측정하는 문제는 여러 가지 어려움을 낳는다. 기대 수명, 교육 수준, GDP를 기초로 계산되는 인간 개발 지수와 인구의 소비 및 폐기물 흡수를 위해 필요한 생산적 토지의 이론적 면적을 계산하는 '생태 발자국' 지수가 개발되었으나 측정과 관련된 어려움은 부분적으로만 해결됐을 뿐이다.

2. 결과와 과제

A. 제한된 결과

리우 정상 회담 이후 여러 국제 회의와 정상 회담이 개최되었다. 리우 회의 때 각국이 결의한 목표를 보완하고, 목표에 대한 중간 평가를 하는 자리였다. 1994년 카이로 회의, 1995년 코펜하겐 회의와 베이징 회의에서는 여성 지위 향상과 빈곤 퇴치가 주요 안건이었다. 1996년 로마 회의에서 참가국들은 2015년까지 기아 문제를 완전히 해결하기로 결의했다. 2000년 뉴욕 새 천년 정상 회담과 2002년 요하네스버그 회의에서도 앞서 열린 회의의 정신을 계승했고, 2005년 국제 컨설턴트 265명이 작성한 보고서에도 동일한 내용이 포함되었다. 그러나 약속과 현실의 괴리는 어마어마하다. 예로 개발 원조는 2005년 OECD 회원국 GDP의 0.33% 수준에 불과할 뿐이다. 리우 회의에서 천명한 0.7%라는 목표에도 훨씬 못 미치는 상황이며, 따라서 새 천년 정상 회담에서 채택된 목표들은 달성이 요원한 상황이다.

그러나 기후와 관련된 사항은 좀 더 고려의 대상이 되었다. 1997년 교토 회의에서 교토 의정서가 채택되었다. 선진국들이 2008년부터 2012년까지 온실 가스 배출량을 1990년을 기준으로 5.2% 줄이기로 약속한 것이다. 교토 의정서는 오염권 시장 구축을 통해 온실 가스 배출량 감축 비용을 최소화하고, 의정서 서명국들의 온실 가스 배출량이 최소한 선진국 온실 가스 배출량의 66%를 차지해야 한다고 규정한다. 미국은 너무 엄격한 규칙의 적용이 성장을 저해하지 않을까 두려워한 나머지, 개도국 참여를 주장하며 교토 의정서 비준을 거부하고 있지만, 교토 의정서는 2005년 2월 러시아의 비준과 동시에 발효되었다.

B. 지속 가능 발전의 주체

일반적으로 경제적 우선 목표와 이해관계의 충돌은 결정의 파급력을 제한한다. IMF, 세계은행, WTO는 게임 규칙을 정하지만, 세계 보건 기구나 국제 노동 기구는 보잘것없는 위치를 차지하고 있을 뿐이다. 각국 정부는 지속 가능 발전을 담당하는 부서나 위원회를 두고 있으나, 지속 가능 발전에 대한 국제적 합의는 여전히 어렵다. 비정부 기구들은 강제력 있는 규칙 도입을 주장한다. 이에 기업들은 환경 문제에 민감한 소비자들에게 어필하고 회사 이미지 개선을 목적으로 지속 가능 발전이라는 개념을 사용하고는 있지만, 비정부 기구들의 주장을 비난한다.

따라서 지속 가능 발전을 제도화할 수 있는 새로운 구조가 필요해 보인다. 어떤 사람들은 세계 환경 기구를 설립하자고 제안하고, 또 다른 사람들은 국제 개발 기금을 만들자고 주장한다. 그러나 이 같은 대규모 프로젝트는 재정적, 법적, 정치적 문제들이 따른다. 누가 자금을 지원할 것인가? 누가 결정을 준수하게끔 강제력을 발휘할 것인가? 공동의 선택에 어느 정도의 중요성을 두어야 하는가? 더구나 지속 가능 발전을 정치 프로그램의 핵심 주제로 삼는 정당이 매우 드물다는 점에서 새로운 구조의 구축은 더욱 어려운 과제가 되고 있다.

▶지속 가능 발전을 위해서는 의사 결정 과정의 효율성 제고가 필요하다. 또한 좀 더 광범위한 목표 설정이 필요하다. 기후 문제가 개발의 문제를 압도하기 시작했기 때문이다.

67강 수자원 문제

물은 물 부족이든, 홍수든, 오염이든, 매우 중요한 문제이다. 물 소비가 지속적으로 증가하고 있고, 물 수급과 관련된 요구도 계속 늘고 있다.

1. 수자원과 물 관리

A. 제한적이고 불균등한 자원

지구는 많은 양의 물을 포함하고 있다. 그러나 연수軟水는 전체 물 부존량의 3%에 지나지 않으며, 그나마 그중 단 1%만이 인간이 사용할 수 있는 물이다. 인간이 사용할 수 있는 물은 호수, 내, 강, 그리고 아라비아 반도, 미국 남서부, 사하라 사막에 위치한 대규모 화석 지하수층과 빗물이 스며들어 생긴 지하수층에서 나온다. 물 분포도 매우 불균등하다. 건조 지방 또는 반건조 지방은 전체 강수량의 6%만을 흡수할 뿐이며, 온대 다습 지방과 열대 지방에 거의 대부분의 강수가 집중되고 있다.

식수 접근은 또 다른 불평등의 원천이다. 특히 개도국 인구 14억 명이 식수를 공급받지 못하고 있다. 식수의 양이나 비용도 사회 계층에 따라 달라진다. 알제리 대도시의 부자 동네는 매일 1인당 200~300리터의 물을 공급받는다. 반면에 할렘가 빈민들의 1일 물 소비량은 10~20리터에 불과하다. 심지어 수도 시설이 보급되어 있지 않은 지역도 있어서, 각 가정은 기본 수도 요금보다 열 배나 비싼 가격으로 물을 구입해야 한다.

B. 복잡한 물 관리

지하수 개발이 점점 활성화되고 있다. 우물 같은 전통적인 방법 대신 수도관에 연결된 현대적인 모터펌프가 보급되었다. 물을 저장하고 유량을 조절하는 댐이 건설되었고, 1950년 이후 댐의 수도 7.5배나 증가했다. 댐 건설로 관개 농업이 더욱 촉진되었고, 하운 교통이 도입되었으며, '청정' 전기 생산이 가능해졌고, 중국, 인도, 동남아시아 지역에서는 홍수나 범람을 막을 수 있게 되었다. 사우디아라비아 같은 건조 지방에서는 식수 확보를 위해 바닷물의 염분 제거 같은 새로운 기술도 개발되었다.

여기에도 남북 격차는 존재한다. 개도국에서는 도수 시스템이 노후하기 때문이다. 예로 알제리의 수도 알제에서는 누수로 40~50%의 물이 사라진다. 또한 1970년대 초반까지 붐을 이뤘던 댐 건설이 지금은 대규모 정비 공사의 비용, 거주민 이주, 환경오염 등을 이유로 환경 운동가들의 반대에 부닥치고 있는 실정이다.

물 관리는 소비에 필요한 양을 확보하고 과도한 강수를 대비하는 것이 목적이다. 특히 농업 등의 분야에서 물이 낭비되지 않도록 효율적인 개입이 필요하다. 관개로 사용되는 물을 10%만 줄여도 지구 전체의 가정용 물을 공급하는 데 충분할 것이다.

2. 오염, 경쟁, 지정학적 갈등

A. 오염

생산 지상주의와 잘못된 물 관리는 다양한 오염의 원인이다. 생활 폐수 및 산업 폐수, 그리고 농업에 사용된 살충제는 지표수를 오염시키는 주범이다. 산소량 감소 때문에 생태학적 균형이 파괴되는 현상인 하천의 부영양화富營養化는 과도한 비료 사용이 원인이며 현재 우려할 만한 수위에 도달했다. 아시아는 54%, 유럽은 53%, 북아메리카는 48%, 라틴 아메리카는 41%, 아프리카는 28%의 호수 및 하천에서 부영양화가 진행되었다. 지하수층은 폐기장에 쌓인 농산물, 중금속, 합성 소재 등으로 오염되었으며, 과도한 관개로 전체 관개 토지의 4분의 1에서 염도가 증가했다. 물이 증발하면서 물속 무기염이 그대로 땅의 표면에 버려지기 때문이다.

이 같은 오염은 돌이킬 수 없는 결과를 초래할 수 있으며 인류의 건강을 위협할 수 있다. 지하수는 정화가 극히 어려우며, 사실상 불가능하다. 지하수는 지표수처럼 자기 정화 능력이 없기 때문이다. 토양 속 염도 증가는 결국 토양을 척박하게 만들어 농업 토지의 개발을 저해할 것이다. 카자흐스탄의 시르다리야와 아무다리야 평야가 대표적인 예이다. 그리고 폐수 처리 시설이 없는 개도국에서 오염된 물 때문에 인구 세 명 중 한 명이 사망하고 있으며, 질병의 80%가 발병한다.

B. 갈등과 분쟁

농업은 세계 물 소비량의 3분의 2 이상(69%)을 사용하고 있으며, 그다음이 산업(23%), 도시와 관광(8%)의 순이다. 그러나 도시 부문과 관광 부문의 물 수요가 크게 증가하고 있다. 남반구 국가들의 도시 폭발과 생활수준 향상 때문이다. 따라서 부족한 물을 둘러싼 각 부문의 경쟁은 더욱 치열해졌다. 특히 멕시코시티나 베이징을 비롯한 남반구 국가의 대도시들, 북부 아프리카, 중동, 미국 서부 지역은 수원이 지하수층인데, 이 지하수층이 낮아지면서 물을 확보하기 위한 경쟁은 한층 격화될 전망이다. 게다가 물의 가격도 상승하여, 이제 사람들은 점점 먼 곳까지 물을 찾으러 가야 한다.

동일 수원을 사용하는 지역 간 또는 국가 간 경쟁 역시 치열하다. 콜로라도 수원 이용을 둘러싼 미국과 멕시코의 대립, 에브로 강 수원에 대한 에스파냐 아라곤 지방과 카탈루냐 지방의 갈등이 대표적이다. 건조 지방이나 반건조 지방에서 수원 확보 경쟁에 정치적 대립이 추가될 경우 국가 간 분쟁이 발생하기도 한다. 특히 여러 국가의 물 수요가 상류에 수원을 둔 동일한 강에 달려 있는 반면, 강의 상류가 적대 국가의 영토에 위치할 때 상황은 더욱 좋지 않다. 예로 티그리스, 유프라테스 강의 상류는 터키에 위치한다. 따라서 하류의 시리아와 이라크는 물 부족을 겪고 있다. 마찬가지로 골란 고원의 수자원을 장악하고 있는 이스라엘은 엄청난 힘을 보유하고 있는 것이다. 이런 상황이 지역의 긴장을 높인다.

▶더욱 합리적인 물 이용은 모든 활동 분야에서 필요하다. 물은 지속 가능 발전의 중요 문제가 되었다.

68강 사회 규준 및 환경 규준의 정의

사회 규준과 환경 규준의 정의 문제와 필요성은 여러 국제 정상 회담에서 논의의 중심이 되고 있다.

1. 사회 규준 및 환경 규준의 필요성

A. 공정 경쟁을 위해 필요하다

시장은 규칙 없이는 작동할 수 없다. 이 규칙들은 노동자, 소비자, 그리고 좀 더 일반적으로 사회 전체를 보호할 뿐만 아니라 경쟁 원칙 준수를 보장한다. 사실 각 기업이 모두 동일한 규준과 동일한 규칙을 준수해야만 경쟁이 공정할 수 있다. 이 같은 조절 과정은 본질적으로 매우 중요하다.

국내적 차원에서 교환이 실행될 때, 정부는 교환을 위한 제도적 틀을 제공할 수 있으나, 세계화는 새로운 형태의 조정과 제도화를 필요로 한다. 세계화는 특히 환경 규준(환경 규제)과 사회 규준(노동 조건에 대한 규제와 국민의 삶의 조건에 대한 규제)을 함축한다. 환경 규준이나 사회 규준을 무시하는 방법으로 비용을 낮추는 행위 등의 불공정 경쟁 행위를 금지하고 국제 경쟁을 관리하기 위해서이다.

WTO 같은 국제기구들은 사회 규준 및 환경 규준의 필요성을 인정한다. 일국의 국제 무역 제도 참여 조건은 따라서 이 규준들의 준수가 될 것이다.

B. 최빈국의 발전을 위해 필요하다

국제기구들은 사회 규준과 환경 규준의 정의가 빈국의 발전에 필요하다고 간주한다. 따라서 WTO, IMF, 세계은행은 이 규준들을 남반구 국가들에서 사회적 수준 향상을 위한 지렛대로 삼아야 한다고 단언한다. 가장 기초적인 인도주의적 규칙을 무시한 채 제조된 상품 수입을 용납하는 것은 이 같은 현실을 더욱 부추기는 것이다. 반대로 사회 규준 및 환경 규준의 준수를 조건으로 교역을 허락한다면, 개도국이 국민의 삶의 조건 개선을 위해 노력할 유인이 될 것이며, 이는 발전을 위한 첫 번째 단계가 될 것이다.

국제 환경 규준과 사회 규준을 정의할 필요성에 대해, 선진국은 비교적 한목소리를 내고 있다. 대부분의 노조, 대안 세계화 운동가들, NGO들이 이를 위한 활동을 전개하고 있으며, WTO가 적극적으로 나서지 않는다고 성토한다. 예로 ATTAC(금융 거래 과세를 위한 시민 연합)은 다음과 같이 선언한 바 있다. "어떤 발전 전략도 일반적으로 인정되고 준수되는 사회 규준 및 환경 규준 없이는 지속될 수 없다. 그것이 바로 현실에서 우리가 얻는 교훈이다." NGO들은 사회 규준과 환경 규준이 고삐 풀린 자유주의의 파행을 바로잡을 수 있다고 생각한다.

2. 적용의 문제

A. 사회 규준과 환경 규준을 어떻게 정의하고 어떻게 적용할 것인가

사회 규준 및 환경 규준을 정의할 수 있는 합법적인 기구는 어떤 기구들인가? 현재로서 세계적 차원의 조정은 국제기구들이 담당하고 있으며, 국제기구들 내에서 선진국의 힘은 막강하다. 그러다 보니 분쟁 해결 과정에서 국제기구들은 선진국의 비위를 맞추기 위해 상대적으로 소극적인 태도를 견지한다. 따라서 국제기구에 대한 일종의 견제 세력을 구축하거나, 노조나 NGO의 역할을 인정하는 것이 바람직할 것이다.

그런데 사회 규준과 환경 규준을 지키지 않는 국가들이 있을 경우 어떻게 해야 하는가? 무역을 제재해야 하는가? 미국과 유럽은 제재 문제에 신중한 입장을 견지하고 있으며 일반적으로 아동 노동 금지 같은 최소 규준 도입을 요구하는 것으로 만족한다. '이타적 보호 무역주의'의 도입도 제안되었지만, 아직 실현되지 않고 있다. 즉 국제 노동 기구와 유엔 개발 계획이 제시한 몇몇 지수가 만족되지 않을 경우, 수입 상품에 과세하고 이 과세액을 엄격한 기준에 따라 사회적, 교육적, 환경적 목적에 사용하는 것이다. 이 경우 사회적 현실과 법체계의 진전이나 후퇴를 고려해야 함은 물론이다.

B. 개발도상국의 반대

그렇다면 남반구 국가들은 북반구 국가들과 동등한 입장에서 경쟁할 수 있을까? 공통의 사회 규준과 환경 규준 수용을 주장하는 것은 국제 역학 관계의 비대칭적 구조를 무시하는 것이다. 북반구 국가들의 산업 혁명은 어떠했나? 사회 규준과 환경 규준을 무시한 채

산업 혁명을 달성하지 않았던가? 즉 선진국도 마구잡이 벌목 등 환경을 파괴하고 노동자들을 착취함으로써 경제 이륙에 성공했다. 빈국이 사회 규준 및 환경 규준을 수용한다고 가정할 때, 이는 빈국의 비교 우위에 타격을 줄 수 있으며 발전을 저해할 수 있다. 따라서 이처럼 공통의 규준을 정의하려는 시도는 선진국의 새로운 보호 무역주의 정책으로 이해될 수 있다. 다시 말해 선진국은 자국의 고용과 산업을 보호하기 위해 개도국의 삶의 조건 개선을 운운한다는 것이다.

개도국은 사회 규준 및 환경 규준의 도입에 의심의 눈초리를 보낸다. 결국 이 규준들은 선진국의 신식민주의나 은폐된 보호 무역주의에 다름 아니며, 새로운 비관세 장벽을 구축하는 수단일 거라고 인식하기 때문이다. 남반구 국가들의 NGO들은 북반구 국가들의 NGO들과 자주 의견 차이를 보인다. 남반구 NGO들에게는 무엇보다 자국 경제의 생존이 중요하기 때문이다. 이들에 따르면, 빈국은 북반구 국가들과는 달리 국민들에게 사회 규준과 환경 규준을 제공하는 사치를 누릴 수 없다고 생각한다.

▶사회 규준과 환경 규준의 도입 문제는 다음과 같이 요약될 수 있다. 과연 규준 도입이 개도국의 발전을 추동할 것인가, 아니면 오히려 발전에 장애가 될 것인가.

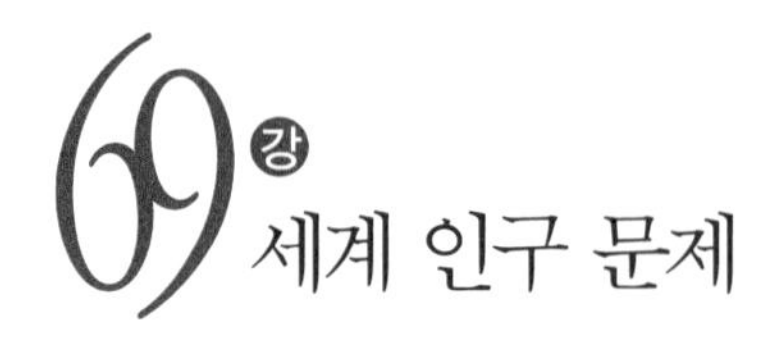

69강 세계 인구 문제

이제 세계 인구의 성장세는 둔화되었다. 출산율도 감소하고 있으나, 남-북 격차는 여전히 매우 뚜렷하다.

1. 인구 성장세의 둔화

A. 인구 성장은 2050년경 안정화될 것이다

1900년 16억 명이었던 세계 인구는 1950년 25억 명, 2005년엔 65억 명으로 증가했다. 1950~55년 1.81%를 기록했던 인구 성장률은 제3세계 인구 폭발로 1965~79년에 연 2.04%로 최고점에 달했다. 이후 1970~80년에 성장세가 감소세로 서서히 역전되었고, 1990년대 이후에는 뚜렷한 감소세를 기록하고 있다. 2000년에서 2005년까지 연 인구 성장률은 1.2%까지 떨어졌다.

세계 인구는 1950년에서 2000년까지 두 배 이상 증가했으나, 2000년부터 2050년까지는 0.3~0.5배 정도만 증가할 것이다. 유엔의 예상에 따르면, 21세기 중반 인구 곡선이 수평이 되거나 하강하게 될 것이며, 이때 세계 인구는 최소 76억 명, 최대 106억 명 사이를 유지할 것이다. 2050년 세계 인구가 평균 90억 명이라고 가정할 때, 50년 전 전문가들이 예상한 150억 명에서 200억 명의 수치와는 큰 차이가 있다. 인구 이행 과정, 즉 높은 출생률과 사망률 구조에서 낮은 출생률 및 사망률 구조로의 이행이 진행되고 있는 것이다.

B. 출산율 감소

의학의 진보로 사망률이 감소하고 높은 출산율이 유지되면서 1970년대까지 인구가 급격하게 증가했다. 이후 상황은 빠르게 변했다. 1970년에서 2005년까지 출산율이 여성 1인당 4.3명에서 2.55명으로 감소했기 때문이다. 개도국의 산아 제한 정책, 피임 방법의 진보, 여성 교육 수준 향상, 여성의 직업 활동, 사고방식의 변화 등이 이 같은 변화를 설명해 주는 요인들이다.

이제 인류의 절반 이상이 출산율이 세대 교체를 보장해 주는 수준인 1인당 2.1명보다 낮은 국가에서 살고 있다. 출산율 저하는 단지 선진국과 구공산권 국가들에만 국한되는 문제가 아니다. 일본이 1.3명, 유럽 연합이 1.4명, 러시아가 1.4명으로 이들 국가에서 출산율 저하 현상이 좀 더 극명하긴 하지만, 한국(1.2명)이나 중국(1.7명) 같은 아시아의 신흥 공업국도 출산율 저하 문제에서 자유로울 수 없다.

물론 개도국의 출산율은 2005년 2.75명으로 여전히 높다. 그러나 1970년 출산율이 5.05명이었던 것에 비하면 출산율 감소는 그야말로 놀라울 정도이다. 인도는 합계 출산율이 3명, 라틴 아메리카는 2.38명으로, 30년 전 수치의 2분의 1 수준이다. 반대로 아프리카에서는 1970년 6.66명이던 합계 출산율이 2005년 4.68명으로 감소하긴 했지만 여전히 높은 수준을 유지하고 있다. 근동 지역과 아시아 몇몇 국가에선 출산율이 아직도 매우 높다. 예로 예멘의 합계 출산율은 7명이며, 캄보디아의 경우는 4.5명이다. 빈곤, 문맹, 여성의 낮은 지위, 종교의 영향이 높은 출산율이 유지되는 이유일 것이다.

2. 인구 고령화와 공간적인 재구성

A. 공간적 재구성

현재 세계 인구 증가는 기본적으로 남반구 국가들의 문제이다. 남반구 인구 성장률은 연 1.43%로 0.30%인 북반구 국가들보다 다섯 배나 높다. 독일 같은 몇몇 선진국은 심지어 인구 성장이 정체되어 있으며, 러시아 같은 몇몇 구공산권 국가는 인구 감소를 겪고 있다. 선진국의 총인구는 1970년 세계 인구의 27.3%를 차지했으나 2005년에는 18.7%에 불과하며, 유럽과 미국으로의 인구 유입이 계속된다고 할지라도(제4강 참고) 2050년 이 수치는 13.5%로 떨어질 것이다.

반대로 2005년 11억 명의 인도 인구는 매년 1,800만 명씩 증가하고 있다. 인도는 절대 수치로 볼 때 인구 성장 세계 1위의 국가이다. 인도 인구는 2030년 중국을 초과할 것이며 2050년에는 16억 명으로 최고점에 이를 것이다. 한편, 2005년 13억 명의 중국 인구는 2050년에는 14억 5,000만 명 수준에서 안정될 것이다. 아프리카 인구는 50년 동안 거의 두 배로 증가할 것이며, 2050년경에는 15억 명에 이를 것이다. 전체적으로 이미 세계 인구의 81.3%가 거주하고 있는 남반구 국가들의 인구는 2050년 세계 인구의 86.5%를 차지할 것이다. 이 같은 전체적인 변화는 도시의 성장과 대도시의 강화라는 현상을 동반할 것이다(제71강 참고).

B. 기대 수명 증가와 인구 고령화

기대 수명은 모든 대륙에서 증가했으며, 남-북 격차도 완화되었다. 지난 30년 동안 기대 수명은 세계 평균 59세에서 65.5세로 증가했다. 선진국에서는 4년이 증가한 셈이며, 개도국에서는 거의 9년이 증가했다. 그러나 여전히 국가별로 크게 차이가 난다. 일본의 기대 수명은 82세인 반면, 블랙아프리카의 주민들은 40세까지 살아 있기를 기대하는 것도 어렵다. 특히 에이즈가 창궐하는 국가들에서 기대 수명은 심지어 감소했다. 아프리카 남부에서 1995년 62세였던 기대 수명이 2005년 48세로 단축되었다. 러시아에서도 시장 경제로의 이행 이후 기대 수명이 감소했다. 그러나 전체적으로 볼 때 기대 수명은 여전히 증가할 것이며, 2050년에는 75세에 이를 것이다.

기대 수명 연장은 출산율 저하와 더불어 인구 고령화를 초래한다. 인구 고령화는 이미 북반구 국가들에서 시작됐으며, 결국 지구상의 모든 지역이 인구 고령화 문제를 겪을 것이고, 남반구 국가들도 예외는 아닐 것이다. 프랑스에서 65세 이상 인구 비율이 8%에서 15%로 증가하기까지 거의 1세기가 걸린 반면, 중국은 2010년부터 2030년까지, 단 20년 만에 프랑스와 같은 상황에 놓일 것이다. 세계 인구에서 60세 이상 인구 비율은 현재 10%이지만 2040년에는 21%로 증가할 것이며, 선진국 인구 구조에서 중앙값이 37세에서 45세로, 빈국에서도 24세에서 36세로 상승할 것이다. 이 같은 변화는 퇴직 연금 시스템, 의료비 지출 등에 근본적인 영향을 미칠 것이다.

▶세계 인구 성장은 21세기 중반에는 안정될 것이다. 기대 수명은 증가하고 있지만 인구 고령화 문제를 해결해야 한다.

70강 단일 형태의 자본주의를 향해

자본주의는 생산 수단의 사적 소유와 자본 축적에 기반을 둔 체제이다. 자본주의 국가들의 역사적 변화는 각국에 고유한 자본주의 형태의 발전이었다. 그런데 세계화는 이 같은 일국 자본주의의 전통을 흔들고 있다.

1. 자본주의의 형태와 세계화

A. 자본주의의 국가적 형태

미국과 영국의 자본주의로 대표되는 '시장' 자본주의는 경쟁과 시장 메커니즘을 중시한다. 일본의 '준조합주의'는 임금 결정, 하도급 업체 선정, 은행-산업 관계, 정부-기업 조정 등의 중요한 조정 역할을 대기업들에 부여한다. 스칸디나비아 반도 국가들과 독일의 '사민주의' 자본주의는 정부가 어느 정도 수준에서 중재자 역할을 하는 노사 협상을 강조한다. 경제 발전 과정에서 초래되는 갈등을 줄이고, 직업 훈련을 장려하며, 불평등 문제를 해소하기 위해서이다. 마지막으로 프랑스의 국가 자본주의는 공공 기관의 적극적 개입에 기초한다. 프랑스에서 정부는 노조가 약할 경우 노사 협상에도 개입한다.

세계화 맥락에서 볼 때, '시장' 자본주의가 더 적합한 형태로 보일 수 있다. 시장 자본주의에서 임금 협상은 분권화되어 있으며, 노동시장 유연성 덕분에 근로자들의 수와 근로 시간표를 경제 활동에 맞게 조정할 수 있다. 게다가 시장 자본주의는 혁신과 신기술의 발전을 촉진하는 것으로 보인다. 반대로 다른 자본주의 형태는 점점 세계화되어 가는 경제에서 여러 가지 장애물에 맞닥뜨리고 있다. 일본 모델은 '시장' 자본주의보다 유연성이 떨어진다. '사민주의' 모델은 금융 시장의 역할을 제한한다. 즉 국가의 개입으로 조세 부담이 가중된다. '국가' 자본주의 모델도 마찬가지이다. 더구나 이 모델은 세계 경제의 변화에 유연하게 대처하지 못하는 경직성을 보여 주고 있다.

B. '경영' 자본주의에서 '주주' 자본주의로

'시장' 자본주의의 명백한 우위는 더욱 광범위한 과정에서 파악된다. 1970년대부터 포디즘적 성장 체제가 후퇴하고, 1970년대 케인시안 거시 정책의 실패에 이어 자유주의적 사상이 재등장하고, 금융 글로벌화와 경제의 세계화는 경쟁을 강화하여 '주주 자본주의'의 부상에 기여했다. 영광의 30년 동안 지배적 자본주의 형태였던 '경영' 자본주의 대신 새로운 자본주의가 등장한 것이다.

'주주' 자본주의의 확대는 세계화에 의해 촉진되었고, 다음과 같은 특징을 가진다. 첫째, 주주의 권력이 경영진의 권력을 대체한다. 주주들 중에서도 특히 연기금, 투자 기금, 보험 회사 등 기관 투자가들의 권력이 막강하다. 둘째, 주주들은 주주 배당금의 원천인 고수익을 달성하지 못한 경영진을 해임할 수 있다. 이제 기업의 소득 분배는 점점 주주들에게 유리하며 근로자들에게는 불리해진다. 기업의 금융 수익성 개선을 위해 노동이 유연화되고, 나아가 일자리가 사라진다.

2. 자본주의의 국가적 형태는 변하지만 지속된다

A. '시장' 자본주의의 한계

'시장' 자본주의는 미래를 위협할 수 있는 결점을 안고 있다. 불평등 격차를 더욱 심화하고 빈곤을 양산하기 때문이다. 그런데 불평등의 심화는 자본주의의 정당성에 타격을 줄 수 있으며, 또 성장도 저해할 수 있다. 범죄 행위가 늘어날 것이고, 빈곤 노동자들의 일하고자 하는 의욕이 꺾일 것이며, 내수는 침체될 것이다. 이는 결국 비관주의를 낳고 성장을 저해한다.

더구나 '시장' 자본주의의 확산으로 공공 서비스와 인프라 시설 투자가 무시될 수 있다. 인프라 시설 투자는 민간 부문이 담당하기에는 너무 비용이 많이 든다. 따라서 국가가 책임을 질 수밖에 없지만 세금과 공공 지출을 부정적으로 인식하는 상황에서 정부가 인프라 시설에 투자하기도 쉬운 일이 아니다. 공공 서비스의 경우, 서비스 부문의 민영화로 단기적 문제가 우선적으로 고려될 수 있으며, 지불 능력이 없는 국민들이 소외될 수 있다.

B. 기타 자본주의 형태의 장점

일본의 '준조합주의'는 재벌 그룹 네트워크를 통한 노하우 전파와 노동력 동원에 의한 혁신 과정을 추동한다. 재계와 정부 엘리트는 밀접한 관계를 유지한다. 덕분에 국가는 장기적 전망에서 조정 정책과 장려 정책을 실시할 수 있는 것이다.

그 외에도 사민주의 모델이나 국가 자본주의 모델 역시 장점을 가지고 있다. '사민주의' 모델에서는 사회 불평등 정도가 낮고, 기업 경쟁력이 노동자들의 다기능과 훈련, 인프라 시설 투자, 사회적 대화에 기반을 두고 있다. '국가 자본주의' 역시 장점이 있다. 교통 부문, 정보 통신, 교육 등에서의 노력은 기업 경쟁력 제고에 기여했다. 마찬가지로 정부의 연구 – 개발 분야 개입은 성장의 요소이다.

여러 가지 자본주의 형태 간 수렴이 가능하다. 예로 덴마크에서 노동 시장의 유연성은 높은 사회 보호 수준과 정부의 적극적인 직업 훈련 지원과 맞물려 있다. 이렇게 덴마크 자본주의는 '시장' 자본주의를 '사민주의' 자본주의와 결합하고 있다.

▶세계화는 국가별 자본주의 형태에 영향을 미친다. 그러나 국가별 자본주의는 여전히 그 특수성을 유지하고 있다.

제8장

국제 통화 제도와 금융 글로벌화

71강 국제 수지

교환의 발달로 국가 경제가 물물 교환 경제에서 화폐 경제로 이행한 것처럼, 국제 교역이 증가하면 국제 지불 수단 사용이 필요하다. 국가 간 다양한 거래 흐름은 국제 수지 계정으로 계산된다.

1. 국제 통화 제도의 역할

A. 환율 제도와 국제 지불 수단의 결정

국제 통화 제도는 화폐 간 태환 방식 결정을 위해 필요하다. 예로 환율은 고정 환율일 수도 있고 통화 당국이 결정할 때만 변할 수도 있다. 또는 반대로 외환 시장의 수요 공급 법칙에 따라 변하는 변동 환율일 수도 있다.

국제 통화 제도는 국제 지불 수단 결정을 위해 필요하다. 예로 금을 국제 지불 수단으로 선택할 수도 있고, 파운드나 달러 같은 소위 국제 화폐를 선택할 수도 있고, 심지어 모든 화폐를 국제 지불 수단으로 인정할 수도 있다. 국제 지불 수단은 국제 보유 수단의 역할도 수행하므로 더욱 중요하다.

B. 통화 제도와 국제 무역 조절 및 자금 조달

일국의 화폐 공급량은 조절 메커니즘을 통해 국가 경제의 필요에 맞게 조정되어야 한다. 국제 경제 역시 마찬가지다. 즉 국제 통화 제도를 통해 국제 무역의 성장에 맞게 국제 지불 수단이 구축되어야 한다.

국제 통화 제도가 존재하지 않는다면 국제 무역은 국가 경제를 교란할 것이다. 국제 통화 제도는 갑작스러운 화폐 가치 변동과 고질적인 국제 수지 불균형이 발생하는 것을 막아야 한다. 국제 수지 불균형은 과다 채무의 직접적인 원인이 될 수 있다. 즉 국제 통화 제도는 안정성의 원천이 되어야 한다. 19세기 이후 네 가지의 통화 제도가 존재했으나 단지 첫 번째만이 안정성을 보장했던 것으로 보인다(제72강 참고).

2. 국제 수지

A. 기본 계정

국제 수지는 일정 기간 일국의 거주민들과 비거주민들 간 거래와 관련된 플로를 요약하고 있는 표이다. 화폐의 유입은 대변에, 화폐의 유출은 차변에 계산된다.

국제 수지는 다음과 같은 세 개의 계정으로 구성된다.

– 경상 거래 계정 : 상품 및 서비스의 수출입이 기록되는 상품 및 서비스 수지, 이자, 배당금, 임금 등 생산 요소 소득 플로, 그리고 경상 이전 플로로 구성된다.

– 자본 계정 : 채무 삭감과 기부 등 자본 이전 플로와 특허권 등 비금융 상품 자산의 구매나 양도로 구성된다.

– 금융 계정 : 장기 자본 이동에 해당하는 해외 직접 투자 플로, 단기 자본 이동인 포트폴리오 투자 플로, 국제 대출 등 그 밖의 금

융 거래 및 통화 거래와 관련된 플로로 구성된다. 금융 계정은 또한 중앙은행이 보유하고 있는 외환 보유고도 포함한다.

B. 국제 수지표 읽기

기업 회계와 마찬가지로, 국제 수지표에서 각 거래는 복식 부기의 원리에 따라 대변과 차변에 기록된다. 따라서 정의상 국제 수지는 언제나 균형 상태를 이루게 된다. 국제 수지표의 '오류와 생략' 항목은 정확한 조정을 보장하며 측정에서의 오류를 바로잡아 준다.

반대로 국제 수지 중 무역 수지, 상품 및 서비스 수지, 경상 거래 계정 수지는 흑자나 적자를 기록할 수 있다. 마찬가지로 경상 거래 계정, 자본 계정, 금융 계정에서 은행 부문 및 통화 당국 거래를 제외한 금융 거래로 구성된 총수지도 흑자나 적자를 기록할 수 있다. 적자를 기록할 경우, 은행 시스템은 해외에 채무를 지는 것이며 보유 자산이 줄어든다. 흑자를 기록할 경우, 은행 시스템은 해외에 진 채무를 갚는 것이며 보유 자산이 증가한다.

경상 거래 계정과 자본 거래 계정의 합은 흑자일 수도 있고 적자일 수도 있다. 적자는 결국 해당 국가가 자금을 조달해야 한다는 것을 뜻한다. 다시 말해 거시 경제적 차원에서 저축이 투자보다 부족하다는 것이다. 따라서 일국의 자금 조달 필요성은 금융 계정의 흑자로 표현된다. 사실 국내 거주 경제 주체들은 저축 부족을 메우기 위해, 또는 중앙은행의 외환 보유고에서 외환을 조달하기 위해 해외 거주 경제 주체들에게 손을 벌릴 수밖에 없다.

반대로 흑자는 저축이 투자보다 많은 상황으로 국가의 자금 조달 능력을 보여 주며 금융 계정 적자로 표현된다.

▶국제 수지 연구는 신중해야 한다. 예로 적자나 흑자가 언제나 커다란 의미가 있는 것은 아니다.

금융 계정 흑자는 경제의 활황으로 외국 자본이 대거 유입됐기 때문일 수도 있고, 고금리 정책의 결과일 수도 있으며, 경제적 어려움을 극복하려고 국가가 대규모 대외 채무를 졌기 때문일 수도 있다.

72강 금 본위제에서 브레턴우즈 체제까지

금속 화폐의 시대, 국제 교역은 당연히 귀금속을 통해 이루어졌다. 그런데 점차 국제 통화 제도가 제도화되었고, 국제 협정의 대상이 되었다.

1. 브레턴우즈 협정 이전의 국제 통화 제도

A. 금 본위제는 안정적인 국가 화폐의 맥락에서 일정 수준의 안정성을 보장했다

금 본위제는 금에 기초해 있던 각국 통화 제도의 논리적 결과였다. 금 본위제의 특징은 다음과 같다.

– 금은 본위로서 역할한다. 즉 각 화폐의 가치는 금의 무게로 정의된다.

– 화폐는 금으로 태환 가능하다. 화폐의 금 태환성은 화폐 창조를 제한하고 경제 주체들의 신뢰를 보장한다.

– 국제 지불 수단은 금이다. 그렇지만 금 태환이 가능한 국가 화폐를 지불 수단으로 사용하는 것도 가능하다.

금 본위제는 안정성의 원천이었다. 통화량이 금 보유량에 연동되어 있었기 때문에 화폐 창조가 제한되고 따라서 환율도 어느 정도 안정적인 수준에서 유지되었다.

1914년 제1차 세계 대전이 발발하면서 통화 안정성의 시기도 종말을 고했다. 각국 정부는 전쟁 비용과 전후 재건 비용을 조달하기 위해 화폐 창조에 크게 의존했다. 이는 심각한 인플레이션을 유발했고, 마침내 통화 당국은 금 태환성을 포기할 수밖에 없었다.

B. 금 환 본위제는 안정성을 회복할 수 없었다

1922년 제네바 회의는 새로운 국제 통화 제도인 금 환 본위제의 작동 방식을 결정했다. 금이 여전히 화폐 본위로 인정되고, 각국은 금을 기준으로 자국 화폐의 고정 환율을 결정해야 했으나 금 태환성은 의무 사항이 아니었으며, 따라서 유일한 국제 지불 수단과 보유 수단으로서의 금의 지위도 사라졌다. 이제 금뿐만 아니라 태환 가능한 국가 화폐를 지불 수단이나 보유 수단으로 사용할 수 있었다.

전간기 통화 제도는 매우 불안정했다.

– 대부분의 국가는 무역 수지 개선을 위해 경쟁적인 평가 절하 정책을 실시했다. 예로 프랑스는 1926년까지 평가 절하 정책을 고수했다.

– 영국은 파운드화에 대한 신뢰를 회복하고 전쟁 전까지 파운드화가 누리고 있던 지위를 회복하기 위해 파운드화 평가 절상 및 디플레이션 정책을 실시했다. 이 과정에서 영국의 국내 경제가 희생되었다.

– 독일 같은 국가들은 인플레이션과 통화 가치 하락이라는 악순환에 빠져 있었고, 자국 화폐가 거의 휴지 조각이 되는 상황에까지 이르렀다.

1930년대 초, 대세는 고립주의였으며 국제 통화 제도는 파운드 존, 달러 존, 금 본위제 블록 등 여러 가지 크고 작은 통화 제도로 분열되었다.

2. 브레턴우즈 국제 통화 제도

1944년 열린 브레턴우즈 회의의 목적은 새로운 국제 통화 제도의 수립이었다. 이 회의에서 미국은 자국 화폐인 달러에 핵심적인 역할을 부여했다.

A. 브레턴우즈 원칙

브레턴우즈 시스템은 고정 환율 제도이다. 각 화폐의 가치는 달러에 고정되어 있다. 환율 변동 폭은 기준 고정 환율을 중심으로 ±1%에 불과했다. 또한 달러의 가치는 금의 무게로 고정되어 있다. 즉 1온스의 금은 35달러에 해당한다. 금은 따라서 본위로서의 기능을 유지하며 모든 화폐는 달러를 매개로 금으로 가치가 매겨진다.

각 화폐는 달러로 태환이 가능하며, 그 밖의 다른 모든 화폐로 태환할 수 있다. 그러나 금 태환이 가능한 화폐는 달러뿐이다. 따라서 달러는 국제 화폐의 기능을 수행한다. 그러나 최종적으로 달러의 가치를 보장해 주는 것은 물론 금이다.

국제 통화 기금은 국제 수지 적자국을 지원하고 각국의 경쟁적인 평가 절하를 제한하기 위해 창설되었다. 회원국들은 자국의 경제 규모에 따라 IMF 예산의 일부를 분담해야 한다. 따라서 국제 수지 적자가 발생할 경우, IMF 내 자국의 예산 기여금 중 일부를 사용할 수 있다.

B. 초기의 어려움, 일정 수준의 안정성

브레턴우즈 제도의 도입은 쉽지 않았다. 달러는 부족했고, 유럽과 일본의 경제는 전쟁으로 피폐해졌으며, 미국은 마셜 플랜 등을 도입해서 유럽의 경제 재건을 위한 자금을 조달할 수밖에 없었다. 따라서 새로운 국제 통화 제도가 도입된 초기 몇 년 동안 국제 통화 제도는 매우 유연하게 적용됐다. 예로 큰 폭의 평가 절하가 용인되었다.

1950년에서 1960년까지 경제가 빠르게 성장하고 국제 무역도 증가했다. 유럽은 수출 호조로 풍부한 달러 보유고를 구축했다. 미국의 국제 수지는 경제 원조 및 군사 원조와 해외 직접 투자로 발생한 자본 유출, 대유럽 수출 감소로 인해 적자를 기록했다. 즉 세계 경제에서 유통되는 달러의 공급량이 풍부해진 것이다. 그러나 여전히 달러는 '금만큼이나 믿을 수 있는' 화폐였고, 미국의 헤게모니는 균형 성장을 가능하게 했다.

▶브레턴우즈에서 케인스는 완전히 새로운 국제 화폐를 제안했다. 그러나 브레턴우즈 회의에서 채택된 국제 통화 제도는 미국의 경제 상황에서 자유로울 수 없었다. 미국의 경제 상황은 결국 국제 통화 제도의 새로운 조건이 발생하고 변화하는 요인이었다.

73강 1970년대 이후 국제 통화 제도

브레턴우즈 국제 통화 제도는 달러에 기초한 제도였으며, 달러에 대한 신뢰는 미국의 경제력과 달러의 금 태환성이라는 두 개의 축에 기반을 두고 있었다. 1960년대 초부터 해외에서 달러 보유고가 가파르게 상승하면서 달러에 대한 신뢰가 무너지기 시작했고 금 태환 러시가 발생했다. 닉슨 대통령은 금 태환 포기 선언을 할 수밖에 없었다. 이제 달러는 불태환 화폐가 되었으며, 브레턴우즈 제도에 문제가 제기되었고, 국제 통화 제도는 변동 환율 제도로 대체되었다.

1. 브레턴우즈 제도의 위기

A. 해외에서 달러 보유고의 증가

1950년대 말 등장한 미국의 국제 수지 적자는 1960년대 초부터 본격적으로 악화됐다.

– 자본 수지가 악화됐다. 미국은 막대한 경제 원조 및 군사 원조, 대출을 제공했고, 미국의 기업들은 점차 해외로 생산 기지를 이전하기 시작했으며, 해외 직접 투자를 확대했다.

– 무역 수지 역시 악화됐다. 세계 시장에서 미국 상품이 유럽 및 일본 상품과 경쟁해야 했기 때문이다.

국제 무역이 증가하자 국제 지불 수단인 달러에 대한 해외 수요도 증가했다. 타국 은행들도 달러로 대출을 제공했다. 이렇게 해외에서 유통되고 창조된 달러를 유러달러라고 부른다. 유럽에서 달러 대출이 증가했다. 그런데 신용은 화폐를 창조한다. 결국 해외에서 유러달러가 넘쳐나기 시작했다.

B. 달러에 대한 불신 : 브레턴우즈 제도에 대한 불신

해외의 달러 보유량은 미국의 금 보유량을 훨씬 초과하고 있었다. 이 같은 상황은 달러에 대한 불신과 달러의 금 태환 요구를 야기했다. 그런데 금 태환 요구가 늘어나면 늘어날수록 달러에 대한 불신도 커졌다. 1949년 미국은 세계 금 보유량의 80%를 장악하고 있었으나 1971년에 31% 수준으로 떨어졌고, 해외의 달러 자산은 500억 달러에 달한 반면, 미국이 포트 녹스Fort Knox(연방 금괴 보관소가 있는 지역)에 보유하고 있는 금 보유량은 단지 110억 달러에 불과했다.

금 보유고 감소를 막기 위해 미국은 1968년 달러의 금 태환을 각국의 중앙은행으로 제한했지만, 유럽 중앙은행들의 금 태환 요구가 거세지자 닉슨 대통령은 1971년 8월, 일방적으로 금 태환 중지 선언을 발표했다. 금과 미국의 경제력으로 그 안전성이 보장되는 달러는 브레턴우즈 국제 통화 제도의 근간이다. 그런데 달러가 불태환 화폐가 되면서 수많은 국가에서 대달러 고정 환율을 포기했고, 1973년 달러가 금 1온스당 38달러에서 42달러로 또다시 평가 절하되면서 변동 환율 제도가 일반화되었다.

2. 변동 환율 제도

A. 변동 환율 제도의 원리

새로운 국제 통화 제도는 다음과 같은 특징을 가진다.

– 모든 본위의 포기 : 금은 화폐로서의 모든 특징을 완전히 상실했다. 이제 금은 단순한 상품일 뿐이다. 어떤 화폐도 금으로 평가되지 않는다.

– 공식적인 국제 화폐가 사라졌다. 물론 현실에서는 달러가 여전

히 국제 무역에서 핵심 통화로 기능한다.

화폐 가치는 수요 공급 법칙에 따라 자유롭게 변한다. 만약 화폐의 공급이 수요를 초과한다면 환율은 하락할 것이다. 즉 화폐의 가치가 하락하는 것이다. 반대로 초과 수요가 발생하면 화폐의 가치는 상승한다. 환율이 시장 메커니즘에 따라 자유롭게 변하기 시작했고, 이제 국제 통화 제도의 틀 내에서 통화 당국이 고정 환율 변경을 위해 개입하는 평가 절상이나 평가 절하가 불가능해졌다. 그러나 통화 당국은 여전히 환율 변동 폭을 제한하기 위해 개입할 수 있다.

B. 변동 환율 제도는 통화 혼란을 해결하지 못했다

밀턴 프리드먼Milton Friedman 같은 자유주의 경제학자들은 통화 당국이 아닌 시장을 통한 환율 결정은 결국 통화 혼란을 해결할 것이며, 환율 정책 자체를 무용지물로 만들 것이라고 주장한다. 게다가 환율의 자유로운 변동으로 국제 수지가 자동으로 균형 상태를 이룰 것이라고 설명한다. 사실 국제 수지 적자는 환율 하락으로 나타나고, 환율 하락은 수출 상대 가격 하락을 낳는다. 수출의 상대 가격이 하락하면 수출은 증가하고 수입은 감소하며, 무역 수지가 재균형 상태에 도달할 것이다. 흑자의 경우는 반대의 메커니즘이 작동한다.

그러나 변동 환율 제도는 국제 무역 균형에도, 국제 통화 제도 안정에도 기여하지 못했다. 국제 수지에서 금융 계정은 중요한 역할을 수행한다. 무역 적자는 자본 유입으로 보충될 수 있으며, 이 경우 무역 적자가 화폐의 가치 하락으로 귀결되지 않는다. 1980년부터 1985년까지 달러의 경우가 그러했다. 미국은 막대한 무역 적자를 기록하고 있었지만 달러의 가치는 계속 상승했다. 미국의 고금리가 유동 자본을 끌어들였기 때문이다. 게다가 몇몇 수입 품목은 축소가 불가능한 항목이다. 따라서 환율 하락이 수입 감소로 이어지지 않았으며, 수입 비용만 증가했다. 이는 수요의 가격 탄력성이 매우 낮은 경우이다.

▶변동 환율 제도는 불안정성의 원천이었다. 단적인 예가 달러의 변동 폭이다. 프랑화 대비 달러 환율은 1980년 4프랑에서 1985년 10프랑으로 증가했고, 1980년대 말 다시 5프랑 수준으로 떨어졌다. 따라서 변동 환율 제도에서는 모든 예측이 우연적일 뿐이다. 이에 유럽 경제 공동체는 유럽의 통화 안정성을 회복하기 위해 1972년 소위 스네이크 시스템snake system을, 1979년 유럽 통화 제도를, 1999년 유럽 통화 연합을 창설했다.

74강 유럽 통화 협력

브레턴우즈 통화 제도의 붕괴로 통화 혼란이 발생하자 유럽 국가들은 유럽에 일종의 환율 안정성 지대를 구축하고자 했다. 바로 이 때문에 1972년 스네이크 시스템, 1979년 유럽 통화 제도, 1999년 유럽 통화 연합이 창설된 것이다.

1. 스네이크 시스템에서 유로까지

A. 유로 이전의 유럽 통화 협력

1972년 유럽 스네이크 시스템이 도입되었다. 스네이크 시스템의 목표는 EEC 내 환율 안정화에 기여하는 것이었다. 이를 위해 환율 변동 폭은 유럽 화폐 간 환율과 대달러 환율로 표현되는 기준 환율의 ±2.25%로 제한되었다. 그러나 달러는 매우 불안정했고, 환율 변동 폭은 너무 좁았다. 이 때문에 스네이크 시스템은 유럽 국가들의 운신 폭을 너무 제한하는 시스템이 되었다. 결국 스네이크 시스템은 실패하게 된다. 1973년 영국이 스네이크 시스템에서 탈퇴한 것이다. 이후 1978년 12월 유럽 통화 제도EMS가 창설되어 1979년부터 적용되기 시작했다.

EMS에서 각 화폐의 환율은 ECU(유럽 통화 단위)로 표시된다. 이후 ECU는 유로로 바뀌었다. 그런데 EMS 환율은 실질 환율이 아니며 기준 환율일 뿐이다. 각 화폐는 기준 환율에서 크게 벗어나서는 안

된다. 만약 화폐가 중앙은행의 개입에도 변동 폭을 벗어날 가능성이 있다면, 연대 책임이 있는 다른 중앙은행들은 해당 화폐의 환율이 EMS 변동 폭 내에서 유지되게끔 외환 시장에 개입해야 한다. 그러나 화폐의 환율이 구조적으로 변동 폭을 벗어나는 경향을 보인다면, 그 화폐의 기준 환율이 평가 절상되거나 평가 절하될 수 있다.

EMS는 국제 통화 불안정성과 달러 가치 급등 및 급락에 맞서 비교적 안정적으로 작동했다. 수차례에 걸쳐 평가 절상이나 평가 절하 조치가 있었으나, EMS는 유럽에서 일정 수준의 통화 안정성 확립에 기여했다.

B. 단일 화폐 도입의 이유

단일 화폐는 각국 화폐의 태환 필요성과 관련된 불편함을 해소해 준다. 예로 단일 화폐를 사용하면 태환 비용이 사라진다. 또한 적어도 역내 회원국에서의 수입이 증가할 경우 화폐 가치 하락을 염려할 필요가 없다.

단일 화폐는 이른바 환 리스크, 즉 환율 변동과 관련된 위험을 없애 준다. 또한 수출 기업이나 수입 기업들은 더 확실하게 예상할 수 있고 역내 회원국과의 국제 수지 적자를 우려할 필요도 없다. 대외 제약이 사라지는 것이다.

단일 화폐는 유럽 국가들을 결속한다. 이제 경제 단위는 국가가 아니라 유럽이 된다.

2. 유럽 통화 연합

A. 유로 존 창설

마스트리히트 조약은 "단일 화폐 도입을 위한 환율의 돌이킬 수 없는 고정과 가격 안정성 유지를 주요 목표로 하는 단일 통화 정책 및 환율 정책의 실행과 정의"를 명시하고 있다. 그리고 유럽 연합 각 회원국의 중앙은행과 유럽 중앙은행ECB을 아우르는 유럽 중앙은행 제도ESCB가 설립되었다. ESCB는 유럽 중앙은행의 총재단 회의가 주도한다. 총재단 회의에서는 가격 안정이라는 목표를 중심으로 ESCB의 통화 정책이 결정된다.

마스트리히트 조약의 5대 수렴 기준 준수는 단일 화폐 수용의 조건이다.

– 공공 재정 적자는 GDP의 3%를 초과하지 않는다.

– 공공 부채는 GDP의 60%를 초과하지 않는다.

– 인플레이션은 인플레이션이 가장 낮은 상위 세 국가의 평균보다 1.5포인트 이상 초과하지 않는다.

– 장기 금리는 인플레이션이 가장 낮은 상위 세 국가의 평균 금리보다 2포인트 이상 초과하지 않는다.

– 적어도 최근 2년 동안 평가 절하를 단행한 적이 없어야 하며 EMS의 공동 환율 메커니즘에 참여해야 한다. 그런데 1999년 이후 EMS는 유럽 환율 메커니즘 II로 대체되었다. 아직 단일 화폐를 도입하지 않았으나 도입하기를 원하는 국가들의 경우, 이들의 화폐는 유로에 대한 공식 환율을 가져야 하며, 이때 대유로 환율이 공식 환율에서 ±15% 이상 벗어나서는 안 된다.

1998년 5월 브뤼셀에서 열린 유럽 정상 회담 당시, 유럽 이사회는

1999년 1월 1일부터 유로 존을 구성할 11개 회원국을 결정했다. 그런데 이들 11개 회원국 중 마스트리히트 수렴 기준을 모두 준수한 국가는 단 4개국뿐이었다. 그리스는 2001년 유로 존에 가입했다.

B. 공동 통화 정책

유로 존의 국가들에 통화 정책은 단 하나만 존재할 뿐이다. 유럽 통화 정책의 목표는 가격 안정성이다. 따라서 통화 정책은 실업 퇴치를 위한 정책 도구로 사용될 수 없다. 유럽 중앙은행의 독립 원칙은 인플레이션 퇴치라는 목표 추구의 영속성을 보장해 준다.

유럽 통화 연합은 당연히 유로 존 역외 화폐들, 특히 달러와 엔에 대한 공통의 환율 정책 실시를 함축한다. 유로 존의 환율 정책은 유럽 중앙은행과 유럽 재정 경제 장관 이사회가 공동으로 담당한다. 유로는 유럽 통화 제도가 결정한 변동 폭 내에서 유지되어야 했던 화폐와는 달리, 역외 화폐에 대해 변동 환율이 적용된다. 따라서 유럽 중앙은행은 환율 변동 폭을 유지할 필요가 없다.

▶유럽 통화 협력이 결실을 보았으나, 안정성 및 성장 협약에도 예산 및 조세 분야 협력과 정치적 협력 분야에서는 아직도 갈 길이 멀다.

75강 환율의 결정 요소

환율은 타국 화폐로 표시된 자국 화폐의 가격이다. 환율은 외환 시장에서 수요 공급 법칙에 따라 달라진다. 변동 환율 체제에서 환율은 자유롭게 변할 수 있다. 반대로 고정 환율 체제에서는 각국의 통화 당국이 타국 화폐에 대한 자국 화폐의 공식 환율과 외환 시장에서의 환율 변동 폭을 결정한다.
환율이 통화 당국이 정한 변동 폭을 지속적으로 초과하는 경향을 보일 때, 통화 당국은 평가 절하나 평가 절상을 단행해 공식 환율을 수정해야 한다.

1. 환율과 국제 수지

A. 명목 환율, 실질 환율, 실제 환율

외환 시장에서 관찰되는 환율은 명목 환율이다. 국가 내에서 물가 상승이나 하락으로 화폐 단위의 구매력이 변한다. 따라서 환율을 계산할 때는 각국의 물가 변동을 고려한 실질 환율을 계산하는 것이 바람직하다.

게다가 각국 대외 무역의 상대적 규모를 고려하면 각국 통화 간 실제 환율을 계산할 수 있다. 즉 각 통화에 다른 모든 통화에 대한 환율의 평균치를 계산한다. 각 환율은 대외 무역의 규모에 따라 가중치가 부여된다. 실제 환율은 명목 환율일 수도 있고 실질 환율일 수도 있다. 실제 환율, 특히 실질 실제 환율의 변화를 관찰하면 환율 변동의 경제적, 사회적 영향을 더 잘 파악할 수 있다.

B. 환율은 직접적으로 국제 수지의 영향을 받는다

일국의 국제 수지(제71강 참고)는 해당 국가가 타국과 행한 모든 거래를 요약한다. 국제 수지가 흑자라면, 해당 국가의 화폐 수요가 공급을 초과한 것이고, 이는 화폐의 가치 상승을 이끈다. 반대로 국제 수지 적자는 화폐 가치 하락으로 귀결된다. 왜냐하면 적자를 해결하기 위해 국내 화폐가 외화로 태환되어야 하기 때문이다. 결국 화폐 가치의 결정 요인을 분석하려면 국제 수지의 두 가지 주요 구성 요소, 즉 경상 거래 계정과 은행 및 통화 당국 부문을 제외한 금융 계정을 검토해야 한다.

경상 거래 수지의 결정 요소는 첫째, 해당 국가의 경제 성장이다. 즉 자국의 성장세가 강할수록 수입도 늘어난다. 둘째, 무역 상대국의 성장이다. 즉 무역 상대국의 성장세가 강할수록 수출은 늘어날 것이다. 셋째, 경쟁력이다. 경쟁력은 가격 경쟁력과 상품 경쟁력을 모두 포함한다. 금융 계정은 기본적으로 해외 직접 투자에 대한 이윤 전망과 포트폴리오 투자에 대한 금리 및 투기적 동기에 달려 있다.

외환 정책 또한 환율에 영향을 미친다. 변동 환율 제도에서는 평가 절하나 평가 절상은 불가능하지만, 어쨌든 통화 당국은 환율 하락이나 상승을 목표로 시장에 개입할 수 있다. 이를 위해 통화 당국은 두 가지 중요한 개입 수단을 보유하고 있다. 첫째, 통화 당국은 외환 시장에서 자국 화폐를 매도하거나 매입할 수 있다. 그러나 이 방법은 점점 실효성이 떨어지고 있다. 오늘날 외환 시장 거래량은 중앙은행들이 보유하고 있는 외환 보유고와는 비교할 수 없을 정도로 어마어마하기 때문이다. 둘째, 금리를 조정해서 외국 자본의 국내 유입, 또는 국외 유출을 노리는 것이다.

2. 구매력 평가와 이자율 평가

A. 환율과 구매력 평가

구스타브 카셀Gustave Cassel은 20세기 초 화폐의 외적 가치, 즉 환율은 화폐의 내적 구매력, 즉 화폐로 구매할 수 있는 상품의 양에 의해 결정된다고 설명했다. 단일 가격 법칙에 따르면, 경쟁과 시장 통합의 결과 상품 가격은 모든 국가에서 동일하다. 결국 두 화폐 간 환율은 두 국가의 일반 물가 수준의 비율에 의해 결정된다는 것을 쉽게 유추할 수 있다.

따라서 물가 변동과 환율 변동 간에 인과 관계가 성립될 수 있다. 예로 환율 변화는 국가와 무역 상대국 간 인플레이션 격차에 의해 결정될 것이다. 따라서 가격 경쟁력이 높은 국가는 유리한 인플레이션 격차로 득을 볼 수 있을 것이다. 이 경우 환율은 상승하게 된다.

B. 환율과 이자율 평가

자본의 국제 이동성은 국가 간 금융 투자 수익의 균등화를 낳는다. 예로 국가의 금리가 타국에 비해 높을 경우 자본이 유입될 것이고, 이는 결국 해당 화폐의 수요 증대를 낳을 것이며, 환율이 상승할 것이다. 따라서 환율의 중요 결정 요인 중 하나는 금리 격차이다.

이자율 평가 메커니즘과 구매력 평가 메커니즘의 결합은 미국 경제학자 루디거 돈부시Rudiger Dornbusch가 제시한 환율의 과잉 반응over-shooting 현상을 낳을 수 있다. 단기에서 환율은 금리 격차에 따라 결정된다. 즉 국가의 금리가 무역 상대국의 금리보다 낮다면, 이자율 평가 메커니즘에 따라 화폐의 가치는 하락한다. 그러나 저금리는 인플레이션을 유발하고, 이는 구매력 평가 메커니즘을 통해 장기에서 환율 하락을 추동한다.

▶1980년대부터 심화되고 있는 환율 불안정은 '과잉 반응' 현상뿐만 아니라 환율 상승이나 하락에 대한 여러 가지 예상 때문이기도 하다. 경제 주체들은 타인의 행동을 맹목적으로 모방하는 행동을 통해 환율 불균형을 더욱 악화시킨다.

76강 세계 경제의 유로와 달러

1940년대부터 달러는 세계 경제에서 핵심적인 위치를 차지하고 있다. 1999년 도입된 유럽 단일 화폐는(제74강 참고) 달러의 지배에 도전할 수 있었지만, 아직은 아니다.

1. 유로화 도입에도 달러의 지배적 위치는 흔들리지 않았다

A. 세계 경제의 중심에 있는 달러

2005년 달러는 여전히 각국 중앙은행이 선호하는 외환 보유 단위이다. 달러는 각국 중앙은행의 공식 외환 보유고의 3분의 2를 차지하고 있다. 유로의 비중도 1999년 18%에서 현재 25%로, 2000년대 초부터 증가하고 있지만 달러가 여전히 압도적인 우위를 차지하고 있다. 또한 달러는 국제 무역의 지불 수단이다. 세계 수출의 단 25%만이 유로로 거래되는 반면에, 세계 수출의 50%가 달러로 거래된다. 달러 거래는 특히 원자재 분야와 항공 우주 부문 등 대형 산업 계약에서 더욱 두드러진다.

달러는 자본 시장에서도 매우 많이 유통되고 있다. 그러나 자본 시장에서는 유로가 달러의 경쟁 화폐로 급부상하고 있다. 외환 시장에서도 달러 관련 거래가 대부분이다. 또한 달러는 준거 화폐, 즉 기축 통화로 약 80개국에서 사용되고 있다. 유로의 경우는 50개국에서만 기축 통화의 역할을 담당할 뿐이다. 특히 개도국 중 경제가 약화되고 국제 금융 시장에서 거래자들의 불신을 사고 있는 국가들에서 달러가 국내 화폐와 나란히 유통되는 경우도 있다. 심지어 살바도르, 에콰도르, 과테말라에서는 달러가 공식적으로 국내 화폐의 역할을 담당하고 있다.

B. 달러와 유로 환율의 변동

유로가 도입된 1999년부터 2001년까지 외환 시장에서 유로의 대달러 환율은 계속 하락했다. 1유로당 1.16달러에서 0.83달러로 약 30%나 하락한 것이다. 이후 유로는 강세로 돌아섰고, 달러는 약세를 면치 못했다. 2004년 말 유로의 대달러 환율은 1.36달러를 기록하여 2001년에 비해 60% 이상 상승했다. 그런데 2005년 초부터 2006년 초까지 유로의 환율은 10% 이상 하락했고, 현재 유로 환율은 1.21달러로 1999년에 비해 약간 높은 수준이다.

엔화나 파운드화에 대한 유로 환율도 변동이 심했다. 1999년부터 2001년까지 유로의 엔화 대비 환율은 30% 하락했다가 2001년 이후 40% 상승하였고, 같은 기간 20% 가까이 떨어졌던 대파운드 환율도 15% 증가했다. 또한 1999년부터 2006년 초까지 달러의 대엔화 환율도 변동이 심했다. 2002년까지 엔화 대비 달러 환율은 20% 상승했고, 이어 2005년 초까지는 25% 하락했으며, 다음 2006년 초에는 1999년의 수준을 회복했다. 달러의 대파운드화 환율은 1999년부터 2001년까지 20% 상승했고, 이어 2004년 말까지 20% 하락했으며, 2005년 초부터 2006년 초까지 다시 8% 상승했다. 현재 달러의 대파운드화 환율은 1999년 초보다 약간 높은 수준이다.

2. 유로의 국제 역할을 제한하는 요소들

A. 통화 행위의 관성

세계 경제에서 유로가 더욱 중요한 역할을 담당하려면, 지금까지 달러를 사용했던 경제 주체들이 행동 패턴을 바꿔야 한다. 즉 경제 주체들은 유로 사용에 따른 새로운 계산 규칙을 도입해야 하고, 새로운 가치 체계를 구축해야 하며, 회계나 경영 소프트웨어를 수정해야 한다. 그런데 이처럼 통화 행위를 바꾸는 것은 달러를 계속 사용하는 경우와 비교했을 때 너무 많은 비용을 유발한다.

한편 세계 경제에서 유로의 역할 확대는 유로가 달러보다 더 많은 이점을 제공한다는 것을 전제로 한다. 그런데 이를 위해선 유로 존의 경제 성장이 중요하다. 유로 존의 경제 성장은 역내 금융 투자 및 직접 투자의 예상 수익에 영향을 주기 때문이다. 그러나 현재 유로 존의 경제 성장은 유로화 도입 이후 완만한 수준에 머물러 있다. 케인시안 경제학자들은 유로 존의 경제 성장률이 낮은 이유를 너무 엄격한 경기 정책 때문이라고 파악하며, 자유주의 경제학자들은 시장 메커니즘 기능 저하의 결과라고 판단한다.

유럽 금융 시장의 통합은 아직 완성되지 않았다. 주식 시장은 런던, 프랑크푸르트, 유로넥스트(암스테르담, 파리, 브뤼셀) 시장으로 나뉘어 있으며, 유로 존 내 금융 거래는 유형에 따라 여전히 비용 제약이 심하고, 보험 회사나 은행 같은 유럽 기관 투자가들은 아직 규모 면에서 미국의 기관 투자가들에 미치지 못한다.

B. 유로 존의 최적 관리?

유로에 대한 국제적 신뢰는 약화되었다. 실제로 유로의 현 사용자들과 미래 사용자들은 1990년대 초부터 도입된 경제 통화 연합(제39강 참고)의 작동 방식에 의문을 갖고 있다. 예로 유럽 연합의 국가들이 단일 화폐를 받아들였으나 세계적인 금융 대국인 영국은 여전히 자국 화폐를 고수하고 있다.

정치적 통합은 느리게 진행되고 있고, 유로 존 관리도 여전히 국가 간 타협의 문제이다. 그런데 국가 간 협력이 언제나 모범적이지는 않다. 유럽 중앙은행과 회원국 간 관계는 이해관계의 대립을 잘 보여 주며, 따라서 유로 존 관리의 일관성과 효율성에 문제 제기를 할 수밖에 없다. 이런 상황은 유로에 대한 신뢰를 약화시킨다.

국제 통화 협상에서 유로 존을 대표할 수 있는 기관이 없다. 대통령이나 재무 장관이 이해관계를 방어하는 미국에 반해, 유로 존 회원국들은 분열되어 있고, 이것이 유럽 단일 화폐에 대한 국제적 신뢰를 잠식하는 것이다.

▶여러 가지 요소가 유로의 국제적 역할을 제약하고 있다. 유로는 최근에 도입되었고, 따라서 유로가 달러를 대체할 수 있는 진정한 국제 화폐로서의 지위를 획득하려면 시간이 필요하다.

77강 금융 글로벌화

금융 글로벌화, 즉 자본의 세계 시장 형성은 1980년대부터 강화되었다. 금융 글로벌화의 실물 경제에 대한 영향은 현재 많은 논쟁을 불러일으키고 있다.

1. 1980년대 이후 금융 글로벌화의 강화

A. 1980년대 이후 금융 글로벌화의 요소들

자본의 세계 시장 형성은 국가별 시장의 경계가 허물어진 것에 기인한다. 즉 외환 통제 같은 규제 조치가 사라지면서 국제 자본 및 금융 거래에 대한 장애물이 제거된 것이다. 국가적 차원에서 시장의 부문 간 경계가 사라진다는 것은 특정 유형 거래에 대한 금융 기관 전문화를 없애거나 완화시키는 것이다. 예로 투자 은행과 일반 은행의 구별은 이제 무의미하다.

금융 글로벌화는 또한 탈규제화 과정, 즉 자본 및 금융 시장의 기능과 은행 및 금융 기관의 활동을 구속하는 규제 시스템 완화 과정의 결과이다. 사실 국내 및 국제 자본 거래와 금융 거래에 대한 통화 당국의 통제는 축소되었다.

금융 글로벌화의 또 다른 특징은 탈중개화이다. 오늘날 경제의 자금 조달이 은행 신용보다 금융 시장을 통해 이루어지며, 자기 자금 조달의 비중이 늘어나고 있다. 즉 주식, 채권, 그 밖의 다른 유가 증권 발행을 통해 자금을 조달하는 직접 신용이 은행 신용에 기초한 간접 신용을 대체해 가고 있다.

B. 금융 글로벌화의 예상된 긍정적 효과

1980년대 이후 금융 글로벌화가 진행되면서 세계 경제에서 금융 플로가 엄청나게 증가했다. 2005년 외환 시장 일일 평균 거래량은 2조 달러에 달하고 있다. 이는 2005년 한 해 동안 상품 및 서비스의 국제 무역량이 12조 달러라는 점을 고려할 때 그야말로 어마어마한 액수이다. 국제 통화 기금에 따르면, 1970년 선진국 경제 주체들의 해외 보유 금융 자산은 선진국 GDP의 25%에 불과했던 반면, 2004년 이 수치는 220%로 증가했다.

자유주의 경제학자들에게 금융 글로벌화는 투자와 성장을 촉진한다. 먼저 경제 주체들의 자금 조달 필요와 자금 조달 능력 간의 조정을 개선하여 자원 배분을 최적화하고 금융 기관 간 경쟁을 격화하여 금리 하락에 기여한다. 또한 금융 글로벌화 결과, 새로운 형태의 금융 상품이 등장하고 미국의 나스닥 같은 새로운 시장이 창설되면서 세계적 규모의 자금 수급 조정이 용이해진다. 그리고 기관 투자가 같은 새로운 경제 주체들은 금융 시장의 효율성을 제고한다는 것이다.

2. 금융 글로벌화의 위험

A. 금융 영역과 실물 영역 분리의 위험

금융 글로벌화의 규모는 세계 생산의 증가, 좀 더 일반적으로 실물 경제의 성장과는 비교 자체가 불가능하다. 예로 주가 상승은 상장 기업의 성장을 반영하지 않는다. 이른바 금융 버블이다. 금융 영역과 실물 영역 간의 이 같은 괴리는 자본 보유자의 모방적 행동 때문에 더욱 심화될 수 있다. 즉 자본 보유자들은 가격 변화로 표현되는 시장 참여자들의 평균적인 행동을 그저 따라갈 뿐이다. 이제 주가 상승 자체가 주가 상승을 유발한다. 그런데 금융 영역이 실물 영역에서 과도하게 멀어질 때 조정이 불가피하며, 이 같은 조정은 1987년 주가 대폭락 같은 갑작스러운 주가 폭락으로 나타나거나, 2000년대 초 주식 시장 상황처럼 주가가 낮은 수준에서 계속 머물러 있게 된다. 글로벌화로 국가 간 상호 의존성이 강화되면서 일국에서 발생한 주가 폭락이 훨씬 큰 규모의 시스템 위기로 변화될 가능성이 높아졌다. 1997~98년의 아시아 금융 위기는 그 좋은 예이다(제78강 참고).

자본 이동성 때문에 통화 당국의 운신의 폭이 좁아졌다. 즉 각국은 인플레이션을 유발할 수 있는 모든 정책을 배제할 수밖에 없다. 인플레이션이 발생하면 실질 금리가 하락하고, 자본 보유자들은 자신의 자본을 인플레이션이 더 낮은 국가에 투자하거나 명목 금리 인상을 요구할 것이기 때문이다. 그런데 명목 금리 인상은 생산적 투자를 저해할 것이다. 따라서 각국의 실제 경제 상황과 상관없이 통화 당국은 인플레이션 압력을 억제하기 위해 경기 부양책보다는 긴축 정책을 우선시할 것이다. 그 결과 실업이 증가한다.

B. 금융 글로벌화는 기업의 성장을 저해할 수 있다

금융 글로벌화 결과 자산 자본주의 또는 주식 자본주의가 출현했다(제70강 참고). 금융 글로벌화는 자본 보유자, 특히 주식 시장 상장

기업 주주들의 권력을 강화했다. 기관 투자가들을 비롯한 주주들은 기업의 경영진을 지명하고, 자신들이 투자한 자금에 높은 수익성을 요구한다.

이제 상장 기업의 경영진은 주주들에게 높은 소득이나 시세 차익을 보장해 주기 위해 단기 수익성 증대에만 노력을 기울일 것이다. 예로 신형 기계 구입, 연구 개발 같은 투자 지출은 축소될 것이다. 투자 지출의 결과는 장기 수익성에만 영향을 미치기 때문이다. 마찬가지로 기업 내 유보 자금의 일부가 생산적 투자 대신 자사 주식 매입에 사용될 것이다. 자사주의 주가 상승을 추동하기 위해서이다.

▶금융 글로벌화는 세계 경제 전체에 유익할 수 있다. 그러나 위험도 많다. 케인시안 경제학자들이 국제 자본 이동에 새로운 규제 시스템을 제안하는 이유도 바로 여기에 있다.

78강 1970년대 이후 금융 위기

금융 위기는 국내 또는 국제 자본 시장과 금융 시장 기능 저하의 표현이며, 경제 주체들의 자금 조달 필요와 능력 간의 조정을 심각하게 교란한다. 1970년대 이후 금융 글로벌화가 진행되면서 금융 위기의 발생 빈도가 점점 늘어나고 있다.

1. 금융 위기의 세 가지 형태

A. 주식 시장 위기, 외환 위기, 은행 위기

주식 시장 위기란 주식이나 채권의 매도 증가에 따른 주가 폭락을 말한다. 유가 증권 매도는 결국 자본 보유자들의 불신을 보여 주는 행위이다. 주식 위기의 예로는 1987년 주가 대폭락, 2001년부터 2003년까지 이어진 주식 시장 불황, 1990년 도쿄 주식 시장의 폭락을 들 수 있다.

외환 위기는 자본의 대량 유출이나 화폐에 대한 투기 공격으로 인해 환율이 폭락하는 것이다. 예로 1992년 영국의 파운드화와 1997년 타이의 바트화 환율 폭락을 들 수 있다.

은행 위기, 좀 더 일반적으로 금융 기관 위기는 예금 보유자들, 은행 또는 금융 기관 주주들, 대부자들의 불신으로 촉발된다. 예금 보유자들은 예금을 인출할 것이고, 주주들은 보유 주식을 매도할 것이며, 대부자들은 신규 자금 투자를 거부하거나 투자하더라도 높은 금리를 요구할 것이다. 이 같은 은행에 대한 불신은 은행의 과도한 부채, 부실 채권, 또는 은행 경영진의 의심스러운 행위 적발 등에 기인한다.

B. 위기가 결합해 시스템 위기가 될 수 있다

금융의 여러 위기는 서로 결합할 수 있다. 예로 1997년 타이 은행들에 대한 금융 거래자들의 불신으로 타이에서 자본의 대량 유출이 발생하면서 바트화가 폭락했다. 타이 은행들이 과열된 부동산 시장에 자금을 대 주기 위해 단기 자본을 빌려 장기 대출을 제공했던 것이다. 자본이 빠져나가자 방콕 주식 시장에서는 대규모 주식 매도 사태가 발생했고, 이 때문에 주가가 폭락했다.

금융 위기는 경제 위기를 초래할 수 있다. 1994~95년, 멕시코의 주가 폭락으로 기업이나 은행을 포함한 유가 증권 보유자의 상황이 열악해졌다. 따라서 가계 소비는 감소했고, 기업은 투자를 축소하거나 도산하는 경우도 있었으며, 은행은 신용을 축소했다. 그 결과 경제 활동이 후퇴하면서 실업률이 상승했고, 이는 다시 내수를 압박하는 요인이 되었다.

게다가 금융 글로벌화의 영향으로(제77강 참고) 금융 거래자들 간 상호 의존성이 강화되었다. 금융 거래자들의 활동이 '시스템'을 형성한다는 말이다. 이제 이들 중 한 명만 잘못해도 시스템을 형성하고 있는 다른 모든 거래자들에게까지 영향을 미친다. 이 같은 상호 의존성은 국가에도 해당된다. 즉 일국의 금융 위기는 다른 국가들에까지 영향을 미친다. 1997~98년 아시아 위기 당시 타이의 금융 위기가 타국에까지 퍼지면서 시스템 위기로 전환된 사실이 그 대표적 예이다.

2. 1970년대 이후 위기가 빈번해지고 있다

A. 금융 글로벌화로 위기의 발생 빈도가 늘어난다

금융 혁신, 즉 새로운 형태의 금융 상품 등장과 탈규제화, 그리고 금융 시장 통합은(제77강 참고) 상호 연결된 각국의 주식 시장에서 금융 거래의 비약적 증가를 초래했다. 물론 투기 거래도 증가했다. 주식 시장 위기는 자본의 자유로운 유통 덕분에 주식 시장 간 신속한 자금 이동이 가능하다는 점에서 더욱 발생 가능성이 높다.

외환 통제 폐지와 자본의 자유로운 유통으로 외환 불안정성이 초래되고 외환 시장에서 투기 거래가 용이해졌다. 국가에서 주식 시장 위기나 은행 위기가 발생하면 자본 보유자들은 외환 시장에서 더욱 쉽게 해당 국가의 화폐를 매도하고 좀 더 안전한 국가의 화폐를 매입할 수 있다.

금융 글로벌화 결과 탈규제화는 은행과 금융 기관들에 대한 당국의 통제를 완화했고, 시장의 국제화로 이들의 활동 영역은 더욱 확대되었다. 또한 은행과 금융 기관들은 금융 시장의 부문 간 경계가 사라지면서 단기 자본을 끌어들여 장기 거래에 사용할 수 있게 되었다. 바로 이 때문에 은행 부문의 도산 위험도 커지는 것이다.

B. 정보의 불완전성

금융 시장이 세계화되면서 정보의 불완전성이 더욱 커졌다. 대부자는 대출자의 부채 상환 능력에 대한 완전한 정보를 보유하지 못한다. 따라서 대부자들은 금리에 위험 프리미엄을 추가한다. 즉 금리가 높아지는 것이다. 고금리는 견실하고 부채를 상환할 능력이 있는 대출 희망자들의 대출 유인을 감소시킨다. 그러나 금융 글로벌화로 좀 더 쉬워진 투기 거래를 통해 이득을 얻으려는 사람들은 그렇지 않을 것이다. 이 같은 이른바 '역선택'은 금융 시장을 약화시킨다.

불확실성 맥락에서 모방 행동은 경제 주체들에게 가장 합리적인 행위일 수도 있다. 경제 주체들은 더 많은 정보를 알고 있을 거라고 생각되는 사람들의 선택을 따르거나, 경제 주체들의 평균 의견을 대표한다는 시장의 추세에 따라 의사 결정을 내린다. 이 같은 모방 행동은 금융 자산의 가격 변동을 강화한다. 예로 주가 상승은 그 자체로 주가 상승을 함축하고, 이렇게 투기 버블이 형성되는 것이다. 투기 버블이 터지는 순간이 바로 주가가 폭락하는 순간이며, 주식 시장 위기가 도래하는 순간이다. 그런데 주식 시장 위기 역시 경제 주체들의 모방 행동으로 더욱 악화된다. 즉 주가 하락 자체가 주가 하락을 추동하는 것이다. 주식 시장 위기는 또한 외환 위기나 금융 위기를 초래할 수 있으며, 금융 시장이 서로 연결되어 있는 상황에서 경제 주체들의 모방 행동으로 위기의 파장은 더욱 커질 것이다.

▶1970년대 이후 금융 글로벌화의 영향으로 금융 위기가 자주 발생했다. 경제학자들이 신세계 경제 거버넌스를 논의하는 이유도 바로 여기에 있다(제87강 참고).

79강 국제 통화 기금과 세계은행

1944년 브레턴우즈 회의 결과 국제 통화 기금과 국제 부흥 개발 은행이 창설되었다(제72강 참고). 이후 두 기관의 역할은 변화해 왔고, 여러모로 비판의 대상이 되고 있다.

1. 국제 금융 기관과 역할 변화

A. 세계 경제의 두 핵심 기관

국제 통화 기금IMF은 일종의 상호 신용 금고이다. 2005년 IMF의 회원국은 184개국으로, IMF 예산은 회원국들이 자국 경제 규모에 따라 분담하는 기여금과 1960년대 이후 선진국의 대출로 구성되어 있다. IMF의 특별 인출권SDR 발행을 통한 화폐 창조 권한은 극히 제한되어 있다. 국제 수지 불균형을 겪고 있는 회원국들은 IMF에서 분담금의 125%까지 필요한 자금을 대출받을 수 있다. 1970년대까지 IMF는 외환 안정성 유지를 위해 노력했다. 각국은 평가 절하나 평가 절상을 단행할 수는 있으나 그 정도가 10%를 넘을 경우 IMF의 승인이 필요했다.

국제 부흥 개발 은행IBRD은 1944년 창설되었다. 이후 IBRD를 모체로 여러 특별 금융 기관이 추가되었고, 이것이 바로 오늘날의 세계 은행이다. IBRD의 예산은 회원국의 분담금과 금융 시장 대출로 구성된다. 세계은행은 주로 인프라 시설 건설을 위한 자금을 대출한다. 전후 유럽 재건을 목표로 창설되었던 IBRD, 그리고 이후 세계은행은 1950년대 이후 개도국에 집중적으로 지원하고 있으며, 1990년대부터는 자본주의로 이행 중인 구사회주의권 국가들에도 자금을 대출해 주고 있다.

B. 역할 변화

1970년대 변동 환율제의 도입은(제73강 참고) IMF의 역할 수정을 의미했다. 즉, 이제 IMF는 국제 통화 제도의 안정성 확보를 위해 노력해야 했다. 그러나 현실적으로 IMF는 새로운 역할을 위한 수단을 보유하지 않았다. 그런데 IMF는 개도국 지원과 1990년대 이후 구사회주의권 국가들에 대한 지원에 집중했다. 1980년대 이후 개도국들이 외채 위기와 금융 위기(제78강과 제80강 참고)를 겪자, IMF는 해당 국가들이 부채를 갚을 수 있도록 자금을 대출해 주었다. IMF의 대출 제공 조건은 구조 조정 정책 적용이었는데, 엄격한 경기 정책인 구조 조정 정책은 장기적으로는 경제 자유화를 목표로 한다(제30강 참고).

세계은행의 개입은 전통적으로 항만, 도로, 공항 등 인프라 시설 건설 지원에 집중되었으나, 1980년대 이후 좀 더 다변화되고 있다. 이제 세계은행은 교육, 식수 접근 및 배수, 에이즈 퇴치, 투자 촉진을 위한 제도적 틀 마련 등 다양한 프로젝트에 자금을 지원한다. 세계은행의 대출 또한 구조 조정 정책 적용을 조건으로 하고 있으며, 1990년대 말부터 세계은행과 IMF는 구조 조정 정책 외에 빈곤 퇴치 프로그램의 실시도 요구하고 있다.

2. 비판받는 IMF와 세계은행

A. 선진국의 지배와 비효율적 개입

IMF와 세계은행 이사회에서 의사 결정 권한은 회원국의 분담금 액수에 기초해 있다. 따라서 G7 국가들이 전체 투표의 47%를 보유하고 있으며, 미국은 17%를 차지하고 있다. 그런데 중요한 결정의 경우, 이사회에서 통과되려면 최소한 85%의 찬성표가 필요하다. 따라서 17%의 표를 보유하고 있는 미국은 일종의 거부권을 보유하고 있는 셈이다. 물론 유럽 연합도 회원국들이 의견을 모을 경우엔 거부권을 행사할 수 있다. 이렇게 주요 선진국은 IMF와 세계은행 이사회에서 타국에 대한 지배력을 행사하고 있다.

IMF와 세계은행 개입의 효율성에 대한 문제 제기가 계속되고 있다. 예로 1997~98년 아시아 위기 발발 직전까지도 IMF 전문가들은 타이와 한국 금융 시스템의 취약성을 발견하지 못했다. 또 두 기구가 구제 금융의 대가로 제시한 통화 정책은 너무 엄격한 긴축 정책이었다. 그리고 세계은행은 개도국 엘리트들이 세계은행 지원금을 상당 부분 횡령하고 있는 상황에서도 해당 개도국 지원을 계속했다. 미국 경제학자 앨런 멜처Allan Meltzer가 2000년 발표한 보고서는 세계은행 자금 지원 프로젝트의 65~75%가 실패로 끝났다고 비판하고 있다.

B. 구사회주의권 국가들과 개도국 현실에 맞지 않는 정책

IMF와 세계은행이 대안으로 제시한 구조 조정 정책은 대부분의 경우 빈곤과 실업을 증가시켰다. 다국적 기업과의 경쟁으로 국내 생산자들은 도산했고, 핫 머니의 유출과 유입으로 금융 불안정성이 발생했다. 더구나 두 기구는 개도국이나 구사회주의권 국가들의 현실을 무시한 채 서유럽의 시장 경제 모델을 강제한다. 사실 서유럽 사회에서조차 시장 경제 모델이 진정으로 작동하기까지는 수십 년이 걸렸다.

IMF와 세계은행은 서로 대립 관계를 형성할 수 있다. 미국의 경제학자이자 전 세계은행 수석 경제학자이며 2001년 노벨 경제학상 수상자인 조지프 스티글리츠Joseph Stiglitz는 IMF가 장려하고 있는, 공공 지출을 제한하는 긴축 정책은 세계은행이 참여하는 투자 프로젝트의 성공을 저해할 수 있다고 지적한다. 사실 공공 지출을 줄이기 위해 각국은 투자 노력을 줄일 수밖에 없다. 1990년대 중반 이후 세계은행은 전통적인 금융 관리 정책만으로는 발전을 이룰 수 없다는 점을 인정하고 있다.

▶IMF와 세계은행은 세계 경제의 핵심 주체이다. 그러나 두 기구에 대한 비판이 높아지면서 두 기구의 기능을 개선하기 위한 개혁의 필요성이 대두되고 있다.

80강 1970년대 이후 개도국의 대외 채무와 외채 관리

1970년대 말부터 개도국의 대외 채무는 국제 사회의 중요한 문제로 떠오르고 있다.

1. 개도국의 과다 대외 채무

A. 저발전에서 벗어나기 위한 대외 채무(1970년대 말까지)

1970년대 개도국의 자금 수요가 증가하면서 외채에 더욱 의존하게 되었다. 이는 1차 생산물 및 설비재 등 수입 상품의 가격 상승과 선진국의 성장 둔화로 인한 대선진국 수출 하락으로 경상 수지 적자가 발생하고, 대규모 투자 프로젝트를 위해 막대한 자금이 필요해지면서 생긴 결과이다.

그러나 실질 이자율(명목 이자율－인플레이션율)이 낮은 데다 달러 환율도 하락하고 있었기 때문에 개도국의 대외 채무는 심각하게 생각되지 않았다. 또한 외채는 개도국의 투자 증대에 기여했으며, 따라서 성장에 기여했다. 국민 소득도 증가해 채무 상환이 용이했다.

B. 채무에서 과다 채무로(1980년대 초부터)

1979년 도쿄에서 G7의 결정에 따라 선진국은 인플레이션 퇴치 정책을 실시했다. 미국에서 금리가 큰 폭으로 인상됐고, 고금리는 달러의 가치 상승으로 이어졌다. 인플레이션이 낮게 유지되었기 때문에 개도국의 외채 금리가 연동되는 미국의 실질 금리도 상승했다. 게다가 선진국의 긴축 정책은 경제 성장을 저해했다. 경제 성장이 둔화되면서 선진국의 수입이 감소했고, 특히 개도국에서의 수입이 감소했다. 이는 개도국의 대외 적자 누적으로 이어졌다. 따라서 개도국의 자금 수요는 더욱 증가했다.

외채가 눈덩이처럼 불어 가자 1982년 멕시코, 브라질, 아르헨티나, 모로코 등 개도국들이 채무 지불 유예를 선언했다. 이후 외채 관리 프로그램이 도입되었지만, 개도국의 외채 총액은 지속적으로 증가했고, 2004년에는 2조 달러에 이르렀다. 그러나 외채 상환 부담률, 즉 연간 수출액 대비 연간 원리금 상환액은 1980년대 이후 개선되기 시작했다. 그렇다 해도 세계은행에 따르면 2004년 현재 전체 개도국 중 40%에 해당하는 국가가 여전히 과도한 외채 부담을 지고 있다. 이들은 주로 최빈국이다.

2. 개도국의 외채 관리

A. 1985년까지 도입된 조치들

1985년 이전 개도국의 외채 증가 해결을 위해 도입된 조치들은 불충분한 것으로 드러났다. 주로 채무 변제 일정 조정, 즉 상환 기간 연장 조치가 취해졌고, 여기에 추가로 국제기구들과 선진국 민간 은행들이 신규 대출을 제공했다.

개도국 신규 대출은 IMF 구조 조정 정책 도입을 조건으로 이루어졌다(제30강 참고). 구조 조정 정책은 경기 정책을 포함하고 있었는는

데, 이는 수입 및 인플레이션 감소를 위해 내수를 억제하는 정책이었다. 구조적 측면에서 구조 조정 정책은 경제 자유화와 보조금 축소, 공무원 감축 등 국가의 경제 개입 억제, 투자 재원으로서 저축의 중요성 강조, 자유 무역 촉진을 목적으로 했다. 결국 구조 조정 정책의 사상적 기반은 자유주의였다.

구조 조정 정책은 실업과 빈곤을 초래하는 부정적 영향 때문에 많은 비판의 대상이 되었다. 더구나 경제 이륙에 성공한 개도국은 IMF가 처방한 자유주의 원칙을 적용하지 않았다. 게다가 구조 조정 정책의 결과가 항상 주창자들의 기대를 충족시킨 것은 아니다. 대부분의 개도국이 여전히 대외 채무 부담에 직면해 있기 때문이다.

B. 1985년 이후 도입된 조치들

1985년, 미국 레이건 정부의 제임스 베이커 재무 장관의 이름을 딴 베이커 플랜이 도입되었다. 베이커 플랜은 외채 부담이 가장 심각한 개도국들에 신규 대출을 제공했다. 신규 대출의 조건은 역시 구조 조정 정책의 도입이었다. 그러나 신규 대출은 사실 제대로 이루어지지 않았다. 은행들은 신규 대출 제공보다 부실 채권을 위한 자금 마련을 선호했다.

부시 정부의 니컬러스 브래디 재무 장관의 이름을 딴 브래디 플랜은 1989년부터 개도국들에 IMF와 세계은행의 자금을 제공했다. 물론 구조 조정 정책의 도입이 조건이었다. 개도국들은 이렇게 지원받은 자금으로 은행에서 자국의 부채에 해당하는 유가 증권을 명목 가치보다 낮은 가격으로 매입할 수 있었고, 다시 채권과 교환할 수 있었다. 이때 채권의 상환은 미국 재무부가 보장한다. 결국 은행들은 개도국 채무의 일부를 삭감하는 것에 동의한 셈이다.

1990년대 말 이후, 세계은행이나 IMF의 자금 지원 조건에 빈곤 퇴치 프로그램이 추가되었다. 특히 1996년 G7이 도입한 프로그램을 예로 들 수 있다. 이는 막대한 외채를 안고 있는 빈국들이 국제 금융 기관에 지고 있는 외채의 삭감을 위한 프로그램이었다.

▶21세기 초, 개도국의 채무 상황은 1980년대 초만큼 심각한 것은 아니다. 그러나 많은 개도국이 여전히 엄청난 빚을 지고 있으며, 외채 감축을 위해 적용되는 수단들이 사회에 부정적인 영향을 미치기도 한다.

제9장

세계화, 조절, 시민권

81강 세계 시민권을 향해

시민권은 국가에서 개인의 정치적 의사 결정 과정 참여를 보장해 주는 선거권, 피선거권, 결사의 자유 등 정치적, 사회적 권리를 누리는 것이다. 그런데 세계화가 진행되면서 국가 간 정치적 경계가 어느 정도 허물어지고 있다. 이렇게 되면 세계 시민권 개념이 등장할 수도 있을 것이다.

1. 세계 시민권의 출현

A. 세계화는 시민권 행사에 영향을 미친다

경제적 세계화는 각국에서 정치 권력 행사에 대해 일종의 제약으로 작용한다. 예로 다국적 기업 유치를 놓고 각국은 경쟁 체제를 형성한다. 이제 정부는 감세 정책을 사용할 수밖에 없다. 실제로 타국에 비해 수익세가 더 높을 경우 해당 국가의 매력도가 떨어지고, 따라서 고용에 좋지 않은 영향을 미친다.

일국 경제 주체들(가계, 기업, 정부)의 활동이 세계 인구 전체에 영향을 미칠 수 있다. 예로 인간 활동이 야기한 자연 자원 고갈과 지구 온난화는 전 세계인의 미래를 위협한다.

정보 통신 기술과 미디어는 정보 세계의 지평을 넓혔다. 그리고 이 정보 세계에는 각 국민 국가의 시민이 포함된다. 따라서 시민은 자신의 정치적 선택이 세계에 미치는 영향도, 이 같은 선택에 영향을 끼치는 제약도 무시할 수 없다. 또한 외국에서 일어나는 여러 가지 사건에 대한 지식을 통해 지구 온난화, 인권 유린, 빈곤과 소외 등 전 지구적 문제에 대한 공동의 인식을 일깨울 수 있다.

B. 초국가적 시민권의 표현

세계 시민권은 비정부 기구들의 행위로 표현된다(제84강 참고). 세계적 차원에서 비정부 기구들이 모이는 토의 포럼이 조직되었다. 예로 2001년부터 매년 개최되는 세계 사회 포럼은 대안 사회주의 운동가들에게 만남과 대화의 장을 제공한다(제83강 참고). 국제 사면 위원회의 인권 존중 청원 운동 같은 국제 청원 운동도 활발히 진행되고 있다. WTO, IMF, 세계은행 등 주요 국제기구의 연례 회의가 열리면 수많은 군중이 모여 더욱 인간적인 국제 경제 및 통화 질서를 주장하며 시위를 벌이기도 한다.

유럽 연합은 각국의 시민권을 대체하는 것이 아닌, 일국 시민권에 추가되는 초국가적 시민권의 예를 보여 준다. 사실 유럽 통합은 1990년대 초 유럽 시민권을 인정하는 단계까지 진행되었다. 즉 유럽 연합 회원국 국적을 가진 모든 사람은 유럽 연합의 시민이다. 유럽 연합의 시민은 제3국에서 자국 대사관뿐만 아니라 모든 유럽 연합 회원국 대사관의 보호를 받을 수 있으며, 자국이 아닌 다른 회원국에 거주할 경우 국적과 상관없이 유럽 의회 선거와 지방 선거에 참여할 수 있다.

2. 아직 가설에 불과한 세계 시민권

A. 세계 시민권의 출현을 방해하는 요소들

세계적 차원에서 볼 때 시민권을 정의할 수 있는 전통적 도구들이 존재하지 않는다. 즉 세계 정부도 없고, 세계 정부의 수장도 없으며, 세계 투표권도 없고, 정당도 없다. 바로 이 때문에 몇몇 학자는 세계 시민권이 아니라 사회 시민권의 출현을 거론한다. 사회 시민권이란 개인이 정치적 시민권의 방식과는 다르게 사회적 삶의 여러 영역에서 의사 결정 과정에 참여할 수 있는 능력을 말한다.

세계화에도 문화적 특수성은 사라지지 않았다(제59강 참고). 그런데 시민권은 정치 권력의 실제와 집권에 대한 공통의 인식을 전제로 한다. 더구나 각국은 발전 수준도 상이하고 국민들의 관심도 매우 다양하다. 따라서 세계적 차원의 접근이 필요한 문제들에 대한 공통의 인식은 그 자체로 매우 다양할 수 있다.

국제 사회가 세계적 차원의 문제들을 다룰 때는 대부분 국가 간 논리를 따른다. 예로 IMF, 세계은행, WTO 등 주요 국제기구의 의사 결정 과정도 마찬가지이다. 이 같은 국가 간 논리는 시민권이 우선적으로 작동하는 공간으로서의 국가에 정당성을 부여한다.

B. 저항 시민권과 참여 시민권

프랑스 국제 관계 연구소의 필리프 모로 드파르주Philippe Moreau Defarge 연구원에 따르면, 현대의 시민권은 참여 시민권인 동시에 저항 시민권이다. 즉 각 시민은 자신을 시민 공동체의 구성원으로 여기며, 공익의 방어자로서 자신을 생각한다.

오늘날 주로 비정부 기구의 홍보 및 조직화 노력으로(제84강 참고) 국제 여론에 기초한 세계 저항 시민권이 형성되고 있다. 그런데 일부 학자들은 국제 여론이란 세계적인 하나의 여론이 아니라 그저 각국 여론의 합계일 뿐이라고 생각한다.

반대로 참여적 차원에서 세계 시민권은 아직 부족하다. 참여 시민권을 위해서는 비정부 기구들이 결정 과정에 참여해야 한다. 또한 주요 국제기구의 의사 결정 과정에도 참여해야 한다. 그러나 현실적 타협을 선택한 비정부 기구들은 의사 결정 과정 참여라는 이상을 적어도 부분적으로는 포기할 수밖에 없었지만, 아직 그 사실을 인정할 준비가 되어 있지 않다.

▶세계적 문제에 대한 공통의 인식이 출현했으나, 세계는 아직 시민 공동체가 아니다. 시민권의 행사는 개인 간의 지리적, 문화적, 경제적 근접성을 요구하며, 따라서 우선적으로 국가적 틀에서 생각될 수밖에 없는 것이다.

82강 반세계화 운동의 역사

세계화에 대한 비판은 대규모 항의 시위가 계속 일어났던 1990년대 이전부터 이미 존재했다. 20세기 초 세계화가 진행되던 시기, 이미 세계화에 대한 반대 움직임이 있었고, 이는 오늘날 반세계화 운동의 맹아였다고 할 수 있다.

1. 과거 반세계화 운동의 요인들

A. 세계화의 폐해

19세기 초, 자유 무역은 지배 국가들에만 유리할 뿐 다른 국가들에는 불리하다고 주장하는 경제학자들이 등장했다. 사실 국제 무역은 불평등 교역이다. 19세기에 등장한 사회주의 사상 역시 이 같은 테제를 담고 있었다. 자유주의 경제학자들 중에서는 프리드리히 리스트Friedrich List를 예로 들 수 있다. 리스트는 세계 경쟁에 맞설 수 있는 국가 산업 육성을 위해 보호 무역주의를 제안했다(제93강 참고).

20세기 초, 로자 룩셈부르크Rosa Luxemburg와 레닌Lenin은 자본주의의 세계적 확대를 분석하고, 지배 국가들의 제국주의를 비난했다. 즉 제국주의는 타국을 식민지로 삼거나 불평등 조약을 강제함으로써 타국의 발전을 저해한다는 것이다.

세계화의 사회적 폐해는 정치 노선과 상관없이 정치 지도자들의 걱정거리였다. 예로 프랑스에서 19세기 말과 20세기 초 정치 지도자들은 '황색 위험'을 경고했다. 즉 중국 및 일본과의 경쟁을 경고한 것이다. 또한 이들은 1860년 체결된 영불 자유 무역 협정을 비판했다. 영불 자유 무역 협정으로 프랑스 농업의 근간이 흔들렸고, 농민들은 가난해졌다.

B. 민족주의

세계화에 대한 저항은 국민들의 민족주의적 감정에 기인할 수 있다. 그러나 민족주의는 세계화와 양립 가능하다. 당시 프랑스, 영국, 미국, 독일 등 국민 국가들이 국력을 키울 수 있었던 이유는 무엇보다 경제 발전 덕분이었다. 그런데 경제 발전은 세계 경제 편입으로 촉진될 수 있다. 게다가 지배국의 식민지 정복은 이들 국가의 영향력을 확대했고 새로운 지역을 국제 무역의 영역에 포함시켰다.

반대로, 1930년대 위기 동안 지배국이 자국의 이해관계 방어를 위해 국내 시장을 지나치게 보호하고 자본 이동과 인구 이동을 제한하면서 세계 경제가 분할되었다. 더구나 지배국은 식민지나 자국이 지배하고 있는 국가들과의 대외 무역에 집중함으로써 일종의 제국주의적 선호를 보여 줬다.

2. 1980년대 이후 자유주의적 세계화에 대한 반대

A. 1980년대 반세계화 운동의 부상

1980년대 IMF와 세계은행이 주도한 개도국 외채 관리 프로그램은 (제80강 참고) 자유주의 세계화를 주창하는 두 국제기구에 대한 수많은 비판을 낳았다. 예로 비정부 기구들은(제84강 참고) IMF와 세계은행의 구조 조정 정책이 개도국에서 어떤 부작용을 낳았는지 설명하고, 두 국제기구를 비판했다(제30강과 제80강 참고).

1984년부터 자유주의 세계화를 비판하는 영미권 기구와 단체들은 세계 7대 경제 대국의 모임인 G7 회담이(제55강 참고) 열릴 때마다 반反정상 회담을 조직했다. 이들의 목표는 "자유 시장 경제를 대체할 수 있는 체제는 존재하지 않는다."라는 마거릿 대처 전 영국 수상의 유명한 발언을 반박하는 것이었다. 1990년대 반세계화 운동은 대규모 시위, 자유주의 정책을 비판하는 연구, 정 · 재계 인사들에 대한 로비 등을 통해 조금씩 구체화되었다.

환경 문제는 자유주의 세계화 반대론의 핵심 논거 중 하나였다. 생산 지상주의와 경쟁 격화는 자연 자원 고갈과 산업 폐기물 축적으로 귀결된다. 사실 환경 운동가들은 1960년대부터 목소리를 높여 왔고, 이후 환경 운동 단체는 계속 늘어났다.

B. 1990년대 이후 : 반세계화 운동에서 대안 세계화 운동으로

1990년대, 자유주의 세계화에 대한 반대 운동이 더욱 격화되었다. 1996년, OECD가 극비리에 다국적 기업 투자 플로의 완전 자유화를 목표로 다자간 투자 협정MAI을 협상하고 있다는 사실이 알려졌다. 그러자 반MAI 단체들이 강력히 반발했고, 결국 1998년 MAI 협상이 전면 중단됐다. 다음 목표는 WTO였다. 1999년 시애틀 WTO 각료 회의가 실패한 것도 부분적으로는 자유주의 세계화에 반대한 시민 단체들의 대대적인 시위 때문이었다.

1971년부터 매년 개최되는 다보스 포럼은 전 세계 정 · 재계 리더들의 모임이다. 그런데 2001년 다보스 포럼에 반대하는 세계 사회 포럼WSF이 조직되어 자유주의 세계화 반대 운동에 새로운 활기를 불어넣고 있다(제83강 참고). 연례 포럼인 WSF는 참가 단체들이 더욱 공정한 세계화를 위해 심사숙고할 수 있도록 비정부적, 비종교적 만남의 장을 제공한다. 한편, 2002년부터 프랑스와 벨기에의 자유주의 세계화 반대론자들은 대안 세계화 운동을 주장하고 있다. WSF의 슬로건, '또 다른 세계가 가능하다.'처럼, 자유주의 세계화가 아닌 다른 세계화가 가능하다는 것을 강조하기 위해서다. 현재 대안 세계화 운동은 독일과 영미권을 제외한 국가들에서 반세계화 운동을 대체하고 있다.

▶1990년대부터 강하게 표출되고 있는 세계화 반대 운동은 새로운 현상이 아니며 과거에도 이미 존재했던 수많은 비판에서 그 원류를 찾을 수 있다.

83강 오늘날의 대안 세계화 운동

대안 세계화 운동은 오늘날 세계화의 부정적 영향에 대한 공통 인식의 표출이다. 그러나 대안 세계화 운동은 여러 가지 약점을 노출하고 있으며 주창자들에게는 이 약점을 극복하는 것이 중요한 문제가 되고 있다.

1. 대안 세계화 운동의 특징

A. 대안 세계화 운동의 구성 요소

대안 세계화 운동은 우선 자유주의 세계화 반대를 목적으로 설립된 단체들을 포함한다. 예로 1998년 설립된 ATTAC(금융 거래 과세를 위한 시민 연합)를 들 수 있다. 다음으로 비정부 기구들, 노동조합, 시민 단체 등 기타 단체들을 들 수 있다. 이들 단체는 세계화 반대가 설립 목적은 아니지만 단체의 회원들이나 단체가 대표하는 시민들의 이해관계를 방어하기 위해 자유주의 세계화를 반대한다.

대안 세계화 운동 단체들은 정치적 노선으로도 구별된다. 어떤 단체들은 국가 간 불평등 및 국내 불평등 해소, 빈곤 퇴치, 사회 보장 제도 강화, 인권 보호 등 사회적 목표의 실현에 긍정적 영향을 줄 수 있도록 세계화에 인간적인 모습을 부여해야 한다며 개혁이 필요하다고 주장하는 반면, 또 어떤 단체들은 공공연하게 반세계화와 반자유주의를 표방하며 개혁주의에 반대한다. 후자는 보통 극좌파 운동가들이 주도하는 경우가 많은데, 극좌파 운동가들은 세계화가 자본 보유자들을 위해 복무하며 노동자들의 착취를 강화한다고 주장한다. 따라서 이들에게는 자본주의 전복이 가장 중요하다.

B. 행동 형태

대안 세계화 운동 단체들은 빈국 외채 삭감, 핫 머니 국제 자본 거래 과세, IMF, 세계은행, WTO 등 주요 국제기구 개혁, 빈국에도 혜택이 돌아가도록 국제 무역의 규칙 수정, 공공 서비스, 의약품, 문화 상품 등 몇몇 상품과 서비스에 특정 지위를 부여해 경쟁 규칙을 적용하지 않는 것 등 다양한 요구를 하고 있다.

대안 세계화 운동 단체들은 이 같은 요구를 관철시키기 위해 여러 형태의 행동을 취하고 있다. 우선 주요 국제기구 회의와 G8 회담이 열릴 때마다 대규모 시위가 조직된다. 특히 1999년 시애틀 WTO 각료 회의는 대표적인 예이다. 시애틀 회의는 대안 세계화 운동이 급부상한 중요한 계기였다. 그 외에도 청원 운동, 각종 페스티벌 조직, 유전자 조작 옥수수를 베어 버리는 등 지극히 상징적인 불법 행위, 기업이나 정당 대상 로비는 모두 대안 세계화 운동 단체들의 중요한 행동 양식이 되고 있다.

2001년부터 세계 사회 포럼이 매년 개최된다. 세계 사회 포럼은 대안 세계화 운동가들을 위한 만남과 교류의 장이다. 먼저 지역 포럼이 열려 세계 포럼을 준비한다. 세계 포럼에서는 대안 세계화 운동 단체들이 여러 안건을 놓고 논쟁한다. 지역 포럼은 네트워크를 구성하고 자유주의 세계화의 대안을 숙고한다. 제1회 세계 사회 포럼은 2001년 브라질의 포르투알레그리에서 열렸다.

2. 대안 세계화 운동의 약점

A. 대표성 문제

비록 개도국에서 세계 사회 포럼이 개최되고 대안 세계화 운동 단체들도 개도국을 위한 행동을 표방하고 있지만, 대안 세계화 운동 진영 전체에서 개도국이 차지하는 비중은 매우 작다. 예로 가장 강력한 단체들은 선진국에 근거지를 두고 있다. 사실 모든 종류의 시위 및 사회 포럼의 조직은 비용이 많이 든다. 현실적으로 개도국에서 대안 세계화 운동 단체들의 출현과 역할이 제한되는 이유이다. 이렇게 볼 때 최빈국 국민들의 관심사가 온전히 고려되는 것은 아니라는 것을 알 수 있다.

대안 세계화 운동은 보통 중산층 또는 상위 사회 계층 출신 인사들이 주도하기 때문에 진정으로 서민 계층을 대표한다고 할 수 없다. 그런데 서민층이야말로 자유주의 세계화의 폐해에 가장 노출되어 있다. 서민 계층은 포퓰리슴을 내세우는 정당의 주장에 공감하고 근본주의 종교 단체 같은 공동체 내의 폐쇄적 삶에 매력을 느낀다. 또한 대안 세계화 운동 단체들이 언제나 투명하고 민주적 방식으로 운영되는 것은 아니다.

B. 통일성 문제

개입의 통일성은 대안 세계화 운동을 강화할 것이다. 그런데 대안 세계화 운동은 노동자 권익 보호, 풍토병이나 영양실조 퇴치, 인권 보호, 빈민 구호, 환경 보호, 이민자 인권 보호, 소작농이나 영세 농민 지원, 개도국 외채 삭감, 핫 머니 자본 거래 과세, 전쟁 반대 등 매우 다양한 분야에서 활동하는 단체들을 아우른다. 이 같은 활동 영역의 다양성은 대안 세계화 운동을 분열시키는 요소이다.

대안 세계화 운동 내에서 개혁주의자들과 급진주의자들 간에 화해할 수 없는 입장 차이가 존재하며, 개혁주의 진영과 급진주의 진영 내부에서도 다양한 의견이 존재한다. 여기에 세계 사회 포럼의 성격을 둘러싸고 대안 세계화 운동가들 사이에 새로운 논쟁거리가 등장했다. 아직 소수이긴 하지만 사회 포럼을 행동 프로그램과 강령을 정의하는 장으로 자리매김하자는 단체들이 등장했다. 그러나 대다수 단체들은 단일한 프로젝트를 구축하겠다는 의도 없이, 참여 단체들 간의 토의 공간, 논쟁 공간, 교류 공간으로서의 사회 포럼의 원래 성격을 유지하기를 원한다.

▶대안 세계화 운동은 오늘날 전환점에 서 있다. 대안 세계화 운동의 미래를 결정할 수도 있는 여러 가지 중요한 문제에 직면해 있는 것이다. 그렇다 해도 대안 세계화 운동이 세계화의 주체들이 고려해야 하는 견제 세력이 된 것은 사실이다.

84강 비정부 기구의 대두

1980년대 이후, 비정부 기구들은 국제 무대에서 활발한 활동을 보여 주고 있다. 특히 많은 비정부 기구가 대안 세계화 운동에 동참하고 있다(제82강과 제83강 참고).

1. 세계화 속의 비정부 기구

A. 국제 비정부 기구

비정부 기구NGO는 비영리 목적을 가진 민간 단체로 회원들, 또는 좀 더 광범위한 공동체의 이익을 방어하기 위해 설립된 단체이며, 정치 권력을 장악하거나 행사하는 것이 목적이 아니다. 민주주의 사회에서 정권 장악 및 행사는 정당의 목표이다.

국제 NGO는 국제적 활동 영역을 갖고 있다. 국제 NGO의 목표는 기본 인권 수호, 전 인류의 결속 장려, 빈국의 발전 지원, 환경 보호, 자연재해나 국가 간 분쟁, 또는 내전 피해자들 구호 및 환자 지원 등 전 인류의 안녕과 행복을 추구하는 것이다.

국제 NGO의 예산은 원칙적으로 민간 자금으로 조달된다. 즉 회원들의 갹출금, 기부금, 자기 자본과 대출금 등으로 구성된다. 그러나 실제로 국제 NGO들은 유엔 같은 국제기구나 유럽 연합 등의 지역 기구 또는 각국 정부에서 보조금을 받기도 한다. 따라서 국제

NGO의 자금 조달 중 공공 원조가 상당 부분을 차지할 경우, 이는 국제 NGO에 대한 신뢰를 잠식할 수 있다. 조직의 독립성 문제가 제기될 수 있기 때문이다.

B. 국제 무대에서 매우 활동적인 비정부 기구

국제 NGO는 각국 정부가 충분히 인지하지 못하는 문제들을 다루며, 이에 대한 국민들의 문제의식을 촉구한다. 따라서 NGO는 정부의 교섭 상대로 인정된다. NGO는 정부보다 현장에 더 가까이 있기 때문에 국민들이 겪는 어려움의 본질을 정부보다 더 잘 인식한다. 게다가 자연재해나 내전 같은 사건이 발생할 때 NGO들은 공권력보다 더욱 신속하게 국민들을 도울 수 있다.

국제 NGO는 주요 국제기구의 특정 회의에 참여한다. 예로 1996년부터 NGO는 WTO 각료 회의의 일부 실무 회담에 참여하고 있다. 또한 유엔은 1,500개가 넘는 국제 NGO에 신임장을 주고 자문 단체의 지위를 부여했다. 세계은행은 1990년대 이후 개발 분야에서 활동하는 국제 NGO와의 협력을 강화하고 있다. 실제로 세계은행이 자금을 지원하는 개발 프로젝트에 국제 NGO들이 참여하고 있다.

개도국과 구사회주의권 국가를 위해 활동하는 국제 NGO가 1990년 이후 상당히 증가했다. 이들 기구는 해당 국가의 민주화와 발전에 기여하며, 선진국 공적 개발 원조의 감소를 일정 부분 해결한다. 또한 국제 NGO들은 세계은행과 IMF가 강제한 구조 조정 정책의 사회적 충격을 어느 정도 완화해 준다(제30강과 제80강 참고).

2. 극복해야 할 한계들

A. 운영상의 투명성

국제 NGO의 내부 운영이 항상 투명하고 민주적인 것은 아니다. 국제 NGO가 보조금, 공적 원조, 기부금 등의 형태로 지원받는 자금의 일부를 횡령할 수도 있고, 지나치게 웅장한 건물을 짓는다든가 비싼 리셉션 파티를 여는 등 쓸데없는 지출이나 국민들의 필요에 맞지 않는 일에 자금이 쓰일 수도 있다. 또한 드물기는 하지만 어떤 국제 NGO들은 갱단이나 광신도들이 실체를 감춘 채 설립한 단체이기도 하고, 또 어떤 NGO들은 각국 정부가 세운 단체이기도 하다.

국제 NGO들은 원래의 설립 취지에 맞게 활동하는 것보다 '기구'로서의 지위를 유지하는 일에 더 집착할 수 있다. 예로 회원 수와 직원 수를 늘리고, 더 많은 자금을 확보하려 하고 화려한 건물을 지으려는 의지가 설립 목적 실현에 대한 의지를 압도할 수 있다.

국제 NGO들은 언론의 관심을 촉발할 수 있는 행동을 우선시한다. 그러다 보니 효과 자체도 불확실하고 장기적으로 인내심을 갖고 기다려야 하는 개입 방법들은 우선순위에서 밀린다. 국제 NGO들은 자금 조달을 위해 세계적 차원에서 캠페인을 조직하지만 점점 많은 자금이 홍보 예산에 사용되고 있다. 홍보 및 커뮤니케이션 예산은 증가 추세이며 전문가들이 관리한다. 물론 전문가들에게는 많은 보수가 지불되며, 결국 현장 활동이 줄어들 수밖에 없다.

B. 개입 방식

국제 NGO의 개입은 때로 보상 맥락에서 진행되는 경우가 있다. 즉 국제 NGO들은 인간적으로 어려운 상황을 타개하고자 단체의 자원을 사용한다. 그러나 이들은 때로 고충의 원인을 제거하기보다는 단지 고충의 정도를 줄일 뿐이라는 비난을 받는다. 국제 NGO의 급부상으로 19세기를 지배했던 인도주의적 지원의 자선주의 논리가 재도입될 수도 있다.

국제 NGO들 중에서는 무책임하고 비현실적인 요구나 제안을 하는 NGO들도 존재한다. 예로 선진국 농민들이 감내해야 할 높은 사회적 비용은 고려하지 않고, 개도국 농산물에 대한 선진국 농산물 시장의 전면 개방을 요구하는 것은 합리적이지 못하다. 국제 NGO가 개도국 아동 노동에 대해 가족들의 생활수준 유지를 위한 아무런 대안도 제시하지 않고 무조건 아동 노동 금지를 요구하는 것도 마찬가지다.

국제 NGO들이 해당 국민들의 상황을 고려했을 때 매우 동떨어진 기준이나 규준 준수를 지원의 요구 조건으로 내거는 경우도 있다. 예로 1980년대 이후 지속 가능 발전은 전 세계적으로 인정되는 개념이 되었다(제66강 참고). 국제 NGO들은 지속 가능 발전 규준의 준수를 원조의 조건으로 제시한다. 문제는 빈국에서 지속 가능 발전은 일상적인 걱정거리와 너무도 동떨어진 개념이기 때문에 아직 개념 자체가 내부화되지 못한 상황이라는 것이다.

▶비정부 기구들은 세계화의 중요 행위 주체들이다. 그러나 현재 비정부 기구들은 여러 가지 한계에 직면해 있다.

85강 세계화와 민주주의

세계화와 정치적 민주주의 간의 관계 문제는 제2차 세계 대전 이후 적용되고 있는 무역 자유화 옹호론자들과 대안 세계화 운동가들의 논쟁에서 명확하게 제기된다. 사실 논쟁은 세계 경제에 편입한 국가들에서 세계화가 민주주의의 확대에 미치는 영향에 대한 논쟁일 뿐만 아니라, 새로운 세계 거버넌스의 형식에 대한 논쟁이다.

1. 세계화와 민주주의의 확대

A. 세계화는 경제적, 정치적 자유화 운동을 동반한다

상품, 서비스, 자본 국제 무역의 발전은 세계적 차원에서 시장 경제의 발전을 추동했다. 오늘날 어떤 국가도 자급자족 경제로는 유지되지 않는다. 대외 개방은 비록 그 정도가 미미하다 할지라도 시장 경제 원칙들을 어느 정도 수용해야 한다는 것을 의미한다. 1990년 공산권 국가들의 경제 침체는 상당 부분 중앙 집권적 경제 시스템의 작동에 기인한다. 공산권 국가들의 계획 경제 때문에 이들 국가와 세계 경제에 편입된 국가들의 발전 격차가 심화됐다.

사실 경제적 자유화의 확대로 민주주의의 작동과 표현이 더욱 유리해졌다. 조지프 슘페터는 이미 1942년 저서 『자본주의, 사회주의, 민주주의』에서 경제 체제와 정치 체제 간에 존재하는 연결 고리를 인식했다. "정부의 비개입 정책이 계급의 이해관계에 더 유리한 계급은 정부의 개입이 필요한 계급보다 좀 더 쉽게 민주주의적 재량을 적용한다".

B. 민주화는 경제 발전의 조건이다

중국 같은 예외가 존재하긴 하지만, 일반적으로 민주화는 경제 이륙과 발전을 추동하는 중요 조건이다. 사실 민주화는 개인의 표현권과 발의권을 보호한다. 정치적 자유화는 일국의 좁은 경제 공간을 부분적으로 포기하게 한다.

이 같은 객관적 사실을 확신하는 서방 국가들은 공적 개발 원조 제공 시 다자간 원조든 양자 간 원조든 보통 민주화를 원조 제공 조건으로 강제한다. 이는 특히 아프리카나 남아메리카 국가들의 경우가 그러하다. 또한 국제 무대에서 아르헨티나나 브라질 같은 국가의 부상은 정치적 민주주의로의 회귀를 수반했다.

2. 세계화와 민주주의의 후퇴

A. 세계 거버넌스가 국민 국가를 대체할 것인가

비록 세계화가 민주주의 발전을 수반한다 해도, 현재 상황을 볼 때 민주주의의 문제는 여전히 선명하게 부각된다. 민주주의 국민 국가의 제1특징은 바로 법치 국가라는 점이다. 반면에 글로벌 다국적 기업은 국내법과 규제 시스템의 통제를 벗어난다. 다국적 기업의 조직은 세계적 차원에서 각 지사들의 상호 보완성을 기초로 구축된다. 사실 경제적 공간은 세계적인 반면, 정치적 공간은 여전히 국가적이다.

그러나 세계화로 각국 정부는 국가 운영의 틀을 일정 정도 수정할 수밖에 없다. 민주주의 체제는 대표 민주주의나 직접 민주주의를 통한 민중의 표현이라는 원칙에 기반을 두고 있다. 따라서 정의상 개별 이해관계의 만족은 중요도가 낮을 수밖에 없다. 그러나 세계화가 진행됨에 따라 민주주의 국가의 정부는 세계화로 타격을 입은 집단의 경제적, 사회적 요구에 부응하는 경향을 보일 수 있다. 예로 케니치 오마에Kenichi Ohmae는 "현재의 정치 제도는 점차 압력 단체 및 가난한 지역구의 표현 방식이 되고 있다. 압력 단체와 낙후 지역구는 지지의 대가로 정치 제도의 보호와 후한 인심을 요구한다."라고 말한다. 세계화는 이처럼 아직 국가라는 틀에 머물러 있는 정치 공간과 세계화된 경제 공간의 분리를 야기한다.

B. 민주주의적 표현의 상대적 고려

오늘날 전개되고 있는 세계화의 모델은 서방 선진국들의 경제 모델에 기초한다. 또한 국제기구들은 구조 조정 정책의 틀에서(제30강 참고) 경제의 유연성 증대를 위한 구조 개혁을 강제한다. 구조 조정 정책들은 개도국의 전통적인 사회 구조에 부딪히게 되며, 따라서 민주주의적 관점에서 볼 때 대중의 승인을 받지 못한 정책들이다.

시장 경제 선진국에서조차 국민 국가는 세계화 앞에서 점차 그 지위가 흔들리고 있다. 장 마르셀 잔느니Jean-Marcel Jeanneney는 『새로운 보호 무역주의를 위해』라는 책에서 문제를 제기하고 다음과 같이 대답했다. "국가가 관세를 포기할 경우 국가가 선택한 복지 정책을 수행할 수 있을까? 대답은 '아니다'이다." 이처럼 만약 법치 국가가 고유한 입법 과정에 기초하고 있다 해도, 점점 많은 국제 규제가 진정한 민주주의적 표현 없이 강제되고 있다.

▶세계화는 경제 자유주의가 대표하는 매개물을 통해 민주주의의 확대를 가능하게 함으로써 민주주의적 관계를 변화시킨다. 그러나 그것은 국민 국가의 틀을 뛰어넘는다. 더구나 2005년 유럽 연합 헌법에 대한 프랑스 국민투표 부결은 자기 자신의 특정 이해관계와 거리가 있는 문제에 대해 국민이 가질 수 있는 인식을 보여 준다.

86강 세계화와 국가 간 분쟁

세계화는 국가 간 상호 의존성을 강화함으로써 분쟁 위험을 줄이는 데 기여했다. 그러나 이 가설은 논의의 여지가 있다.

1. 국가 간 관계에 대한 세계화의 영향

A. 자유주의자들에게 세계화는 평화 정착에 기여한다

18세기, 몽테스키외Montesquieu는 "무역의 자연적인 효과는 평화를 가져다준다는 것이다."라고 단언했다. 즉 교역은 사람과 나라를 가깝게 만든다는 것이다. 몽테스키외 이후 1세기가 지나서, 자유주의 경제학자 존 스튜어트 밀John Stuart Mill은 국제 무역에 참여하는 국가들은 평화가 지속되기를 바란다는 점을 강조했다. 왜냐하면 경제의 국제화에서 얻을 수 있는 이득은 장기에 걸쳐 얻어지기 때문이다.

반대로, 보호 무역주의와 자본 거래 및 인구 이동에 대한 장애물은 국가 간 긴장을 강화한다. 결국 언젠가 각국은 분쟁 해결을 위해 전쟁이라는 수단을 사용하게 될 것이다. 게다가 국제 무역 거래에 강제되는 제약으로 인한 국민들의 궁핍화는 타국에 대한 적대감을 부채질하고 분쟁을 일으킨다.

이 같은 분석은 역사적 사실에서도 그 예를 찾아볼 수 있다. 예로 제2차 세계 대전 종전 이후 유럽 대륙의 평화는 무역 자유화의 맥락에서 진행됐다(제15강 참고). 반대로 제2차 세계 대전은 보호 무역주의 시기에 발발했다.

B. 자유주의자들의 사고를 곧이곧대로 받아들여서는 안 된다

자유 무역은 평화의 원인이 아니라 결과일 수 있으며, 보호 무역주의는 전쟁의 원인이 아니라 결과일 수 있다. 평화를 누리고 있는 국가들은 교역을 자유화할 유인을 가진다. 우호 관계에 기초한 국제 관계를 더욱 강화하기 위해서이다. 반대로 전쟁이 발발할 경우, 각국은 국내 시장을 보호하고 영향력 지대를 구축한다. 이렇게 구축된 공간에서 각국은 적대국을 배제한 채 그들만의 무역을 발전시키는 것이다.

존 스튜어트 밀의 테제와는 반대로, 모든 국가가 세계화에 호의적인 것은 아니다. 국내적 차원에서 실업 증가, 저숙련 노동자들의 궁핍화, 특정 지역의 낙후 같은 부작용이 발생할 수 있으며, 국제적 차원에서도 국가 간 불평등이 심화될 수 있다. 세계화에 불만을 품은 국가들이 생길 수 있고, 결국 세계화 때문에 국제적 긴장 관계가 격화될 수 있다.

국제 무역 억제가 반드시 군사 분쟁의 원인이 되는 것은 아니다. 예로 1815년에서 1914년 사이, 러시아와 영불 연합군 간의 전쟁인 크림 전쟁(1853~56년)과 프로이센 · 프랑스 전쟁(1870~71년)을 제외하면 유럽 열강들은 전쟁을 일으키지 않았다. 그러나 1840~70년을 제외하면, 이 시기에 대다수 국가들이 보호 무역주의 정책을 실시했다. 영국은 1931년까지 자유 무역주의 기조를 유지했다.

2. 여전히 위협받고 있는 평화

A. 평화 유지를 위해 국가 간 협력의 의지가 필요하다

각국 지도자들의 개인적인 야심이 분쟁을 촉발하는 원인이 될 수 있다. 또한 국가 간 적대감은 패전국들에 강제되는 평화 조약이 불공정한 것으로 판단될 때 패전국의 복수심을 불러일으킬 수 있다. 그러나 더 근본적인 군사 분쟁의 원인은 각국이 서로에 대해 갖고 있는 불신이다. 특히 제도화된 국제 협력 시스템이 이 같은 불신을 해소할 수 없을 때 더욱 문제가 된다.

전쟁으로 얻을 게 하나도 없는 국민들이 전쟁에 반대할 경우, 민주주의는 정치 지도자들의 개인적 야심을 견제할 수 있는 유용한 방어물이 될 수 있다. 분쟁 발발 시, 분쟁을 종식하는 조약들이 편파적이어서는 안 되고, 패전국을 궁핍하게 만들어서도 안 된다. 본질적으로 평화 유지는 각국이 특히 경제 및 무역 관계를 발전시킴으로써 평화적으로 분쟁을 해결하고 모두의 번영을 위해 노력할 수 있도록 도와주는 협력 기제의 작동 여부에 달려 있다.

B. 국가 간 협력이 충분하지 않다

1940년대 말 이후 국제 협력이 강화되었다. IMF, 세계은행, WTO 같은 여러 국제기구가 창설되었고, 국제기구들 내에서 각국은 다양한 분야에서 국가 간 관계를 정의하는 규칙들을 정립할 수 있었다. 1945년 창설된 국제 연합은 세계 평화 유지, 회원국의 경제적, 사회적 발전과 민주주의 촉진이라는 역할을 부여받았다. 국가 간 협력은 지역 블록의 구축을 통해 지역 수준에서도 작동한다(제36강 참고).

1945년 이후 국가 간 분쟁이 감소했다. 국제 협력의 강화가 분쟁 감소에 기여했을 것이다. 반대로 세계 평화는 해방 전쟁, 독립 전쟁, 내전 등 국가 간 분쟁이 아닌 다른 형태의 분쟁과 국제 테러리즘으로 위협받고 있다. 아마도 세계화가 이 같은 유형의 분쟁 확산에 책임이 있을 것이다. 문화적 획일화의 위협과 세계 경제에서 소외된 국민들의 빈곤화로 인해 세계화는 민족주의적 반응과 공동체주의적 반응을 불러일으키기 때문이다.

그러나 세계화만으로는 이 같은 분쟁의 확산을 설명할 수 없다. 즉 세계화 외에 또 다른 요소들이 개입한다. 예로 국가 기구가 취약해 국가가 제대로 역할 수행을 못 하는 경우, 일부 국민의 불만을 살 수밖에 없다. 권위주의 체제는 소수 민족과 종교적 소수, 좀 더 일반적으로 정치적 반대자들의 분노를 살 것이다. 또는 집권 세력이 특정 사회 · 정치 집단을 겨냥해 사회 문제의 책임이 있다고 비난하는 것이다.

▶국가 간 분쟁의 위험은 세계화 덕분에 축소될 수 있으나 세계화는 여전히 긴장을 유발할 수 있다. 그러나 세계 평화 유지는 세계화보다 더 결정적인 다른 요소에 달려 있다.

87강 새로운 세계 거버넌스

세계 거버넌스의 개념은 다국적 기업의 조직에 대한 논의에서 그 원류를 찾을 수 있다. 세계 거버넌스는 다국적 기업의 차원을 넘어 세계화된 경제에서 세계화에 기여하는 국가 간 조절 과정 전체를 정의하기 위해 사용될 수 있다. 이는 물론 기업이 운영되는 방식이기도 하지만 경제 분야에서 국제 관계가 전개되는 방식이기도 하다.

1. 기업의 세계 거버넌스

A. 글로벌 다국적 기업을 향해

기업 집중과 기업 조직 구조 재정의 움직임이 전개되는 것과 동시에 기업 다국적화의 내적 움직임이 작동하고 있다. 전통적인 기업의 경영자는 명확하게 식별이 가능하다. 당연히 사장의 국적도 알려져 있다. 그런데 금융 자유화로 주주 자본주의가 발달하면서 기업을 구별하는 것이 매우 모호해졌다. 1980년대까지 어떤 기업이 외국에 진출해 있다 해도 그 기업이 미국 기업인지 독일 기업인지 구분하는 것은 쉬운 일이었으나, 오늘날 주주가 자주 바뀌는 상황에서 이 같은 구분이 점점 더 어려워지고 있다. 기업의 주주 구성은 세계적이며 이질적이다. 따라서 기업에서 명령권자의 국적은 예전만큼 중요하지 않다. 로버트 라이시Robert Reich가 선언한 것처럼 '국내 챔피언'의 종말이다.

기업 구조의 변화는 이 같은 현상을 가속화한다. 주주 구성이 급

변한 것처럼, 기업 구조도 위계적인 피라미드형 조직 구조에서 '기업 네트워크'라는 더욱 수평적인 조직 구조로 이행했다. 기업 네트워크에서 모기업과 지사 간의 관계는 지극히 기능적이고 실용적이며, 나아가 오직 금융적인 관계로만 연결되어 있을 뿐이다. 블라디미르 안드레프Wladimir Andreff는 심지어 "다국적 기업의 차원은 너무도 복잡하고 글로벌하기 때문에 다국적 기업을 하나의 개념으로 정의할 수 없다."고 설명한다. 예로 모기업과 해외 지사 간의 내부 시장이 발달하고, 이 시장은 기업이 진출해 있는 지역, 심지어 국가의 경계를 벗어난다.

B. 기업의 세계 거버넌스의 결과

이 같은 조직 거버넌스의 변화는 기업과 그 기업이 진출해 있는 지역 간 관계를 변화시킨다. 기업 '노마디즘'이 기존의 지속적인, 나아가 기능적인 관계를 점차 대체하고 있다. 그리고 기업 노마디즘은 지역 경제 주체들의 전략에도 영향을 미친다(제62강 참고).

그러나 단순히 지역을 넘어, 다국적 기업과 국민 국가 간 관계가 변하고 있다. 경제 및 사회 정책 결정 단위로서 국민 국가의 능력은 금융 투기나 자본 불안정성 위험이라는 도전에 직면했다. 이처럼 좀 더 기능적인 거버넌스 맥락에서, 각국은 기업이 타국으로 떠나지 않도록 유인 전략을 적용할 수밖에 없다.

2. 세계 경제의 거버넌스

A. 세계 거버넌스의 재구성

세계화된 경제에서 기업 거버넌스 문제를 확장하면, 결국 세계 경제의 거버넌스 문제가 된다. 1990년대 초 소련을 비롯한 공산권 국가들이 무너진 것도 세계화의 영향이었다고 말할 수 있다. 결국 개도국과 동구권 국가들에서 선진 시장 경제 국가들이 구현하고 있는 경제 모델이 일반화되었다. 따라서 오늘날 지배적인 경제 규칙은 시장 경제의 규칙이다.

무역 기구든 금융 기관이든, 국제 경제 관계 조절을 위해 창설된 기관들은 시장 경제라는 서구 문화의 구현이다. GATT, WTO는 상품 및 서비스 무역 자유화를 권장하며, IMF와 세계은행은 개도국에 자유주의적 구조 개혁을 제안하고 있다. 심지어 유럽에서도 유럽 중앙은행의 주요 임무는 바로 인플레이션 퇴치와 유로 환율 유지이다.

B. 세계 거버넌스의 망각

그러나 세계 거버넌스는 경제 발전의 본질적 차원들을 망각하고 있거나 경시하고 있는 것으로 보인다. 예로 공적 개발 원조는 OECD 목표치에 비하면 매우 미미한 수준에 머물러 있다. 마찬가지로 환경 보호에 관한 규칙들은 지구 정상 회담이 열릴 때마다 특별한 주의의 대상이었으나, 실제로는 별 효력이 없었다. 이를테면 온실 가스를 방출할 경우 무엇을 어떻게 하겠다는 명확한 구속력이 없었다. 게다가 국제기구들의 제안이나 권고 사항은 지역의 문화적 구조와 사회적 장애물을 망각하고 있다.

1990년대 초부터 일반화된 세계 경제의 거버넌스 도입은 대안 세계화 운동가들에게 비판받았다. 거버넌스의 정당성이 대중의 민주적 표현에 기초하지 않는다는 사실 때문이었다(제84강 참고). 거버넌스는 국민 국가를 대체하고 있으나, 법치 국가의 틀에 완전히 구속되지는 않는다. 국민 국가는 이제 세계 경제의 중요 단위가 아니다.

▶세계 경제의 거버넌스는 글로벌 다국적 기업의 거버넌스에서 그 원류를 찾을 수 있다. 즉 세계 공통의 이해가 전면에 부각되고 국가 간 경계와 정당성이 사라지는 것이다. 그러나 세계 공통의 이해는 아직 명확하게 정의되지 않았고, 국제기구나 세계 단체들이 이 공통의 이해를 구현하는 매개물로 작동한다.

88강 개발 원조

개발 원조란 개도국에 대한 선진국의 경제적 도움을 말한다. 그런데 오늘날 개발 원조는 국제 논쟁의 중심에 서 있다. 개발 원조가 매년 상당한 변동을 겪는 반면, 구조 조정 정책과 연결된 개발 원조 제공, 또는 공적 원조일 경우 원조의 형식에 대한 문제가 제기되고 있다.

1. 개발 원조의 특징

A. 개발 원조란

개발 원조는 선진국이 개도국에 제공한 특별 대출과 기부에 해당한다. 개발 원조는 2004년 12월 쓰나미 피해자들에게 제공된 원조의 경우처럼 현금 기부나 현물 기부의 형태를 취할 수 있다. 개발 원조는 또한 저금리 대출이나 상환할 필요가 없는 금액을 일부 포함하는 대출로 구성될 수도 있으며, 기존의 외채 삭감의 형태로 제공될 수도 있다.

개발 원조는 국가 대 국가로 제공되는 양자 간 원조가 될 수도 있다. 그런데 이 경우 보통 개발 원조는 수혜국이 제공국을 위해 개발 원조를 사용하는 조건으로 제공된다. 즉 제공국이 수출 시장을 확보할 수 있도록 돕는 것이다.

다자간 개발 원조는 IMF나 세계은행 같은 국제기구가 제공하는 원조이다. 다자간 개발 원조는 대출, 부채 상환 면제나 채무 변제 일정 재조정 등의 형태로 제공되며, 1980년대 이후 구조 조정 정책 실시를 조건으로 제공되었다(제30강 참고).

B. 공적 개발 원조의 변화

OECD 개발 원조 위원회DAC 회원국들이 제공하는 공적 개발 원조는 2005년 1,065억 달러라는 기록적 수치를 달성했다. 이 수치는 선진국 국민 총소득GNI의 0.33%에 해당하며, 전년도 대비 약 33% 증가한 수치이다. 이 같은 개발 원조의 증가는 본질적으로 개도국, 특히 이라크와 나이지리아의 외채 경감, 쓰나미 피해국에 대한 기부 증가, 세계은행에 대한 자금 지원에 기인한다. 세계은행은 새로 자금을 지원받아 개도국 대상 대출을 늘릴 수 있었다.

개발 원조는 1990년대 다소 감소했다. 실제로 개발 원조는 1990년 GNI의 0.34%에서 2001년 0.22%로 떨어졌다. 즉 개발 원조는 2005년이 되어서야 1990년대 초의 수준을 회복한 것이다. 주요 원조 제공국은 2005년 개발 원조로 275억 달러를 지출한 미국과 131억 달러를 제공한 일본을 필두로 영국, 프랑스, 독일이다. DAC에 참여하는 유럽 연합 국가들은 개발 원조로 모두 557억 달러를 제공했다.

2. 개발 원조에 대한 논쟁

A. 개발 원조, 눈 가리고 아웅?

2000년대 초부터 개발 원조가 다시 증가하기 시작했지만, OECD 국가들이 애초 약속했던 수준을 달성하려면 아직도 멀었다. 사실 처음 무역 개발 회의UNCTAD가 설정한 개발 원조 목표치는 선진국 GDP의 1%였지만, 나중에 0.7%로 조정되었다. 2005년 개발 원조는 여전히 목표치의 절반에 불과하다. 또한 2005년 미국은 GNI의 0.22%, 일본은 0.28%를 개발 원조에 지출했다. 유럽은 2006년 GNI의 0.39% 수준까지 개발 원조를 늘리겠다고 약속했다. GNI의 0.7%라는 목표를 달성한 국가는 룩셈부르크, 덴마크, 스웨덴, 네덜란드뿐이다.

또 다른 문제도 제기된다. 개발 원조가 실제로 유효한 원조인지 아닌지 여부이다. 사실 개발 원조 계산에 이른바 '이행 중'인 국가들, 특히 구공산권 동유럽 국가들은 포함되지 않지만, 대출 형태의 개발 원조는 비록 저금리 대출일지라도 개도국의 외채를 증가시키는 경향이 있으며, 개도국의 외채 상환은 다름 아닌 채권국이 최종 목적지가 되는 자본 유출을 증가시킨다. 예로 1996년에서 2003년 사이, 제3세계 국가들은 개발 원조로 받은 액수보다 310억 달러나 더 많은 돈을 상환해야 했다. 게다가 외채 삭감은 개발 원조로 계산되지만, 금융 거래에는 해당되지 않는다.

B. 개발 원조의 장단점

그럼에도 개발 원조는 빈국이 성장 정책을 실시하고 갑작스러운 지출에 대비할 수 있도록 도와준다. 따라서 개발 원조는 세계 공동의 후생을 향상시킨다는 점에서 국제 공공재에 포함된다고 생각할 수 있다(제90강 참고). 그러나 조건이 있다. 즉 제공되는 원조가 실제 경제 발전을 위한 지출에 사용되어야 하며 과시용 원조가 되어서는 안 된다는 것이다.

그러나 여러 가지 비판이 제기될 수 있다. 우선, 개발 원조는 경제 이니셔티브를 해치는 구호로 간주될 수 있다. 바로 그러기 때문에 보통 구조 개혁과 엄격한 경기 정책 도입을 조건으로 다자간 원조가 제공되는 것이다. 그러나 공공 지출 축소, 시장 개방, 조세 인상 등 예산 긴축 운용으로 치러야 할 가격은 종종 너무 비싸다. 그래서 개발 원조는 이 같은 조건을 수용한 국가들에만 제공된다. 사실 개발 원조는 여전히 매우 낮은 수준에 머물러 있다. 2005년 G8 회담에서 외채 부담이 매우 무거운 18개 빈국들만 채무의 일부를 면제받았을 뿐이다. 이들 18개국의 인구는 전체 개도국 인구의 5%에 불과하다.

▶개발 원조 덕분에 선진국은 개도국 상황을 고려하게 되며, 따라서 개발 원조는 세계화의 부정적 효과를 어느 정도 해소하는 데 기여한다. 그러나 목표치 달성은 아직도 요원하며 개발 원조의 성격도 개도국 발전에 해로운 영향을 초래할 수 있다.

89강 국제법 질서를 향해

세계화의 진행은 경제 주체들을 구속하는 법적 틀을 크게 변화시켰다. 사실 개별 경제 주체, 특히 기업은 법망을 교묘히 피해 갈 수 있고, 따라서 법 체제의 효력이 약해졌다고 간주할 수 있지만, 현실적으로 상황은 훨씬 복잡하다.

1. 국제법의 쟁점

A. 국제법 질서는 세계화로 변화되었다

세계화는 계몽주의 시기 이후 민주화 과정을 통해 탄생한 국민 국가의 일반 틀을 뒤흔들고 있다. 국민 국가는 무엇보다 주권 원칙에 기반을 두고 있으며, 일국 내에서만 적용되는 일련의 규칙을 구축했다. 그런데 이 틀은 세계화를 통해, 특히 경제적 관점에서 두 가지 이유로 변화되었다. 첫째, 세계화는 광범위한 차원에서 주권 원칙을 상당히 제약한다. 즉 타국에 본사를 두고 있는 기업들에 대해서는 주권 원칙이 더는 넘을 수 없는 벽으로 작용하지 않는다. 둘째, 세계화를 통해 국가로부터 독립적인 경제 주체들이 출현했다. 따라서 새로운 경제 주체들을 위한 규칙 정의가 필요하다.

이렇게 세계화는 제2차 세계 대전 이후 조금씩 구축되어 온 국제법의 문제 자체를 변화시킨다. 사실 국제법은 이제 국가 간 관계를 조정하는 역할을 하지 않는다. 국제법은 각자 이해관계에 따라 행동하는 경제 주체 간 관계에 개입해야 한다. 그런데 이 같은 인식은 단지 경제 활동의 조정에만 국한되지 않는다. 예로 국제 형사 재판소는 개인을 재판하고 판결을 내릴 수 있다. 비록 피고들의 범죄 행위가 무력 분쟁 중 국가의 이름으로 저질러졌다 해도 국제 형사 재판소의 개입이 가능하다.

B. 국내법 대 국제법?

국제법은 고유한 논리에 따라 제정되어야 하며, 결코 국내법의 총합이 되어서는 안 된다. 사실 각국의 행위가 국제적인 공익과 모순이 될 수도 있다(제28강 참고). 따라서 국제법은 때로는 유리한 법적 틀을 구축하려는 의도와 국가 주권을 견제하는 힘으로 작용할 수 있다.

경쟁법은 이를 잘 설명해 주는 예이다. 미국에서는 19세기 말부터 반트러스트 정책이 실시되었다. 그런데 유럽 국가들은 경쟁법 제도화가 매우 늦었다. 1957년 로마 조약 체결 이후, 특히 1989년이 되어서야 유럽은 기업 집중을 제한하는 제도를 갖게 되었다. 그러나 유럽의 경제 통합이 심화되는 동안에도, 각국의 기업 합병 장려 정책은 한 번도 중단된 적이 없었다(제29강 참고).

2. 세계화는 새로운 국제법 질서의 설립에 기여한다

A. 국제법적 제도의 구축

일반적으로 국제 조약 체결 후 어느 정도 기간이 지나면 해당 조약과 관련해 국제법적 틀을 정의하는 제도들이 탄생한다. 예로 GATT 체결이 결국 세계 무역 기구WTO를 낳았다는 것을 기억하자. WTO는 자유 무역 규칙을 준수하지 않는 회원국에 대해 보복 조치를 결정할 수 있는 권한이 있다.

다른 차원에서, 국제 형사 재판소와 유럽 인권 재판소의 존재는 국내법 및 국제법적 질서의 문제를 크게 변화시켰다. 국가는 여전히 비리나 부정 행위로 고소될 수 있으며, 국제 사법 재판소는 개인이 국가의 이름으로 행동했을 때조차 그 개인을 재판할 수 있다. 물론 국제 사법 재판소의 권위를 인정하지 않는 국가들도 존재한다.

B. 경제적 통합에서의 국제법 : 유럽의 예

그러나 국제법이 심지어 국제기구의 영역을 넘어 크게 발전할 수 있었던 것은 유럽의 경제 통합 덕분이었다. 사실 국제법 기관들이 각종 국제 협정 체결을 기초로 설립된 반면, 유럽에서는 유럽 의회의 비중이 점차 커지면서 대표 민주주의 시스템이 정착되었다. 실제로 유럽 의회 의원들은 직접 보통 선거를 통해 선출된다. 또한 마스트리히트 조약에서 보충성 원칙이 확정되면서 유럽 연합의 역할과 회원국의 역할이 명확하게 구분되었다.

그러나 유럽은 여전히 의회 및 대표 민주주의 논리와 국가별 논리 사이에서 갈등하고 있다. 유럽 기구들은 여전히 각국 정부 간 조정을 통해 운영된다. 여기에 대표성으로 볼 때 그 위치가 모호한 유럽 집행 위원회가 추가된다. 이렇게 유럽의 법적 질서를 넘어 주요 쟁점들은 유럽 연합의 시민권에 근거하고 있다.

▶세계화는 국제법적 질서의 문제를 명시적으로 제기한다. 전통적으로 국제법적 질서는 국가 간 관계를 조절해야 했던 반면, 오늘날에는 개인의 문제를 다뤄야 한다. 그러나 국제법의 적용과 유효성이 국제법의 민주적 대표성 문제, 나아가 세계 시민권 문제를 제기한다는 사실은 명백하다.

90강 국제 공공재

국제 공공재는 학자에 따라 세계 공공재, 또는 글로벌 공공재라고 불리며, 몇 년 전부터 경제학 및 정치학적 사고 구조에서 지속적으로 등장하고 있는 개념이다. 세계화는 새로운 논쟁의 지평을 열었다. 즉 개발, 원조, 세계 거버넌스의 문제가 명시적으로 제기된다.

1. 국제 공공재의 문제

A. 국제 공공재 : 다양한 개념

공공재는 경제 이론에서 매우 광범위하게 다루어지고 있는 개념이다. 사실 시장 실패의 문제는 애덤 스미스 이후 경제학의 핵심에 놓여 있는 주제이다. 공공재란 비경합성과 비배제성을 가진 서비스를 말한다. 이는 특히 한 개인의 소비가 다른 모든 개인의 소비를 감소시키지 않는다는 것을 가리킨다. 소비자를 구별할 수 없다는 점은 공공재 생산을 상품 관계의 틀에서 고려할 수 없다는 것을 의미한다.

국제 공공재에도 이 같은 공공재의 정의가 그대로 적용된다. 따라서 국제 공공재는 어떤 국가도 단독으로 생산하기를 원하지 않는 공공재나 공공 서비스를 말한다. 물론 국제 공공재는 세계적 차원에서 실질적인 만족을 가져다준다. 유엔 개발 계획UNDP에 따르면 환경, 보건, 지식, 정보라는 네 종류의 '글로벌' 공공재가 존재한다. RFI는 국제 공공재를 "평화 유지, 환경 보호, 열대 전염병이나 에이즈 치료 연구 등 전 인류의 공익을 위한 재화"로 정의한다.

B. 국제 공공재가 제기하는 문제

국제 공공재에 특히 관심을 가질 수밖에 없는 이유는 국제 공공재에 대한 몇 가지 문제가 해결되지 않았기 때문이다. 국제 공공재의 주요 문제는 자금 조달의 어려움이다. 사실 어떤 국제 공공재들은 국내 공공재로도 간주될 수 있다. 예로 환경 보호 같은 국제 공공재가 그러하다. 각국이 환경 보호 비용으로 부담하는 수준은 각국의 오염 능력이 아니라 발전 수준에 따라 달라질 것이다. 또한 국제 공공재 생산을 위해 거론된 장치들, 예로 금융 상품에 대한 과세인 '토빈세', 항공 운송 세금이나 무기 판매 세금, 환경세 등은 상당한 재원을 마련해 주지만 그 경제적 효율성은 제한적일 수 있다.

공공 보건의 예는 국제 공공재에 내재하는 문제들이 무엇인지 잘 보여 준다. 예로 에이즈 바이러스 퇴치 문제와 의료 서비스 접근 문제는 경제적 차원에서뿐만 아니라 인도적 차원에서 매우 중요하다. 그런데 보건을 국제 공공재로 인정하는 것은 세계적 유행병을 퇴치할 수 있는 의약품의 특허권 문제를 제기한다. 즉 보건은 특허권에서 자유로운 분야라는 것이다. 그러나 제약 회사들에 이 같은 문제 제기가 어떤 영향을 미칠지는 불을 보듯 뻔하다. 물론 보건 분야에서 많은 비정부 기구가 활동하고 있다. 그러나 이들이 제기하는 문제는 본질적으로 국가 보건 시스템, 특히 제3세계 국가들의 보건 시스템의 개선 문제이다.

2. 국제 공공재가 제기하는 문제들

A. 국제 공공재와 경제 발전

세계화의 틀에서 국제 공공재를 고려하는 것은 국가 발전과 관련해 매우 중요한 문제에 속한다. 사실 국제 공공재의 개념은 시라크 대통령의 발언처럼 지정학적 관점에서 볼 때 지속적인 관심사와 관련이 있다. 즉 더욱 효과적으로 세계화 과정을 통제하고, 세계화에 인간적 모습을 찾아 주며, 세계 거버넌스를 위한 새로운 지평을 열고, 공적 개발 원조를 늘리고, 세계적 차원의 공익을 고려할 필요가 있는 것이다. 여기에 국제 공공재로서의 환경을 고려할 경우 도출되는 결론, 즉 지속 가능 발전의 필요성을 인정할 것을 추가할 수 있다.

우리는 공적 개발 원조가 국제 공공재에 속한다고 쉽게 생각할 수 있다. 사실 제3세계의 발전은 세계의 부와 경제 성장을 위한 중요한 요소이다. 보통 개발 원조가 빈국을 위한 선진국의 자금 지원을 정당화하는 '공평성의 근본 원칙'에 대한 문제로 다뤄지는 반면, 국제 공공재는 일반적인 이해관계, 즉 공익의 추구와 더욱 관련이 있다. 국제 공공재에 대한 논의와 함께 국제 공공재의 생산비 부담 등을 논의하는 것은 공익 추구를 촉진하는 결과를 낳을 것이다.

B. 국제 공공재와 세계 거버넌스

그러나 국제 공공재는 국가의 책임 문제, 좀 더 일반적으로 세계 거버넌스의 문제를 명시적으로 제기한다. 실제로 경제학은 '무임승차' 같은 행위의 위험을 명확하게 설명한다. 무임승차 문제는 공공재에 내재하는 문제이다. 따라서 각국은 국제 공공재 생산을 위한 공동의 재원 마련을 피하려고 할 수 있다. 온실 가스 배출에 대한 북반구의 몇몇 국가, 그중에서도 특히 미국의 반응과 목표에 훨씬 못 미치는 개발 원조(제88강 참고)는 이 같은 무임승차 행위의 유효성을 잘 보여 주고 있다.

국제 공공재의 재원 마련 방식과 액수를 넘어 정말로 중요한 것은 약속이 지켜지지 않았을 때 보복 시스템의 관점뿐만 아니라 결정 과정의 관점에서 세계 거버넌스의 조직이다.

▶국제 공공재의 문제는 세계화된 경제와 사회에서 매우 중요하다. 그리고 세계화의 맥락에서 '세계 공익'에 관한 문제들도 중요하다. 그러나 일국 수준에서 공공재 생산은 국가의 책임과 자금 조달에 기초하는 반면, 국제 공공재는 온전하게 세계적 차원에서 고려되어야 하는 문제이다.

제10장

국제 무역 이론

91강 조화, 갈등, 협력

장 마르크 시로엥은 자신의 저서 『국제 경제 관계』에서 국제 무역을 각국이 이득을 얻을 수 있는 조화로운 국제 관계라는 개념을 우선시하는 자유주의적 이론과, 반대로 국제 무역을 지배와 권력의 장으로 간주하는 갈등 이론으로 구별한다.

1. 국제 무역은 플러스섬 게임이지만 갈등을 배제하지 않는다

A. 제로섬 게임 대 플러스섬 게임?

중상주의자들은(제92강 참고) 국제 무역을 제로섬 게임으로 간주할 것이다. 중상주의자들의 목표는 무역 수지 흑자를 통한 화폐적 부의 축적이다. 그런데 특정 국가의 흑자는 다른 국가의 적자를 의미한다. 따라서 전체적으로 볼 때 국제 무역은 제로섬 게임이다.

고전학파 경제학자들(제94강과 제95강 참고)이나 신고전파 경제학자들(제96강 참고), 또는 신국제 경제학파 경제학자들(제100강 참고)은 국제 무역이 제로섬 게임이 아니라 플러스섬 게임이라는 것을 보여 주었다. 국제 무역은 각국의 전문화를 통해 세계 경제 활동을 최적화함으로써, 즉 가장 효율적인 국가가 해당 상품을 생산하게 함으로써 세계 생산 증대를 꾀할 수 있을 뿐만 아니라, 규모의 경제, 경쟁 강화, 상품 다변화, 소비자의 구매력 강화 등 여러 가지 장점을 가지고 있다.

B. 플러스섬 게임이 반드시 모든 참여자에게 유리한 것은 아니다

자유주의 이론은 무역이 플러스섬 게임이기 때문에 국제 경제 관계는 반드시 조화로울 수밖에 없으며, 국제 무역을 촉진하고 조절하기 위한 최고의 수단은 자유 무역, 즉 자유로운 상품 유통이라고 단언한다.

사실 일반적으로 국제 무역은 플러스섬 게임이다. 그러나 그렇다고 반드시 모든 국가가 국제 무역에서 동일한 이익을 얻지는 않는다. 물론 모두가 이익을 얻지도 않는다. 아래의 표는 세 가지 경우를 보여 준다. 단, 총이득은 동일하다.

상 황	총이득	국가 A의 이득	국가 B의 이득	국가 C의 이득
모두가 이득을 얻는다	9	3	3	3
모두가 이득을 얻지만 그 정도는 다르다	9	5	3	1
이득을 얻는 국가도 있고 손해를 보는 국가도 있다	9	7	5	−3

따라서 이 분석에 따르면, 비록 무역이 플러스섬 게임이라 하더라도 국제 무역이 언제나 조화로운 관계를 보장하지는 않으며 갈등의 요소가 될 수 있다(제93강 참고).

2. 협력한다면 모두 이익을 얻을 수 있는 제로섬 게임

A. 협력의 부재가 보호 무역주의로 이끈다

국가가 자유 무역주의 무역 상대국에 대해 선별적인 보호 무역을 적용하는 것은 좋은 해결책으로 보인다. 게임 이론은 협력 부재 시

합리적인 개인적 결정의 결과가 최적의 결과가 아닐 수 있다는 사실을 보여 준다.

무역 상대국 2개국을 가정하자.

– 모두를 위한 최선의 해결책은 두 국가가 자유 무역을 채택하는 것이다(각국은 10의 이득을 얻는다).

– 모두에게 최악의 해결책은 두 국가가 보호 무역을 채택하는 것이다(각국은 아무런 이득도 얻지 못한다).

– 한 국가는 보호 무역을 채택하고 다른 국가는 자유 무역을 채택할 경우, 전자는 더 많이 수출하고 더 적게 수입하므로 15의 이득을, 후자는 더 적게 수출하고 더 많이 수입하므로 5의 손실을 기록하게 된다.

이 가설로부터 다음과 같은 표를 구성할 수 있다.

왼쪽은 국가 A의 이득이며 오른쪽은 국가 B의 이득이다		국가 B	
		보호 무역	자유 무역
국가 A	보호 무역	0/0	15/−5
	자유 무역	−5/15	10/10

만약 국가 A가 자유 무역을 택한다면, 국가 B의 합리적 선택은 보호 무역주의를 선택하는 것이다. 즉 국가 B는 보호 무역을 택함으로써 10이 아니라 15의 이득을 얻을 수 있다. 만약 국가 A가 보호 무역을 선택한다면, 국가 B의 합리적 선택 역시 보호 무역이다. 5의 손실을 보는 것보다는 이익도 손실도 보지 않는 게 낫기 때문이다.

마찬가지로 국가 A도 국가 B가 보호 무역주의를 선택하건 자유 무역주의를 선택하건 보호 무역을 택할 수밖에 없다.

B. 국제기구의 역할과 조화

만약 각국이 협력하지 않는다면, 각국의 결정은 최적 결정이 아닐 것이다. 국제기구의 역할이 중요한 이유가 바로 여기에 있다. 국제기구는 협력을 제도화함으로써 전체적으로 자유 무역을 촉진할 수 있다.

그러나 자유 무역이 모두에게 이익이 되는 것은 아니므로, 국제경쟁으로 어려움을 겪게 되는 부문이나 국가가 있을 수 있다. 국제기구는 긴장을 완화하고 어려움에 처한 부문이나 국가를 돕기 위해 규칙을 수정할 수 있다. 결국 조화란 때로는 시장보다 경제 주체 간의 협력의 결과이기도 하다.

▶국제 무역을 플러스섬 게임으로 간주하는 것이 반드시 교역의 자연적인 조화를 믿는다는 것은 아니다. 교역의 자연적인 조화와 각국 간 갈등 사이에 하나의 해결책이 존재한다. 바로 국제 협력이다.

92강 중상주의

16세기부터 19세기 초까지 존재했던 중상주의는 경제 사조인 동시에 정책이기도 하다. 중상주의는 국부 증대를 위한 국가의 개입, 특히 보호 무역주의적 개입을 옹호했다.

1. 중상주의와 보호 무역주의

A. 중상주의의 원칙

중상주의는 유럽에서 르네상스가 꽃피우던 시기에 탄생했다. 중상주의는 미덕, 도덕, 정의, 토지 사랑 등 중세 시대의 가치와는 단절에 가까울 정도로 다르며, 국부의 축적과 무역 증대를 주장했다.

중상주의자들에 따르면, 국부는 단지 화폐적 부일 뿐이며, 귀금속의 소유로 부를 축적할 수 있다. 따라서 국가의 역할은 모든 수단을 동원해서, 특히 무역 증진을 통해 귀금속을 축적하는 것이다.

B. 보호 무역주의적 사고

앙투안 드 몽크레티엥Antoine de Montchrétien은 장 보댕Jean Bodin과 함께 중상주의를 대표하는 학자이다. 몽크레티엥에게 "사회는 정부와 무역으로 구성되어 있다". 즉 정부와 무역을 분리하는 것은 불가능하다. 몽크레티엥은 타국이 프랑스의 부를 잠식할까 봐 두려워했다.

따라서 왕이 상징하는 국가는 관세 장벽을 높이 세우고, 국내 경제를 보호하고 고립주의를 적용해야 한다.

중상주의자들에게 무역은 제로섬 게임이다. 만약 어떤 국가가 무역으로 이득을 본다면, 다른 국가들은 반드시 손해를 볼 수밖에 없다. 따라서 보호 무역주의가 필요하다. 국가는 가능한 많이 수출하고 적게 수입하는 방법으로 금을 축적해야 한다.

2. 중상주의의 형태와 영향

A. 중상주의의 다양한 형태

영국은 이른바 '무역' 중상주의를 도입했다. 즉 무역 흑자 축적을 위해 가능한 가장 높은 가격에 상품을 수출하고 가장 낮은 가격으로 수입해야 한다는 것이다. 무역 중상주의의 주요 경향은 다음과 같다. 첫째, 다양한 조치를 통해 산업과 무역을 보호했다. 대표적인 조치가 곡물법으로, 밀의 수입을 금지하고 산업 상품에 다양한 세금을 부과하는 법이었다. 둘째, 식민지를 확대했다. 셋째, 해상 무역을 증진했다. 특히 1651년 제정된 해양법 덕분에 영국 선박들은 대외 무역에 독점권을 행사할 수 있었다.

프랑스의 경우, 콜베르가 17세기 '산업' 중상주의를 도입하여 체계화할 때까지 프랑스의 중상주의적 개입은 일시적인 것일 뿐이었다.

'산업' 중상주의는 산업 정책을 적용하는 것이다. 첫째, 보조금과 독점권 등 특권의 제공, 국가 발주를 통해 기업을 육성했다. 둘째, 고블랭 국영 공장 등 국가가 직접 여러 기업을 창립했다. 셋째, 콜베르주의 역시 보호 무역주의였다. 콜베르는 타깃 상품 수입 금지 및 수출 금지, 그리고 관세 장벽을 통해 외국 상품의 수입을 억제했고,

1차 생산물이 국내 산업에 사용되도록 수출을 제약했다. 넷째, 콜베르주의 또한 해상 무역과 무역 상관 건설을 지원했다.

그 밖에 여러 국가에서 어느 정도 체계적인 중상주의 정책을 도입했다. 에스파냐와 포르투갈은 자국의 식민지에서 금이 유입되면 금 유출을 금지했다. 이탈리아와 독일의 소국들도 보호 무역주의 조치와 산업 지원책을 실시했다. 표트르 대제와 예카테리나 2세가 다스리던 러시아는 우랄 지방에 국가가 운영하는 산업 거점을 건설했다. 미국도 여전히 보호 무역주의적 기조를 유지했다.

B. 중상주의는 산업 혁명의 기초를 제공했다

중상주의의 최종 목표가 금을 모으는 것이었다 할지라도, 중상주의는 경제 성장을 촉진했다. 왜냐하면 중상주의는 경제 성장을 부국강병을 위한 하나의 수단으로 간주했기 때문이다. 사실 중상주의는 경제의 역동성을 더욱 촉진했고, 견고한 국내 기반을 바탕으로 대외 확장의 의지를 부추겼다. 중상주의는 18세기부터 19세기까지 경제 발전에 크게 기여했다. 무역이 확대되고 산업화가 진행됐다. 예로 콜베르주의는 프랑스의 산업 지도를 설계했고 바로 이 기초 위에서 산업 혁명이 시작됐다. 리스트(제93강 참고)는 "영국이 300년의 시간을 보내고 세 번의 혁명을 거치고서야 도달했던 작업을 혼자 지휘한 용기를 지녔다."고 콜베르를 격찬했다. 중상주의의 득세로 경제는 이제 국가적 문제가 되었으며, 최적화해야 하고 또 최적화할 수 있는 분야가 된 것이다.

국가 개입에 기초한 중상주의, 민족주의, 보호 무역주의는 반대의 가치를 지닌 시스템을 탄생시켰으니, 이것이 바로 자유주의다. 사실 중상주의는 자본주의의 개화를 가능하게 했다. 중상주의의 기본 개입인 조직, 육성, 보호는 자본주의 발전에 유리하게 작용했다. 그런데 일단 이 같은 임무가 달성된 후, 자본주의가 어느 정도 성숙하고 스스로의 힘으로 발전할 수 있게 되자 중상주의가 사라지고 자유주의가 대두했다. 자유주의 역시 자본주의 발전에 기여했다.

▶중상주의는 사라지지 않았다. 1930년대 위기 당시 각국 정부의 개입이나 미래 발전의 기반을 세우고자 했던 신흥 공업국의 개입은 새로운 형태의 중상주의였다.

93강 보호 무역주의의 변화

중상주의자들 이후에도 학자들은 보호 무역주의 정책에 호의적이었다. 사실 완전한 자유 무역을 주장한 이론가들은 매우 드물었으며, 대다수 학자들은 어느 정도는 보호 무역주의자들이었다.

1. 19세기에서 20세기 초까지의 보호 무역주의

A. 마르크스적 분석

마르크스의 테제는 자유 무역을 비판한다. 카를 마르크스Karl Marx(1818~83)에게 자유 무역은 지배 자본주의 국가들이 판로를 확장하고, 저렴한 비용으로 1차 생산물을 확보함으로써 이윤율 저하를 막는 수단이다. 더구나 피지배 국가들의 전문화는 자본가들의 이해관계에 따라 지배 국가들에 의해 강제된다.

대다수의 제국주의 이론가들은 마르크스 테제의 연장선상에서 자본주의와 국제 무역의 변화에 대한 비판적 분석을 전개했다. 예로 레닌(1870~1924)에게 '자본주의의 최종 단계'인 제국주의의 특징은 자본과 생산의 집중, 은행 자본과 산업 자본의 합병, 자본 수출, 다국적 기업의 형성, 열강에 의한 세계 분할과 그로 인한 피지배국의 저발전이다. 이 같은 접근에서는 자유 무역을 빈국에 대한 선진국의 지배 수단으로 간주하며, 국제 무역은 빈국에 유익할 수 없다고 인식한다. 반대로 보호 무역주의를 통해 선진국 기업들과의 경쟁을 피해 피지배 국가들의 국내 산업이 성장하면, 이를 기초로 국가 전체 발전 과정이 시작될 수 있다.

B. 개입주의자들의 분석

독일의 자유주의 경제학자인 프리드리히 리스트(1789~1846)는 낮은 가격으로 상품을 확보하게 해 준다는 점에서 자유 무역의 장점을 인정한다. 그러나 리스트는 국내 산업의 잠재력을 염두에 둔 고찰이 필요하다고 생각했다. 즉 아직 발전을 이룩하지 못한 국가의 경우, 생산력 증대를 위해 보호 무역주의 정책을 도입하는 것이 유리하다는 것이다. 특히 유치幼稚 산업 보호가 필수적이다. 유치산업이 외국과의 경쟁에서 도태되지 않고 성숙할 수 있도록 국가가 개입해야 한다는 것이다. 그러나 이 '교육적 보호 무역주의'는 일시적이다. 리스트는 후진국이 다른 국가들을 따라잡을 경우 자유 무역으로 회귀해야 한다고 생각했다.

미국의 경제학자 헨리 케어리Henry Carey(1793~1879)는 보호 무역주의 강화 시기와 경제 성장 시기 간에 매우 뚜렷한 상관관계가 존재한다고 지적했다. 케어리는 미국이 계속 영국 식민지로 머물러 있을 수밖에 없었던 이유 중 하나가 자유 무역이라고 주장했다. 자유 무역 덕분에 영국은 전 세계의 귀금속과 자연의 모든 혜택을 점유할 수 있었다.

2. 보호 무역주의 테제의 쇄신

A. 최빈국의 보호

종속 이론가들은(제98강 참고) 무역으로 모든 국가가 공평하게 혜택을 보는 것은 아니라고 주장한다. 아기리 이마누엘Arghri Emmanuel은 선진국과 개도국 간의 교역을 '부등가 교역'으로 간주했다. 기초 상품 생산국들은 교역 조건 악화로 더 많이 수출해도 더 적게 수입할 수밖에 없다. 따라서 개도국은 자력 발전을 보장해 주는 보호 무역주의 정책을 적용해야 한다는 것이다.

샤를 드골 정부에서 세 차례나 장관을 역임한 장 마르셀 잔느니는 유럽적 보호 무역주의를 제안했다. 그에 따르면, 시장 법칙을 따른다는 미명하에 "강자들은 기꺼이 약자를 희생시킨다". 현실에서 자유 무역은 변질되었다. 어차피 미국 및 다국적 기업의 지배하에 세계 무역이 발전하고 있기 때문이다. 자유 무역은 국가의 자율성을 저해하고 고용과 국민의 생활수준에 해로운 영향을 줄 수 있다. 기업 성장을 위해서는 넓은 내수 시장이 필수적이다. 따라서 잔느니는 일국적 보호 무역주의를 주장하지는 않았으나 유럽 차원에서의 새로운 보호 무역주의를 주장했다.

B. 어려운 산업 보호

자유 무역의 주요 장점은 수입 및 수출 증대를 가져온다는 것이다. 그러나 위기가 발생하면 수입이 해고의 원인이 되기도 하며, 수출 경쟁이 격화되면 생산 합리화를 위해 임금과 고용 측면에서의 희생이 강제되기도 한다. 따라서 보호 무역주의는 어려운 상황에 처해 있는 국내 산업을 보호하기 위한 방어 수단이 될 수 있다. 여기서 어려운 상황에 처해 있는 산업이란 경제학자 칼도Kaldor가 명명한 것처럼 주로 노후 산업을 말하며, 보통 매우 '노동 집약적'인 산업들이다. 결국 보호 무역주의는 고용 수준 유지에 필요하다.

1988년 노벨 경제학상 수상자인 모리스 알레는 자유주의 경제학자이지만 자유 무역을 신봉하지는 않는다. 알레는 "완전한 자유 무역은 불균형과 실업이라는 바람직하지 않은 결과를 초래할 경제 전문화로 귀결될 뿐"이라고 생각했다. 알레는 또한 자유 무역과 비교 우위가 저숙련 노동자들의 상황을 위협한다고 지적한다. 저임금 노동 국가와의 경쟁에 직면했을 때 대책은 단 두 가지밖에 없다. 바로 저숙련 노동자들을 해고하거나 그들의 임금을 삭감하는 것이다. 그러나 최소 임금의 존재로 두 번째 대안은 사실상 불가능하다. 따라서 자유 무역은 불가피하게 저숙련 노동자들의 실업이라는 결과를 낳는다. 이를 막을 수 있는 유일한 방법은 선별적 보호 무역 조치를 적용해 저숙련 노동자 고용 산업 부문을 보호하는 것이다.

▶보호 무역주의적 분석과 자유 무역주의적 분석 간 경계는 사실 명확하게 구분하기 어렵다. 예로 리스트는 보호 무역주의자로, 크루그먼(제100강 참고)은 자유 무역주의자로 간주되지만 크루그먼이 제안한 전략적 무역 정책은 리스트가 제시한 교육적 보호 무역주의 정책과 크게 다를 바 없다.

94강 애덤 스미스의 국제 무역 이론

애덤 스미스는 1723년 출생하여 1790년 사망했다. 스코틀랜드 출신의 철학자이자 경제학자인 애덤 스미스는 글래스고 대학에서 도덕 철학을 가르쳤다. 스미스는 1776년 유명한 『국가의 부의 성질과 원인에 대한 고찰(국부론)』을 저술했으며, 현대 자유주의 경제 사상의 아버지가 되었다.

1. 국제 교역은 유익하다

A. 중상주의자들에 대한 스미스의 대답

16세기에 등장한 중상주의는 다양한 산업 정책과 보호 무역주의 정책을 통해 국가가 경제에 개입하여 수출을 확대하고 수입을 제한해야 한다고, 즉 부의 원천인 귀금속을 최대한 많이 확보해야 한다고 주장했다(제92강 참고).

스미스는 중상주의에 강력하게 반대했다. 첫째, 국가의 진정한 부는 금이 아니라 상품이다. 상품은 두 가지 장점을 갖는다. 당시에 금이 상품이자 화폐였던 것처럼, 상품은 화폐로서 교환 수단으로 사용될 수 있다. 그러나 화폐와는 달리 상품은 소비될 수 있다. 둘째, 국가는 무역에 개입해서는 안 된다. 먼저 수입을 줄이려고 해서는 안 된다. 외국 상품이 국내 상품보다 저렴하다면 외국 상품을 구매하는 것이 유리하기 때문이다. 수출을 무조건 장려해서도 안 된다. 무조건적인 수출 장려는 특정 생산자와 상인에게만 혜택을 제공함으로써 경쟁을 저해할 수 있기 때문이다.

B. 교환의 이득

스미스에 따르면, 국제 무역의 첫 번째 이득은 외국에서 국내보다 저렴한 가격에 상품을 구입할 수 있다는 것이다. 스미스는 국가를 한 가족의 아버지에 비교하며 가장이 더 낮은 가격에 구매할 수 있는 상품을 스스로 생산하려고 하지 않는 것처럼 국가도 더 낮은 가격에 수입할 수 있는 상품을 굳이 생산할 이유가 없다고 설명했다. 따라서 교역은 가격을 하락시키고 구매력을 개선한다.

게다가 스미스는 무역의 자유가 판로 확대에 기여하고 생산 유인을 증대시키기 때문에 시장 확대를 추동한다고 생각했다. 스미스에 따르면 시장 확대야말로 성장 메커니즘의 핵심이다. 인간은 자연적으로 교환 성향을 갖고 있으며 그로 인해 자신이 가장 유리한 분야에 전문화하게 된다. 따라서 교환, 생산, 소비의 발달은 개인적인 이익 추구의 결과이다. 노동 분업의 정도는 시장의 크기에 달려 있다. 교역이 활발하다면 생산 규모가 클 것이며, 노동 분업의 정도도 매우 높을 것이다. 즉 일종의 선순환이 발생하는 것이다. 노동 분업은 국부를 증대시키고 시장 확대를 이끌며, 시장 확대는 다시 노동 분업의 심화를 낳는다.

2. 스미스는 자유 무역을 주장했으나 보호 무역주의를 배제하지는 않았다

A. 국제 전문화와 절대 우위

스미스는 자유 무역을 주창한다. 자유 무역이 결국 국제 전문화를 낳을 것이라고 이해했기 때문이다. 국제 전문화는 사실 매우 바람직한 현상이다. 각국의 이익을 최적화할 수 있기 때문이다. 노동 분업이 일국 차원에서 노동의 생산력을 증대시키는 것처럼 국제 노동 분업도 세계 노동의 생산력을 증대시킬 것이며, 따라서 시장 규모를 확대시키고 세계적 부의 축적에 기여할 것이다.

스미스의 유명한 절대 우위 이론에 따르면, 각국은 노동 생산성이 가장 높은 상품 생산에 특화하여 다른 모든 상품 생산을 포기하고, 해당 상품을 수입하는 것이 유리하다. 나중에 리카도의 '비교 우위 이론'과 구별하기 위해 스미스의 국제 무역 이론은 '절대 우위 이론'이라고 불리게 된다.

B. 스미스는 모든 형태의 보호 무역주의를 배제하지 않았다

스미스는 보호 무역주의가 필요하거나 수용될 수 있는 경우가 존재한다고 생각했다. 바로 "국가의 방어를 위해 특별한 산업이 필요할 경우"이다. 예로 스미스는 해양법이 국방에 필수적인 해군 유지에 기여한다고 주장하면서 영국 선박에 대외 무역 독점권을 부여하는 해양법을 옹호했다.

수입 상품과 국내 상품의 동일 취급을 위해 "국내 산업 상품이 국내에서 과세의 대상이 될 경우" 수입 상품에 대한 과세가 가능하다.

또한 스미스는 보호 무역주의를 표방하는 국가에 대한 보복 조치로서 보호 무역주의 정책을 적용하는 것을 수용한다.

어떤 산업이 보호되고 있다면 "다소 느리고 점진적인 단계를 통해, 그리고 신중한 방식으로 무역의 자유를 도입하는 것"이 필요할 수 있다. 성급한 자유화는 산업 자체의 입지를 위협할 것이며, 이 경우 많은 사람이 일자리와 수입을 잃게 될 것이다.

▶스미스는 현대 자유 무역 이론의 근간을 세웠다. 그러나 스미스는 모든 상품 생산에서 절대 열위에 있는 국가들은 언급하지 않았다. 리카도는 스미스의 분석을 발전시키고 심화하여 비교 우위 이론을 제시했다(제95강 참고).

95강 리카도의 국제 무역 이론

애덤 스미스와 함께 데이비드 리카도(1772~1823)는 영국 고전학파를 대표하는 경제학자이다. 리카도는 자유주의, 즉 국가의 비개입을 주장했다. 대표적인 저서는 1817년 출판된 『정치 경제학 및 과세의 원리』이다. 경제학에 대한 리카도의 가장 중요한 기여는 유명한 비교 우위의 법칙이다.

1. 리카도는 자유 무역을 주장했다

A. 밀 수입 자유화의 이득

리카도에 따르면, 사회에는 3대 계층이 존재하며, 따라서 세 가지 유형의 소득이 존재한다. 노동자들은 노동을 팔아 그 대가로 생존 임금을 받는다. 자본가들은 상품 가치와 노동자들에게 지불한 임금의 차이에 해당하는 이윤을 얻는다. 여기서 상품 가치는 투입된 노동의 양에 달려 있다. 토지 소유자는 가장 척박한 토지의 수익성과 자기 토지의 수익성의 차이에 해당하는 지대를 얻는다.

인구 증가로 인한 수요 증가에 대응하려면 새로운 토지를 경작해야 하며, 결국 점점 척박한 토지를 경작할 수밖에 없다. 따라서 수익 체감의 법칙이 작용한다. 척박한 토지는 비옥한 토지에 비해 더 많은 노동이 필요하며, 밀 가격과 따라서 임금도 증가한다. 생존을 위해서는 밀을 구입해야 하기 때문이다. 그 결과 이윤이 감소한다. 그런데 이윤은 생산을 추동하는 요소다. 따라서 생산이 정체되고, 결국 경제가 성장하지 않는 상황이 발생하는 것이다.

정체 상태의 위협을 제거하는 유일한 방법은 밀 가격 상승을 억제하는 것이다. 밀 가격 상승이 억제되면 임금 상승도 억제된다. 이를 위해 밀을 수입해야 하며 따라서 곡물법을 폐지해야 한다는 것이다. 곡물법은 영국 농민을 보호하기 위해 밀 수입을 전면 금지하는 법으로, 리카도 사후 23년이 지난 1846년 폐지되었다.

B. 자유 무역과 국제 수지 불균형

리카도에 따르면, 화폐 발행은 금 보유고와 연동되어야만 한다. 은행의 지폐 발행권 남용으로 인한 과도한 화폐 창출을 막기 위해서다. 중앙은행이 화폐 발행을 금 보유고에 따라 고정시키면 화폐 가치의 안정성, 즉 가격 안정성이 보장된다.

금 본위제는 국제 수지의 자동 재균형을 보장한다. 따라서 무역이 국제 수지의 지속적 불균형의 원인이 될 수 없다. 무역 수지 적자가 발생하면 금이 유출된다. 금이 유출되면 국내 물가가 하락하고, 해당 국가는 다시 경쟁력을 회복한다. 이제 수출이 증가하고 수입은 감소한다. 반대로 무역 수지가 흑자를 기록할 경우 금이 유입된다. 금 유입으로 물가가 상승하고 경쟁력은 저하된다.

2. 모든 국가는 전문화로 이익을 얻는다

A. 비교 우위의 법칙

스미스의 유명한 절대 우위 이론에 따르면(제94강 참고) 각국은 노동 생산성이 가장 높은 상품 생산에 전문화하고 다른 상품의 생산을 포기하는 것이 좋다. 절대 우위 이론은 교역과 국제 전문화를 정당화한다. 그러나 어떤 상품 생산에도 절대 우위가 없는, 경쟁력이 낮은 국가들의 경우는 언급하지 않았다.

데이비드 리카도는 자유 무역과 전문화가 언제나, 그리고 모든 국가에, 즉 심지어 경쟁력이 가장 낮은 국가들에도 유리하다고 주장한다. 리카도는 사실 자유 무역을 비교 우위 법칙을 통해 정당화하였다. 이 법칙에 따르면 일국의 상황이 어떻든 간에, 국제 교역과 전문화는 해당 국가에 이익을 가져다준다. 따라서 각국은 가장 유리한 상품 생산, 또는 가장 덜 불리한 상품 생산에 특화하는 것이 좋다. 리카도는 비교 우위 법칙을 포르투갈과 영국, 포도주와 직물을 예로 들어 설명한다. 포르투갈은 두 상품 다 절대 우위에 있다. 그러나 포르투갈은 포도주 생산에 특화하는 것이 유리하다. 직물 생산보다 포도주 생산이 비교 우위에 있기 때문이다. 영국은 반대로 직물 생산에 특화해야 한다. 직물 생산이 포도주 생산보다 비교 열위가 약하기 때문이다. 국제 무역 관계가 각국의 비용 관계로 설정되는 것만으로도 두 국가는 공히 국제 무역으로 이득을 볼 수 있다.

자유 무역으로 각국은 더욱 많은 상품을 접할 수 있다. 따라서 세계 실질 소득이 증가한다. 자유 무역은 결국 경제 성장의 요소이다.

B. 리카도의 가설

리카도의 국제 무역 이론은 몇 가지 가설에서 출발한다.

－각국 내에서 생산 요소의 이동성이 보장되나 국가 간에는 그렇지 못하다. 생산 요소의 국내 이동성이 보장돼야 가장 효율적으로 자본과 노동을 이용할 수 있으며 전문화가 가능할 것이다. 반대로 국가 간 요소 이동이 가능하다면, 절대 열위에 있는 국가들은 생산 요소가 타국으로 이동하면서 생산력을 잃게 될 것이다.

- 비교 우위는 지속적이다. 즉 어떤 상품 생산에 비교 우위가 있는 국가는 비교 우위를 계속 유지한다. 이는 암묵적으로 수익이 체감하지 않는다는 것을 의미한다. 만약 수익 체감이 발생한다면, 전문화로 인한 생산 증대는 생산성 하락을 야기할 수 있으며, 비교 우위의 상실로 이어질 수 있다.

데이비드 리카도는 국가 간, 그리고 부문 간 교역의 틀에서 분석을 발전시켰다. 그런데 이론적 모델과 현실이 언제나 일치하는 것은 아니다. 국제 무역 또한 대부분이 부문 내 교역이다. 즉 수출을 가장 많이 하는 부문이 수입도 가장 많이 하는 부문이다. 프랑스의 경우 자동차 부문을 예로 들 수 있다.

▶리카도 이후 많은 국제 무역 이론이 등장했지만, 모두 리카도의 분석을 기초로 하고 있다. 예로 리카도는 노동이라는 단 하나의 생산 요소만 고려했지만, 스웨덴의 경제학자 헤크셰르와 올린은 여러 생산 요소를 분석 틀에 포함시켜 헤크셰르-올린 정리를 완성했다(제96강 참고).

96강 요소 분석과 신요소 분석

국가 간 교역이 발생하는 이유를 찾고자 하는 국제 무역 이론은 여러 가지가 있다. 교역 발생의 이유에 대한 고찰은 당연히 교역이 가져다주는 이득의 원천을 밝히는 문제까지 포함한다. 이 이론들은 고전학파 경제학자들의 전통에서 자유 무역에 충실하다.

1. 요소 부존 분석

A. 헤크셔르-올린-새뮤얼슨HOS 정리

1919년 엘리 헤크셔르Eli Heckscher와 1933년 베르틸 올린Bertil Ohlin은 리카도의 분석을 발전시켰다. 올린은 1977년 노벨 경제학상 수상자이기도 하다. 헤크셔르와 올린에 따르면, 각국은 요소 부존량이 많은 상품 생산에 특화하고, 자국에 부족한 생산 요소가 투입되는 상품을 수입해야 한다.

제2차 세계 대전 종전 후 학자들이 자유 무역을 정당화하기 위해 헤크셔르-올린 정리를 보완했다. 특히 1948년 이른바 헤크셔르-올린-새뮤얼슨 정리의 기초를 정립한 폴 새뮤얼슨Paul Samuelson의 경우가 그러하다. 새뮤얼슨 역시 1970년 노벨 경제학상 수상자이다. 새뮤얼슨은 무역 확대와 자유 무역 수용으로 생산 요소에 대한 보수가 세계적으로 수렴한다는 것을 보여 준다. 사실 풍부한 노동력을 필요로 하는 상품 생산에 특화한 국가에서 수출 증가에 이은 생산 증가는 노동 수요 증가를 야기하고, 따라서 임금 상승을 유발한다. 반면에 자본 집약적 상품의 수입으로 해당 국가에 이 상품이 많아지면, 자본의 상대 가격은 상승하지만 노동의 상대 가격은 하락한다. 즉, 요소 가격은 추세적으로 수렴한다.

B. 레온티에프의 역설

1950년대 초, 바실리 레온티에프Wassily Leontief는 미국 수출 상품의 노동 집약도가 미국의 자본 축적 정도를 고려할 때 예상할 수 있는 수준보다 더 높다는 것을 발견했다. 레온티에프의 역설은 노동 생산성을 고려할 경우 일부 해결된다. 예로 미국 노동자의 생산성이 타국 노동자의 노동 생산성의 네 배라면, 미국의 노동 요소 부존량은 실제 부존량보다 네 배나 많은 것이다.

따라서 노동 요소는 여러 수준의 직능으로 분석되어야 한다. 마찬가지로 자본도 동질적인 요소로 간주되어서는 안 되며, 기술 진보를 고려해야 한다.

2. 기술 진보 분석

A. 포스너 분석

포스너Posner는 1966년 일국의 기술 우위는 저비용 생산과 신상품 개발을 가능하게 해 준다고 주장했다. 기술 우위 덕분에 국가는 해당 상품의 생산과 수출에서 일종의 독점적 지위를 누리게 된다. 즉 비교 우위를 갖게 되는 것이다. 그러나 혁신 국가가 누리는 비교 우위는 일시적일 수밖에 없다. 타국이나 타기업이 기술 격차를 따라잡으려고 노력하며 새로운 생산 과정을 모방하기 때문이다. 따라서 혁신 국가나 기업은 또다시 새로운 생산 과정이나 새로운 상품을 개발해야 한다. 그래야 비교 우위를 계속 누릴 수 있다. 결국 기술 격차에 의한 비교 우위는 일시적이지만 혁신을 추동한다고 할 수 있다.

포스너의 분석은 발전 수준이 거의 비슷한 국가들 간 무역뿐만 아니라 발전 수준이 상이한 국가들 간 무역에도 적용된다. 사실 기술 격차는 세계적 차원에서 존재할 수 있다. 이 경우 기술적으로 가장 발전한 국가들은 기술 집약적 상품 수출에 비교 우위가 있으며, 첨단 기술을 필요로 하지 않는 상품들을 수입한다. 기술 발전이 어느 정도 비슷하다면, 각국은 서로 다른 부문에서 기술 우위를 점할 수 있다. 이 경우 혁신으로 인한 교차 무역이 발생한다.

B. 버논 분석

버논Vernon은 1961년 상품 주기를 세 단계로 구분했다.

1단계는 국내 시장에서 혁신 기업의 상품 혁신과 도입 단계이다. 상품 가격은 높게 책정된다. 왜냐하면 기업은 일단 상품을 소량 생산하고 연구 개발 지출을 감가상각하려고 노력하기 때문이다. 상품 가격이 높기 때문에 수요는 아직 제한적이고, 국내 시장은 이런 수요의 반응을 연구할 수 있는 관측소의 역할을 한다.

2단계는 대량 생산과 소비의 단계이다. 이제 신규 회사들이 새로운 성장 조건의 혜택을 보기 위해 너도나도 시장에 진입한다. 혁신 기업은 국내 시장에서의 독점적 지위를 잃게 되고 해외 시장을 개척하여 수출에 주력한다.

3단계는 상품의 성숙 단계이다. 혁신 국가의 국내 시장은 이제 포화 상태이다. 외국 시장에서는 각국의 기업들이 저렴한 노동력을 무기로 이 상품을 생산하기 시작한다. 따라서 혁신 기업은 서서히 상품 생산에서 벗어나야 하며 새로운 혁신을 위해 또 다른 상품을 생산하거나 기존 상품의 생산 기지를 저렴한 노동력을 구할 수 있는 곳으로 이전해야 한다. 보통 혁신 국가는 상품 주기 말기에 도달하면 처음 자국에서 생산했던 상품을 역수입하기에 이른다. 대표적인 예가 폴크스바겐의 '무당벌레차'이다.

▶스웨덴의 경제학자인 린더Linder도 수요의 중요성을 강조했다. 린더는 상품은 견고한 기반에 기초해 있는 경우에만, 즉 무엇보다도 국내 수요를 효율적으로 만족시켰을 경우에만 수출이 가능하기 때문에 '대표 수요' 개념이 필요하다고 생각했다. 프랑스의 경제학자인 베르나르 라쉬드리 뒤센Bernard Lassudrie-Duchene도 세계 무역과 전문화의 결정 요소 중 하나는 '수요의 차이'라고 주장했다. 즉 선진국 소비자들은 상품 선택의 다양성을 요구하며, 바로 이 때문에 수입을 할 수밖에 없다는 것이다.

97강 새로운 경제 주체의 등장과 국제 무역

전통적인 국제 무역 이론의 연구 대상은 국가 간 교역이었다. 전통적 국제 무역 이론의 특징은 각국의 전문화 유형이 설명된다는 것이다. 그런데 경제학적 관점에서 국가 존재의 근간은 바로 생산 요소 비이동성이다. 만약 국가 간 요소 이동이 보장된다면 국가 간 생산 조건의 균등화가 발생할 것이다. 그런데 다국적 기업의 존재, 또는 좀 더 일반적으로 국제 무역에서 국가의 후퇴가 인정되면서 국제 무역 이론의 쇄신이 필요해졌다.

1. 생산 활동의 다국적화

A. 다국적 기업의 존재

샤를 알베르 미샬레는 다국적 기업을 "어떤 국가에 본사를 두고 여러 국가에 다수의 지사를 거느리고 있으며 조직 구조는 국가적 차원이 아니라 세계적 차원에서 구축된 대기업"으로 정의한다. 영미권 학자들은 세계적 차원에서 기업 전략을 결정하는 무국적 '글로벌' 기업이 지배하는 새로운 국제 무역을 표현하기 위해 '글로벌화globalisation' 개념을 사용한다.

국제 노동 분업은 이제 상품이나 상품군으로 파악되는 수평적 분업이 아니다. 노동 분업은 점점 수직적 분업으로 변하고 있다. 국가 간 경계가 사라지고 생산 과정의 최적화가 점점 세계적 차원에서 실현되고 있다. 라쉬드리 뒤셴은 이 과정을 가리켜 '생산 과정의 국제 분할'이라고 말한다.

이 같은 맥락에서, 국가 간 수출과 수입을 표시하는 국제 수지 계정의 유효성에 대한 의문을 제기할 수 있다. 사실 수많은 거래가 이제 국가 간이 아니라 국가를 넘어 진행된다. 미샬레는 '세계 경제 시스템'이 전통적인 국제 관계를 대체하고 있으며, 국가는 경제 단위로서의 정체성을 잃고 있다고 생각한다. 이처럼 각국 경제의 초국적화가 진행되면서 각국은 상호 의존 상태에 빠지게 되며, 국내 정책 운영에서 운신의 폭이 좁아지게 된다.

B. 또 다른 전문화

클린턴 정부에서 노동 장관을 역임한 로버트 라이시는 저서 『국가의 일』에서 국제 개방은 게임 규칙을 변화시켰다고 설명한다. 기업은 이제 대량 생산을 통한 경쟁력 확보를 추구하지 않으며, 무엇보다 자사의 고객들을 만족시키고 고객 충성도를 높일 수 있는, 다른 상품과는 구별되는 상품을 생산하려고 노력한다. 이를 위해 기업은 라이시가 '상징 분석가symbolic analyst'라고 명명한 조력자들의 도움을 청한다. 예로 마케팅 전문가는 문제를 정의하고, 엔지니어들은 문제를 해결하는 방법을 찾아내고, 기업가들은 전체를 조직한다. 라이시에 따르면, 미국 고용의 20%를 차지하고 있는 상징 분석가들의 임금은 노동 시간이 아니라 능력에 따라 결정된다. 아이디어의 세계 수요가 매우 높기 때문에 점점 많은 기업이 상징 분석가들을 찾고 있다.

반대로, 선진국 사회를 구성하는 또 다른 계층은 세계화로 어려움을 겪고 있다. 먼저 대량 생산의 반복적 작업을 수행하고 있는 '일상 노동자'들이다. 이들의 일자리는 저임금 국가와의 경쟁으로 사라질 것이다. 두 번째 카테고리는 공무원, 간호사 등 '국내 개별 서비스' 분야에서 일하는 사람들이다. 이들은 세계 경쟁에 직면하지는 않지만 임금 인상을 기대할 수는 없다. 이민자들이나 일자리를 잃어버린 일상 노동자들이 이 분야로 유입되기 때문이다.

2. 국민 국가의 후퇴

A. 국민 국가에서 지역 국가로

케니치 오마에는 국민 국가가 두 가지 흐름의 영향으로 쇠퇴하고 있다고 설명한다.

세계 무역이 삼극화되었다. 이제 세계를 지배하는 이 3대 경제 지대 내 무역이 국가 간 무역을 압도한다.

지역 국가Region State가 국민 국가Nation State보다 더욱 효율적이고 동질적인 경제 단위가 되었다. 이탈리아 북부, 론알프 지방, 중국 남부나 실리콘 밸리는 공항, 항만 등 세계 경제 참여에 필요한 인프라 시설에 어울리는 규모의 시장을 구축하고 있으면서도, 공통의 이해관계가 존재할 수 있을 만큼 지역의 크기가 작다. 장차 국민 국가는 공통의 이해관계에 대한 장기적 전망을 수용할 수 없게 될 것이다.

B. 국민 국가에서 지역 블록으로

유럽 연합, NAFTA 등 지역 블록의 형성 역시 국민 국가의 후퇴에 기여했다. 이제 이 같은 추세가 자유 무역에 유리할지, 아니면 불리할지를 파악해야 한다. 지역 블록 형성은 한편으로는 역내 국가 간 상품의 자유로운 유통을 촉진하지만, 다른 한편으로는 역외 제3국가와의 무역을 배제하는 경향이 있다. 제이콥 바이너Jacob Viner는 이미 1950년 두 국가 혹은 여러 국가 간 협정 체결은 무역 확대, 즉 무역 창조 효과와 무역 전환 효과를 낳는다고 설명한 바 있다.

폴 크루그먼(제100강 참고)은 무역 블록이 그 블록을 구성하는 국가들보다 세계 무역에서 차지하는 비중이 훨씬 크다고 강조한다. 따라서 무역 블록은 더욱 공격적인 무역 정책을 구사할 수 있고, 이는 국제 협력을 저해할 수 있다. 무역 블록들은 다자간주의를 거부하고 세계 시장에서 일종의 과점적 경쟁 상황을 창출한다. 과점적 경쟁은 공익을 해칠 수 있다. 폴 크루그먼은 "국제 무역이라는 매우 불완전한 세계에서, 자유 무역 지역 블록들은 비교적 자유로운 국제 무역 제도 설립의 원천이었던 힘의 균형을 교란할 수 있다."고 지적한다.

▶전통적인 국제 무역 이론에서 국가는 핵심적인 경제 주체였다. 그런데 오늘날 기업, 지역, 지역 블록 등 새로운 경제 주체의 등장으로 국가가 점차 쇠퇴하고 있다. 새로운 국제 무역 이론들은 이 같은 상황을 분석 틀에 포함시킨다.

98강 종속 이론

종속 이론에 따르면 국제 무역은 모든 국가를 위한 성장 요소가 아니다. 국제 무역을 통해 선진국은 남반구 국가들을 착취할 수 있기 때문에 국제 무역은 선진국에만 유리하다는 것이다.

1. 북반구 국가에 의한 남반구 국가의 종속

A. 종속 이론의 선구자들 : 라울 프레비시와 라틴 아메리카 경제 위원회ECLA 경제학자들

아르헨티나 출신 경제학자 라울 프레비시는 셀소 푸르타도Celso Furtado와 함께 1948년 창설된 라틴 아메리카 경제 위원회ECLA를 대표하는 경제학자이다. 프레비시는 또한 UNCTAD의 사무총장을 역임하기도 했다.

프레비시가 보기에 라틴 아메리카의 성장 정체 이유는 본질적으로 라틴 아메리카가 국제 노동 분업에 잘못 편입되었기 때문이다. 1차 생산물 특화는 성장에서 여러 가지 걸림돌로 작용한다.

- 국민 소득의 상당 부분이 1차 생산물의 교역 조건 악화로 사라진다.
- 경제가 이중 구조로 나뉜다.
- 소득 분배 불공평의 심화로 사치품 수입이 늘어난다.

– 산업화가 진행될 경우, 설비재와 중간재 수입이 필요하다. 따라서 기술 의존도가 높아진다.

– 교역 조건 악화를 보충하려면, 1차 생산물 수출이 증가해야 한다. 따라서 농업 생산이 점점 수출 위주로 조직될 수밖에 없고, 도시 노동자를 위한 식량 생산이 부족해지면서 식량을 수입해야 한다.

개도국은 국제 경제 관계 시스템, 즉 '중심부–주변부' 시스템에 편입된다. 선진 산업국은 국제 경제 관계를 자국의 이해관계에 따라 조직한다. 개도국의 생산은 이제 중심부 국가들의 필요에 따라 조직되며, 개도국의 교역 조건이 악화되는 반면, 개도국은 항상 더 비싼 중심부 상품을 구매하는 상황에 놓이게 된다.

B. 종속 이론의 마르크스주의와 네오마르크스주의

레닌은 『제국주의, 자본주의의 최고 단계』라는 책에서 자본주의적 착취의 국제화를 분석한다. 자본주의 시스템에 국가라는 테두리는 너무 좁다. 이제 인간에 의한 인간의 착취 대신 국가에 의한 국가의 착취가 등장했다. 빈국의 궁핍화가 노동자 계급의 궁핍화를 대체한다.

안드레 군더 프랑크Andre Gunder Frank의 표현을 빌리면, 종속과 자본주의는 '저발전의 발전'을 설명한다. 이집트의 경제학자 사미르 아민Samir Amin과 프랑스의 경제학자 피에르 살라마Pierre Salama도 프랑크의 의견에 동의하며, 다음과 같은 주장을 제시했다.

– 저발전의 원인은 종속 때문이다. 즉, 중심부 국가들의 필요에 따라 생산 시스템이 구축되는 식민지화와 신식민지화에 기인한다.

– 저발전은 부등가 교환과 선진국에 의한 제3세계 국가들의 착취를 낳는 중심부–주변부 관계가 존재하는 한 계속된다.

– 따라서 해결책은 세계 시스템, 국제 무역과의 단절이며, 자력 발전 전략을 수행하는 것이다.

2. 부등가 교환과 궁핍화 성장

A. 부등가 교환 이론

부등가 교환 모델은 1969년 아기리 이마누엘이 발표했다. 그에 따르면, 아프리카 노동자는 노동의 대가로 1킬로그램의 밀가루에 해당하는 임금을 받을 뿐이지만, 미국의 노동자는 20킬로그램의 밀가루에 해당하는 임금을 받는다. 즉 부등가 교환이 존재한다는 것이다.

개도국의 수출 상품은 동일 가격이라도 선진국의 수출 상품보다 더 많은 노동이 포함되어 있다. 역시 부등가 교환이다. 개도국 노동자들은 생계비 수준의 임금을 받을 뿐이지만, 선진국 노동자들은 노조의 존재 덕분에 임금 인상에 성공했다.

B. 궁핍화 성장

1차 생산물의 생산과 수출에 특화한 국가들은 활발한 세계 수요의 혜택을 보지 못한다. 1차 생산물 수요의 탄력성은 매우 낮다. 즉 가격이 감소하더라도 수요가 거의 증가하지 않는다. 그런데 1차 생산물의 상대 가격 하락에 대응하기 위해 제3세계 생산국들은 생산을 증대시켰고, 생산 증대로 인해 가격은 더욱 하락했다. 자유주의 경제학자 바그와티가 설명한 것처럼, 국제 무역 편입은 교역 조건 악화를 경험하고 있는 국가들의 궁핍화를 초래할 수 있다.

어떤 국가가 궁핍화 성장을 하고 있다고 판단하는 데는 세 가지 조건이 필요하다. 첫째, 수출 부문이 GDP에서 상당 부분을 차지한다. 둘째, GDP가 증가하면서 수입도 크게 증가한다. 즉 수입의 GDP 탄력성이 매우 높다. 셋째, 수출량의 증가가 수출 가격의 하락을 보충하지 못한다. 즉 소득 교역 조건의 악화, 또는 수출의 구매력 감소가 발생한다.

▶국제 무역은 마르크스 이론에 따르면 남반구 국가들의 지배, 착취, 궁핍화의 요소이다. 부등가 교환 이론이나 궁핍화 성장 이론은 착취가 반드시 존재한다고 간주하지는 않는다. 그러나 국제 무역 편입이 일부 개도국에는 불균형과 불공정의 원인이라는 것을 보여 준다.

99강 비교 우위 이론 비판과 수익 체증의 법칙

리카도의 분석이나 헤크셰르-올린-새뮤얼슨 정리 등 비교 우위 모델에서, 국제 무역의 결정 요소는 국가 간 차이에 기초한다. 그러나 국제 무역의 현실은 매우 다르다. 사실 규모의 경제 가설, 또는 수익 체감 가설을 고려하면 분석 자체가 수정된다. 수익 체감이란 생산 증대와 생산성 증대가 동시에 발생하는 것을 말한다.

1. 전통적 비교 우위 이론의 문제 제기

A. 보완성 무역 또는 유사성 무역

비교 우위 분석에서 교역의 대상이 되는 상품들은 각국이 무엇을 갖고 있느냐에 따라 다르다. 따라서 보완성 교역이다. 보완성 교역은 '부문 간 교역'이라고도 불린다. 여러 국가가 서로 다른 부문의 상품을 교역하기 때문이다. 즉 각국이 수출하는 상품과 수입하는 상품은 서로 다른 부문에 속한다는 것이다.

그런데 세계 무역은 이와는 반대로 점점 유사성 무역이 되어 간다. 제2차 세계 대전 전, 서구 열강들과 식민지 간의 무역이 중요했다. 그러나 점차 선진국 간 무역의 비중이 커졌다. 예로 프랑스의 주요 무역 상대국은 프랑스의 부족한 자원을 보유하고 있는, 즉 프랑스와는 보완적인 관계에 있는 국가들이 아니라 유럽 연합의 회원국들이다. 예로 독일은 프랑스의 대표적 무역 상대국으로 프랑스와는 발전 수준도 비슷하고 특화 부문도 유사하다. 또한 국제 무역에 참여하는 개도국들은 제조업 상품을 생산하며 선진국과 경쟁한다. 국제 무역은 따라서 대부분 부문 내 교역이다. 장 마르크 시로엥은 "국제 무역은 지리적으로 근접한 선진국 간 비슷한 상품의 교역으로 발전했다."고 지적한다. 결국 수출을 가장 많이 하는 부문이 수입을 가장 많이 하는 부문이다.

B. 교역으로 상품과 공급자의 수가 증가하는가

소비 사회가 창출한 다양성 욕구가 부문 간 교역의 발전을 추동했다. 소비자는 똑같은 욕구를 만족시키기 위해 수많은 상품 중에서 선택하기를 원한다. 국내 생산자들은 상품 다변화를 추구하지만 모든 소비자의 다양성 욕구를 충족시키기에는 역부족이며 결국 수입을 해야 한다. 리카도 모델에서, 상품의 수는 처음부터 주어져 있으며 교역으로 변하지 않는다. 그러나 현실은 다르다.

국제 무역은 경쟁을 강화할 수 있다. 독점 기업과 과점 기업들의 시장 권력을 축소하는 결과를 가져오기 때문이다. 실제로 국제 무역으로 시장 규모가 확대되며, 공급자의 수도 늘어난다. 경쟁이 강화되는 것이다.

2. 교역의 결정 요소의 변화

A. 동일한 국가 간 교역은 유익할 수 있다

리카도의 이론에서 국제 무역이 유익할 수 있는 이유는 국가 간에 차이가 존재하기 때문이다. 즉 어떤 국가가 무역 상대국보다 어떤 상품 생산에 비교 우위가 있기 때문에 그 상품을 더 많이 생산하는 것이 바람직하다. 세계적 차원에서 생산 최적화를 가능하게 하는 것은 이 같은 차이의 존재이다.

규모의 경제가 존재할 경우, 두 국가가 서로 차이가 전혀 없다 할지라도 국가 간 교역이 가능할 수 있으며 유익할 수 있다. 교역으로 인한 전문화와 이익은 따라서 규모의 경제의 좀 더 강도 높은 활용에 기반을 둔다. 각 상품의 생산은 더욱 효율적이다. 그 상품이 가장 생산적인 국가에 의해 생산되었기 때문이 아니라 더욱 대규모의 전문화를 통해서 생산되었기 때문이다.

B. 전문화 선택은 이제 비결정형이 되었다

비교 우위 개념에 기초한 모델에서, 각국의 전문화는 전적으로 기술의 차이나 요소 부존의 차이에 의해 결정된다. 즉, 각국은 가장 유리한 부문, 또는 가장 덜 불리한 부문의 생산에 특화할 것이다. 따라서 국가가 전문화 분야를 선택하는 것이 아니다. 기술적, 경제적 상황이 그것을 강제하는 것이다.

반대로, 수익 체증 모델에서 전문화는 결정되는 것이 아니다. 사실 교역의 결정 요소, 즉 규모의 경제 같은 요소들은 각국이 모두 개발할 수 있다. 전문화는 이제 임의적일 수 있으며, 역사적 또는 정치적 유형의 초기 조건에서 생길 수도 있다. 어쨌든 이득은 보장된다. 실리콘 밸리는 규모의 경제의 활용에 기초한 생산 집중의 우연적 성격을 극명하게 보여 준다.

▶수익 체감의 고려는 국제 무역 이론을 크게 변형시킨다. 교역의 결정 요인과 이득의 성격이 바뀌며, 국가의 개입이 긍정적일 수 있다. 새로운 국제무역 이론이 설명하는 것은 바로 이것이다(제100강 참고).

100강 새로운 국제 무역 이론

신국제 무역 이론은 무역 개방에 호의적이다. 그러나 자유 무역의 왜곡을 인정하며 때로는 국가의 개입이 실질적으로 유익할 수 있다고 간주한다. 신국제 이론은 특히 1985년 『시장 구조와 대외 무역』을 집필한 크루그먼이나 헬프먼Helpman 같은 학자들이 전개한 이론이다.

신국제 이론은 무역의 외생적 결정을 거부한다. 비교 우위는 국제 무역의 원인이라기보다 결과이다. 각국은 국제 무역에 참여함으로써, 특정 상품 생산에 특화하여 이익을 얻는다. 그런데 각국은 어떤 상품 생산에서 더욱 경쟁력이 있기 때문에 그 상품을 수출하는 것이 아니라, 역으로 그 상품을 수출함으로써 경쟁력을 얻게 된다.

1. 무역의 누적 이득

교역은 규모 효과, 다변화 효과, 경쟁 효과라는 세 가지 유형의 이득을 가져다준다.

A. 규모 효과와 다변화 효과

규모 효과를 고려하는 것은 새로운 것이 아니다. 이는 스미스적 전통에도 부합된다. 국제 무역과 개방은 비교 우위를 창출한다. 전문화가 가능해지기 때문이다. 각 국가는 어떤 상품을 더욱 대량으로 생산할 수 있고, 대량 생산은 규모의 경제나 학습 효과를 가져다준다(제99강 참고).

국제 무역의 두 번째 효과는 특히 소비자에게 유리하다. 바로 다변화 효과이다. 랭커스터Lancaster나 라쉬드리 뒤센의 분석을 계승하여, '신국제 경제학'은 경제 개방으로 소비자는 동일 욕구 충족을 위해 더 많은 상품 중에 원하는 상품을 선택할 수 있게 되었다고 설명한다. 상품의 다양성은 소비자의 만족도를 향상시키고 효용 증대에 기여한다. 이 같은 유형의 이점은 비교적 새로운 것이며 수량화하기도 어렵다. 가격으로 표시되는 이득이 아니라, 일반적으로 만족의 정도로 파악되는 이득이기 때문이다. 소비자의 효용이 증가한다면, 가격은 심지어 상승할 수도 있다. 상품의 다양성은 소비자들뿐만 아니라 생산자들에게도 유리하다. 중간재와 설비재 선택의 폭이 더욱 넓어질 것이기 때문이다.

B. 경쟁 효과

국제 무역의 세 번째 효과는 경쟁 효과이다. 사실 수많은 국내 기업이 자국에서 독점이나 준독점의 상황을 유지하고 있다. 미시 경제 이론에 따르면 독과점이 이윤 증대라는 측면에서 기업에는 유익하지만 소비자와 경제 전체로 볼 때는 해롭다. 경쟁 가격보다 높게 가격이 결정되고, 생산 수준은 더 낮을 것이기 때문이다.

그런데 시장 개방으로 새로운 기업들이 시장에 진입할 수 있게 되고, 새로운 기업의 진입은 경쟁을 강화한다. 가격과 생산 수준은 경쟁 균형 가격 및 생산 수준과 좀 더 근접한 수준, 즉 더욱 효율적인 수준에서 결정될 것이다.

2. '전략적 무역 정책'을 위해

A. 국내 기업들은 '교육적 보호 무역주의'로 이득을 볼 수 있다

비경쟁 시장에서 진입 장벽은 일반적으로 매우 높다. 새로운 기업들은 기존 기업들이 규모의 경제, 학습 효과, 기술 우위를 누리고 있는 상황에서 시장에 진입할 수 없다. 이 경우 기업-국가 협력이 유리할 수 있다.

기업이 자국 시장에 진출하고, 향후 학습 효과를 통해 세계 시장에 진출할 수 있는 유일한 방법은 정부의 일정 수준의 보호 무역주의를 이용하는 것이다. 보호 무역주의는 리스트가 제시했던 '교육적' 보호 무역주의가 아니다. 기업이 수익 체증으로 이득을 얻게 되면 국제 경쟁에 직면할 준비를 할 것이기 때문이다.

B. 기업들은 보조금을 지급받을 수 있다

전략적 무역 정책은 보조금에도 적용될 수 있다. 어떤 시장들은 절대로 넘을 수 없을 것 같은 진입 장벽을 갖추고 있다. 고정 비용이 극도로 높을 때, 시장은 실제로 경쟁이 가능한 시장이 아니다. 이 경우 국가의 지원만이 진입 장벽을 뛰어넘도록 도와줄 수 있다.

폴 크루그먼은 '전략적 무역 정책'을 중형 수송 항공기 분야의 예로 설명한다. 보잉은 높은 고정 비용 때문에 거의 경쟁이 존재하지 않는 중형 수송 항공기 시장에서 독점적 지위를 누리고 있었다. 그런데 EEC의 약 15억 달러에 달하는 보조금 덕분에 에어버스가 시장에 진입할 수 있었고 보잉과 경쟁할 수 있었다. EEC의 개입은 EEC에 유익했다. 에어버스의 중형 수송기 시장 진출은 엄청난 일자리 창출 효과를 가져왔기 때문이다. 소비자들도 마찬가지다. 에어버스와 보잉의 경쟁으로 가격이 하락했다. EEC의 보조금 덕분에 새로운 시장에 진출할 수 있었던 에어버스에도 EEC의 개입은 유익했다. 단지 보잉만이 독점적 지대의 일부를 잃었다.

▶신국제 무역론은 경제 개방, 즉 무역 자유화를 주창하면서도 정부의 수출 장려 정책을 수용한다. 즉, 일반적인 보호 무역주의 정책은 반대하지만 초반의 수출 촉진에 필요한 국가의 개입을 인정하는 것이다.

역자 후기

오늘날 우리는 그야말로 '세계화 시대'를 살고 있다. 정치인들의 연설이나 기업인들의 강연에 빠지지 않고 등장하는 말이 바로 '세계화'라는 단어이다. 우리나라에서 세계화라는 말이 도입된 과정을 보면 1990년대 초중반 우루과이 라운드의 열풍과 함께 등장했던 '국제화'라는 단어가 그 뿌리이다. 당시 '국제화'와 함께 무대의 전면에 등장했던 또 다른 단어가 바로 '국제 경쟁력'이다. 즉 '국제화' 시대에 국제 경쟁력을 키워야 한다는 요구가 등장했던 것이다.

영어로 'globalization'은 '지구화'나 '세계화'로 번역되기도 하며, 때로는 영어 그대로 '글로벌라이제이션'이라고 쓰이기도 한다. 불어로는 약간 다르다. 불어의 'mondialisation'은 세계를 뜻하는 'monde'라는 단어의 파생어로 말 그대로 '세계화'로 번역되며, 중립적인 느낌의 'globalization'보다 어느 정도 가치 판단의 느낌이 들어 있는 단어이며, 경제 분야 외에 모든 분야를 총망라하는 뉘앙스가 강하다. 그래서 이 책 『세계화의 문제점 100가지』도 세계화를 정치, 경제, 역사, 문화, 사회, 지리, 전략 등 그야말로 다각도로 검토하고 있다.

사실 세계화라는 주제만큼 친숙하면서도 낯선 주제가 또 있을까? 우리는 언제부터인가 세계화라는 단어를 너무도 익숙하게 보고, 듣고, 사용하고 있다. 언제나 '세계화 시대의 성공 전략'이나 '세계화 시대의 경쟁 전략' 등이 문제이다. 그야말로 전방위에 걸쳐 '세계화'라는 단어는 이미 우리 생활에 깊숙이 들어와 있다. 그렇지만 우리 모두는 얼마나 세계화를 이해하고 있는가? 단순히 국경 개념이 없어지고, 상품, 서비스, 자본, 노동력이 자유롭게 이동하는 개방 경제가 세계화를 의미하는가? 과연 세계화를 어떻게 이해해야 하는가? 이는 분명히 어려운 질문임에 틀림없다. 너무도 익숙한 반면에 막상 설명하려고 하면 어려운 개념이 바로 세계화이다.

그렇지만 분명한 사실은 어쨌든 우리는 '세계화 시대'를 살고 있고, 좋든 싫든 세계화의 영향에서 벗어날 수 없으며, 따라서 수동적으로 세계화를 좇아가기보다는 능동적으로 세계화의 역사를 배우고, 메커니즘을 이해하고, 그 전개 형태와 구조를 파악하는 노력이 필요하다는 것이다. 그런 의미에서 이 책은 아주 유용하다. 세계화의 모든 면을 간략하면서도 핵심적으로 정리하고 있기 때문이다. 더구나 딱딱한 이론적인 내용만 담고 있는 책도 아니다. 경제학 전공자뿐만 아니라 세계화에 관심이 있고 이해하기를 원하는 독자라면 누구라도 이 책에서 원하는 대답을 발견할 수 있을 것이다.

찾아보기

색인의 숫자는 쪽수가 아니라 강의 번호를 가리킨다.

인명색인

구스타프 카셀Gustave Cassel 75
나세르 52
네루 45, 52
니콜라스 브래디 80
데이비드 리카도David Ricardo 29, 41, 43, 94, 95, 99
라울 프레비시Raúl Prebisch 50, 98
랭커스터Lancaster 100
레닌Lenin 82
로널드 잉겔하트Ronald Inglehart 59
로버트 라이시Robert Reich 87, 97
로버트 필 13
로베르 슈망 38
로자 룩셈부르크Rosa Luxemburg 82
루디거 돈부시R. Dornbush 75
리처드 콥덴 13
린더Linder 96
마거릿 대처 82
마오쩌둥 45, 61
마셜 맥루언Marshall Macluhan 42
먼델Mundell 26, 27
모리스 알레Maurice Allais 37, 93
몽테스키외Montesquieu 86
밀턴 프리드먼Milton Friedman 61, 73
바실리 레온티에프Wassily Leontief 82, 93, 98
버논Vernon 96
베르나르 라쉬드리 뒤센Bernard Lassudrie-Duchene 96, 100
베르틸 올린Bertil Ohlin 95, 96
벨라 발라사Bela Balassa 36
볼켄스텐Bolkenstein 7
브랜더J. Brander 29
블라디미르 안드레프Wladimir Andreff 87
위고Hugo 51
사미르 아민Samir Amin 98
샤를 알베르 미샬레Charles Albert Michalet 62, 97
셀소 푸르타도Celso Furtado 98
스펜서Spencer 29
아기리 이마누엘Arghri Emmanuel 93, 98
안드레 군더 프랑크Andre Gunder Frank 98
알렉산더 거센크론Alexander Gerschenkron 23, 29
앙리 부르기나 10
앙투안 드 몽크레티엥Antoine de Montchrétien 92
애덤 스미스Adam Smith 41, 43, 91, 99
엘리 헤크셰르Eli Heckscher 95, 96

이마누엘 토드Emmanuel Todd 54
자그디시 바그와티Jagdish Bhagwati 43, 98
장 마르셀 잔느니Jean-Marcel Jeanneney 85, 93
장 마르크 시로엥Jean-Marc Siroën 21, 85, 91
장 모네 38
장 보댕Jean Bodin 92
제이콥 바이너Jacob Viner 97
제임스 베이커 30, 80
조지프 슘페터Joseph Schumpeter 21, 85
조지프 스티글리츠Joseph Stiglitz 79
조지프 체임벌린Joseph Chamberlain 14
존 메이너드 케인스 72
존 스튜어트 밀John Stuart Mill 86
카를 마르크스Karl Marx 93
칼 폴라니Karl Polanyi 5
칼도Kaldor 93
케니치 오마에Kenichi Ohmae 85, 97
케언스 23
콜베르 92
티토 52
포스너Posner 96
폴 베어록Paul Bairoch 1, 5, 14, 41, 50, 52
폴 새뮤얼슨Paul Samuelson 96
폴 케네디Paul Kennedy 54
폴 크루그먼Paul Krugman 15, 29, 43, 93, 97, 100
프리드리히 리스트Friedrich List 82, 92, 93, 100
플레밍Flemming 26
피에르 벨츠Pierre Veltz 61
피에르 살라마Pierre Salama 98
필리프 모로 드파르주Philippe Moreau Defarge 81
한스 싱어Hans Singer 50
헨리 케어리Henry Carey 93
헬프먼H. Helpman 100

장소색인

가나 51
과달루페 51
과테말라 76
교토 54, 63, 66
그루지야 49
그리스 3, 7, 39, 74
근동 54, 69
기니 만 48
나이지리아 48, 52, 88
나일 57
남아프리카 공화국 3, 4, 36, 48, 53, 64, 65
네덜란드 8, 38, 51, 63, 88
노르웨이 42, 38, 63
뉴올리언스 3
뉴질랜드 36, 51
니제르 48
다보스 82
덴마크 38, 70, 88
독일 1~6, 8, 9, 13~15, 17, 28, 29,

38, 40, 42, 44, 51, 55, 63, 69, 70, 72, 82, 88, 92, 99
라이베리아 53, 65
라트비아 39
라틴 아메리카 3, 23, 47, 52, 53, 56, 61, 63, 67, 69, 85
러시아 1~3, 13~15, 28, 29, 36, 37, 45, 51, 54, 55, 63, 66, 69, 86, 92
런던 39, 55
로마 6, 36, 66, 89
로메 36, 48, 52
루마니아 34, 39
룩셈부르크 38, 88
르완다 53
리투아니아 39
리히텐슈타인 38
마그레브 18
마라케시 7, 16, 17, 19
마르티니크 51
마스트리히트 26, 28, 39, 74, 89
말레이시아 6, 9, 31, 51
말리 48
멕시코 6, 18, 31, 39, 47, 49, 53, 54, 57, 63, 67, 78, 80
모로코 18, 34, 36, 51, 53, 60, 80
모잠비크 4, 48, 51, 53
몰타 39
미국 1~10, 13~15, 17, 18, 27, 29, 36, 38, 41, 42, 44~49, 51, 53~55, 57, 59, 61, 63~70, 72, 73, 76, 77, 79, 80, 82, 88~90, 93, 96, 97
미얀마 51
반둥 52
베네수엘라 16, 36, 47, 50, 52, 63
베트남 35~37, 52, 65
벨기에 3, 38, 51, 82
벨로루시 49
볼리비아 16, 36
북아메리카(북미) 1, 2, 31, 42, 67
북한 56
불가리아 39
브라질 3, 6, 18, 28, 36, 41, 42, 51, 53, 55, 63, 64
브레턴우즈 10, 27, 28, 72~74, 79
사우디아라비아 4, 52, 63, 67
사하라 67
살바도르 76
삼각 축 42, 55, 61, 97
세네갈 65
소비에트연방 45, 49, 51, 52, 53, 54, 60
수단 53
수에즈 52
스리랑카 51
스웨덴 38, 39, 88
스위스 38, 82
스칸디나비아 반도 국가들 70
스페인 3, 4, 13, 33, 39, 67, 92
슬로바키아 39
슬로베니아 39
시리아 67
시애틀 17, 82, 83

싱가포르 31, 36, 42, 46
아르메니아 49
아르헨티나 15, 16, 36, 47, 53, 64, 80, 85
아마존 64
아메리카 5, 8
아시아 1~4, 35, 36, 42~46, 49, 50~54, 56, 61, 64, 65, 67, 69
아이슬란드 38
아일랜드 35, 38, 57
아제르바이젠 63
아프가니스탄 53, 54, 59
아프리카 3~5, 18, 19, 36, 48, 51~53
알래스카 63
알자스 로렌 51
알제 67
알제리 3, 15, 25, 36, 48, 51, 53
암스테르담 39, 55, 76
앙골라 48, 51, 53
야운데 52
에스토니아 39
에콰도르 16, 36, 76
에티오피아 60, 64
영국 1, 2, 5~8, 10, 13~15, 17, 23, 28, 29, 31, 33, 38, 40, 41, 44, 51, 55, 57, 61, 63, 65, 70, 72, 76, 82, 86, 88, 92, 93, 95
예멘 69
오세아니아 36
오스트레일리아 3, 4, 8, 36, 41, 51, 53, 64
오스트리아 13, 38, 39
오타와 14
우간다 51, 65
우랄 92
우루과이 16, 36
우크라이나 49
유고슬라비아 52
유럽 1~6, 8, 9, 15, 20, 36, 38~41, 47, 48, 53~55, 59, 61, 63, 65, 67, 68, 72, 88
이라크 40, 49, 50, 52~55, 63, 67, 88
이란 50, 52
이스라엘 6, 36, 67
이집트 36, 52
이탈리아 3, 4, 13, 28, 38, 40, 55, 92, 97
인도 1, 5, 15, 25, 31, 40, 45, 51, 52, 55, 58, 64, 67, 69
인도네시아 6, 35, 46, 51, 52, 65
인도차이나 51
일본 1~3, 6, 13~17, 28, 29, 36, 44~46, 51, 53~55, 69, 70, 82, 88
자이르 52, 53
중국 3, 15, 23, 25, 31~33, 35, 36, 40, 44~46, 50, 52~55, 57, 58, 63, 64, 67, 69, 82, 85, 97
중동 49, 63, 67
지중해 5, 36, 39
짐바브웨 4
체첸 49
체코 공화국 34, 39

칠레 4, 16, 39, 47, 52
카리브 해 36, 39, 52
카이로 66
카자흐스탄 63, 67
캄보디아 4, 65, 69
캐나다 3, 6, 18, 28, 36, 41, 51, 53, 55, 63, 64
코토누 36, 48
코트디부아르 48
콜롬비아 16, 36, 47
콩고 48, 51
쿠바 4, 37, 51, 52
쿠웨이트 52
키프로스 39
타이 6, 23, 25, 36, 46, 65, 78, 79
타이완 9, 15, 31, 36, 42, 45, 46, 50, 55, 56
탄자니아 48
태평양 36, 39, 51, 52
터키 3, 40, 65, 67
투르크메니스탄 63
튀니지 5, 18, 36, 48, 53
파라과이 16, 36
파리 39, 55, 61, 76
페루 16, 36
페르시아 만 63
포르투갈 3, 6, 39, 41, 43, 51, 92, 95
폴란드 3, 39
프랑스 1～8, 13～15, 17, 27～29, 34, 38, 40, 42, 44, 51, 55, 57, 60, 63, 65, 69, 70, 72, 82, 83, 85, 86, 88, 92, 99
프러시아 13, 86
핀란드 38, 39
필리핀 6, 35, 46, 51
한국 6, 9, 15, 31, 36, 42, 46, 50, 51～53, 55, 56, 58, 69, 79
헝가리 39
홍콩 42, 45, 46

약어색인

개발 원조위원회DAC 52, 88
개발도상국 행동 그룹G77 52
경제 상호 원조회의COMECON 37
경제 협력 개발 기구OECD 2, 16, 27, 28, 52, 64, 66, 82, 87, 88
관세 및 무역에 관한 일반 협정GATT 6, 16～18, 27, 36, 52, 87, 89
국내 총생산GDP 2, 7, 8, 14, 20, 26, 28, 40, 45～49, 54, 66, 77, 88, 90
국민 총생산GNP 2, 55
국민 총소득GNI 88
국제 노동 기구ILO 57, 66, 68
국제 비정부기구INGO 84
국제 에너지 기구IEA 63
국제 연합UN 4, 31, 45, 47, 49, 51～53, 55, 64～66, 69, 84, 86
국제 통화 기금IMF 9, 25, 27, 30, 47, 49, 52～55, 60, 62, 66, 68, 72, 77, 79～84, 86～88
국제 부흥 개발 은행(세계은행)IBRD 30, 52, 54, 60, 66, 79, 87, 88

금융 거래 과세를 위한 시민 연합ATTAC 68, 83
다자간 섬유 협정MFA 16
동남아시아 국가 연합ASEAN 36, 45, 53
라틴 아메리카 경제위원회ECLA 98
메르코수르MERCOSUR(남미 남부 공동 시장) 16, 36, 39, 47, 53
메사추세츠 공과대학MIT 43, 100
무역 관련 지적 재산권에 관한 협정TRIPS 17
북대서양 조약 기구NATO 49
북미 자유 무역 협정NAFTA 18, 36, 47, 53, 54, 97
비정부 기구NGO 17, 66, 68, 82~84
서방 선진 7개국 그룹G7 49, 55, 79, 80, 82
서비스 교역에 관한 일반 협정GATS 7, 17, 19, 20
석유 수출국 기구OPEC 52
선진 8개국 그룹G8 28, 45, 54, 55, 83, 88
세계 무역 기구WTO 2, 7, 12, 16, 17, 19, 20, 36, 37, 45, 53~55, 60, 64, 66, 68, 81~84, 86, 87, 89
세계 보건 기구WHO 52, 65, 66
식량 농업 기구FAO 52, 64, 65
신흥 공업국 그룹G20 47, 55, 64
아메리카 자유 무역 지대FTAA 47
아세안 자유 무역 지대AFTA 36
아시아 유럽 정상 회의ASEM 36, 39, 53
아시아 태평양 경제 협력체APEC 36, 45, 53, 54
아프리카 개발을 위한 뉴 파트너십NEPAD 48, 53
아프리카 성장 및 기회에 관한 법AGOA 18
아프리카 통일 기구AUO 52
아프리카, 카리브 해, 태평양ACP 36, 38, 39, 52, 64
유럽 경제 공동체EEC 20, 36, 37~39, 52, 59, 73, 74, 89, 100
유럽 방위 공동체EDC 38
유럽 석탄 철강 공동체ECSC 38
유럽 연합EU 2, 16, 18, 20, 28, 36, 37, 39, 40, 44, 48, 49, 53~59, 63, 64, 69, 79, 81, 88
유럽 자유 무역 연합EFTA 38, 39
유럽 중앙은행 제도ESCB 74
유럽 중앙은행ECB 28, 74, 87
유럽 통화 단위ECU 74
유럽 통화 제도EMS 26, 28, 71~74
유럽 지중해 파트너십 협정EUROMED 18, 36
유엔 개발 계획UNDP 56, 68, 90
유엔 무역 개발 회의UNCTAD 18, 52, 88, 98
인간 개발 지수HDI 45, 47, 66
인간 빈곤 지수HPI 56
중앙아메리카 공동 시장 52
해외 직접 투자FDI 8, 9, 23, 26, 33, 39, 45, 48, 49, 55, 58, 73

용어색인

1차 생산물 1, 2, 6, 11, 14, 18, 24, 31, 41, 42, 48, 50, 80, 93, 98
게임 이론 91
경기 부양 정책 22
경상 거래 계정 71
경영 자본주의 70
경쟁 효과 100
경쟁력 15, 21, 22, 24, 34, 43, 44
경제 성장 2, 6, 9, 14, 15, 21, 23, 43, 76, 92
계몽 중상주의 15, 16
계획 경제 45
고용 11, 24, 25, 34, 35, 58
고정 환율 10, 27, 72, 75
공공 서비스 19, 20, 83
공동 시장 36, 38, 39
과잉 반응 21, 75
교역 조건 25, 35, 43, 48, 50, 52, 93, 98
무역의 지역화 6, 36, 37
교육적 보호 무역주의 100
구매력 평가 75
구조 조정 정책 30, 53, 88
국가 간 분쟁 11, 86
국가 자본주의 70
국민 국가 60, 85, 87, 89, 97
국제 공공재 90
국제 기구 68, 91
국제 노동 분업 4, 21, 41~43, 94, 97, 98
국제 수지 22, 35, 71~75
국제 수지 제약 22
국제 지불 수단 71, 73
궁핍화 성장 98
규모 효과 100
규모의 경제 2, 21, 32, 33, 43, 99, 100
그룹 내 무역 31~33
글로벌 다국적 기업 32
글로컬리제이션 32
금 본위 8, 72, 95
금 본위제 8, 72
금융 계정 71, 73
금융 글로벌화 9, 10, 23, 26, 39, 57, 58, 77, 78
금융 버블 77
금융 불안정성 23
금융 위기 78
기술 진보 96
기업 네트워크 31
남반구 국가 52, 68
남-북 관계 2, 5, 41, 52, 53, 68, 98
다국적 기업 31~35
다변화 효과 100
단일 가격 법칙 75
단일 시장 20, 36, 39, 40
단일 화폐 74, 76
달러 8, 10, 23, 72~74, 76
대도시화 61
대안 세계화 운동 19, 68, 81~83, 85
대외 지향적 경제 46

덤핑 11, 12, 14, 16, 40
도시 성장 61
동태적 이익 43
레온티에프의 역설 96
명목 환율 75
무역 정책 11, 29
문화 다양성 59, 60
문화적 세계화 59
문화적 예외 19, 59
문화적 획일화 59, 86
민족주의 60, 82, 92
발전 전략 25
변동 환율 10, 73, 75
보완성 교역 99
보완성 무역 41, 99
보호 무역주의 1, 5, 8, 11~15, 52, 55, 68, 82, 86, 91~94
부등가 교환 98
부문 간 교역 41, 95, 99
부문 내 교역 2, 42, 99
부문 내 무역 42, 99
부채 23, 25, 28, 30, 47, 48, 52, 80, 82, 88
북반구 국가 68
비교 우위 29, 41, 43, 44, 93~96, 99, 100
빈곤 56
사회 규준 68
사회적 덤핑 12, 40
상품 주기 96
생산 과정 국제 분할 33, 42, 97
생산 기지 이전 34, 35, 37, 58, 62, 73
생산 요소 비이동성 97
생산성 21
서비스 2, 7, 16~20, 26, 55, 77
섬의 경제 61
세계 거버넌스 90
세계 시민권 81
소득 불평등 56, 57
수급 전략 32
수익 체감 11
수익 체증 11, 29, 99
수출률 1, 2, 14
스네이크 시스템 73, 74
승수 효과 27
시장 자본주의 70
시장 전략 32
시장 확대 94
식민화 48, 51, 82, 92, 98
신국제 경제학 43, 100
신보호 무역주의 15
실제 환율 75
실질 환율 75
역내 무역 2, 20, 37, 38, 41
연관 효과 43
영미 자본주의 70
영토 경쟁력 44
예외 조항 59
외채 상환 부담률 80
외환 시장 75
외환 위기 78
외환 정책 75
요소 부존 34, 96, 99

유동 자본 10, 26, 27
유럽 시민권 81, 89
유로 28, 74, 76
유사성 무역 41, 42, 99
유치 산업 15, 22, 93
은행 위기 78
이자율 평가 75
인플레이션 격차 75
자력 발전 전략 15, 25, 45, 52, 53, 98
자본 계정 71
자본주의 15, 40, 70, 82, 83, 92, 98
자산 자본주의 70, 77
자유 무역 1, 3, 5, 7, 11~19, 21, 28~30, 36~39, 43, 56, 59, 80, 82, 86, 89, 91, 93~97, 100
자유 무역 지대 16, 27, 28, 36
자유화 15~17, 19, 20, 30, 45, 85
재정 정책 27
전략적 무역 정책 24, 29, 100
전문화 11, 21, 22, 24, 35, 41~44, 50, 57, 94~96, 99, 100
절대 우위 41, 43, 94
정태적 이익 43
제로섬 게임 22, 91, 92
제조업 상품 1, 2, 6, 42, 41, 50, 99
조세 덤핑 12
조인트 벤처 32, 33
종속 98
주식 시장 위기 78
주주 자본주의 70, 77
준조합주의 자본주의 70
중상주의 1, 92, 94
지속 가능 발전 66
지역 국가 97
지역 블록 36, 60, 86, 97
채무 23, 30, 80
탈중재화된 금융 77
태환성 14
통화 가치 상승 75
통화 가치 하락 15, 22, 73, 75
통화 정책 27, 74
특혜 무역 협정 18
파운드화 1, 8, 72
평가 절상 73
평가 절하 72, 73
포트폴리오 투자 9, 10, 23, 26, 30
플러스섬 게임 22, 91
합리화 전략 32
헤크셰르-올린-새뮤얼슨 정리 99
협력 26, 86, 91
환경 규준 68

세계화의 문제점 100가지

초판 1쇄 인쇄일 · 2007년 8월 20일
초판 1쇄 발행일 · 2007년 8월 27일

지은이 · 마르크 몽투세 외
옮긴이 · 박수현
펴낸이 · 양미자
책임 편집 · 추미영
경영 기획 · 하보해
본문 디자인 · 이춘희

펴낸곳 · 도서출판 **모티브북**
등록번호 · 제 313-2004-00084호
주소 · 서울시 마포구 동교동 156-2 마젤란21빌딩 1104호
전화 · 02-3141-6921, 6924 / 팩스 · 02-3141-5822
e-mail · motivebook@naver.com

ISBN 978-89-91195-17-2 03320